与小学语文教师们同行

1981年和实验班高萍老师（左）共同学习叶圣陶先生的著作。

1985年于北师大，同霍懋征老师（左）在一起。

与小学语文教师们同行

1987年在香港参加研讨会时，语文教育学院的教师们合影留念。

1990年，同我的两位小学老师刘伯声先生（中）和申健一先生（左）合影留念。

1993年，在广东潮州参加"丁有宽读写结合研讨会"，听课后，和学生们交谈。

▶ 1994年，在苏州参加"全国小学语文教学研讨会"时，同袁瑢老师在一起。

▶ 2006年，在天津参加"景山学校全国第六次教材改革与实验研讨会"时，与景山学校语文教师们的合影，前排右二为刘曼华校长。

◀ 2007年，李吉林来津讲学，我与她合影留念。

2008年，在一次总结小学语文教改实验的会议后，我与参会的教师们合影留念。杨世儒（前排左一）、张祖环（前排左二）、高萍（前排右一）、侯秉琛（后排右一）、高恒利（后排左一）。

毕业三十年后再聚首，恩师高萍已皓首。当年实验班的孩子们已成为各行各业的中流砥柱，得益于极其扎实的语文功底，他们无一不在各自岗位上因擅写而出众。

与小学语文教师们同行

田本娜 著

天津出版传媒集团

天津教育出版社

图书在版编目(CIP)数据

与小学语文教师们同行 / 田本娜著. -- 天津：天津教育出版社, 2017.1
　　ISBN 978-7-5309-8008-8

Ⅰ. ①与… Ⅱ. ①田… Ⅲ. ①小学语文课—课堂教学—教学研究 Ⅳ. ①G623.202

中国版本图书馆 CIP 数据核字(2016)第 326586 号

YU XIAOXUE YUWEN JIAOSHIMEN TONGXING
与小学语文教师们同行

出 版 人	刘志刚	
作　　者	田本娜	
选题策划	袁　颖	
责任编辑	曾　萱	
装帧设计	金　牛	

出版发行　天津出版传媒集团
　　　　　天津教育出版社
　　　　　天津市和平区西康路 35 号　邮政编码　300051
　　　　　http://www.tjeph.com.cn

经　　销	新华书店
印　　刷	天津金彩美术印刷有限公司
版　　次	2017 年 1 月第 1 版
印　　次	2017 年 1 月第 1 次印刷
规　　格	16 开(787 毫米×1092 毫米)
字　　数	280 千字
印　　张	18.75
插　　页	4
定　　价	39.80 元

目录
contents

与小学语文教师们同行（序言）/ 崔峦　001
为师之乐（自序）　003

启蒙　001
师恩永存——怀念我的启蒙老师刘伯声先生　001
献身教育事业的园丁刘伯声老师　003

敬仰　008
霞光照后学　风范传世间——颂斯霞老师　008
光照一代又一代的儿童世界——颂霍懋征老师　011
学习霍懋征老师的教育思想　014
学习袁瑢老师的语文教学风格　021

敬佩　028
我与李吉林老师的交往　028
情境·语言·情感·生活的高度融合　029
论李吉林老师的小学语文情境教学　037
我与丁有宽老师的交往　050
论丁有宽老师小学语文"读写结合"教材教法新体系　051
论丁有宽老师"读写结合"导练教学模式　055

我与曾曙春老师的交往 058
"小学语文能力训练"实验特色初探 058
我与杜蕴珍老师的交往 060
训练为本　发展语言　全面育人
　　——评杜蕴珍老师的语文教学 061
我与鄢文俊老师的交往 070
一套汉字有序、文情并茂的"字族文"识字课本
　　——评鄢文俊老师编写的识字课本 071
我与姜兆臣老师的交往 074
"韵语识字"是对我国传统语文教育的发展 075
我与谷锦屏老师的交往 079
评述谷锦屏老师的"听读识字法" 080
我与贾国均老师的交往 084
论贾国均老师的"字理识字法" 084

交流　087
我与辽宁省黑山北关实验学校语文老师们的交流 087
集中识字教学方法的发展与理论探索
　　——纪念集中识字教学实验三十年 088
我与北京景山学校小学语文老师们的交流 095
我与刘曼华老师关于北京景山学校小学语文教材的对话 095
坚持传统　不断创新
　　——纪念北京景山学校小学语文教材编写五十年 102
关于汉字教学——记我与徐蕾老师的交流 111
关于名家名篇教学——记我与刘长明老师的交流 118
关于作文教学——记我与孙秀峰老师的交流 122
关于课外阅读指导和作文教学
　　——记我与叶晓静老师的交流 127

探索　135
以集中识字为基础的小学语文教学整体改革实验情况介绍 135
浅谈集中识字教学 139
小学语文教学改革实验的理论初探 146

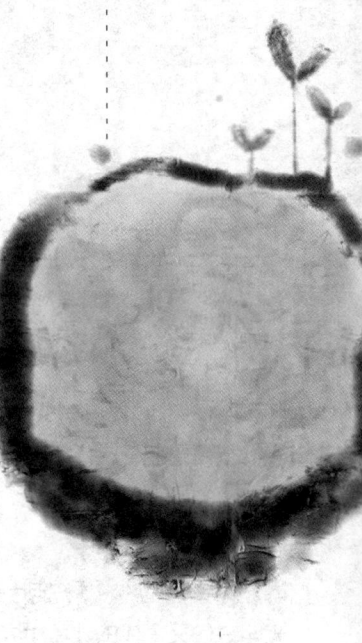

探索小学语文兴趣教学
　　——对集中识字教学实验的全面总结 / 张祖环　153
遵循规律,提高学生的语言表达能力 / 高恒利、高萍　160
集中识字中的"读、比、议"识字方法 / 高萍　162
以集中识字为基础的阅读教学 / 高萍　164
小学作文教学中的素质教育 / 高萍　167
一次作文集中训练评议课的课堂纪实　170

对话　184

关于课内外阅读教学——对话王维静教师　184
关于阅读教学——对话王哲成教师　189
关于创造性思维训练——对话许冰教师　193
关于课前准备——对话慈树梅教师　196
关于读写结合——对话甘泉教师　199
关于低年级识字和阅读教学——对话卢美惠教师　202
关于学生作文的评价——对话翁欣教师　205
写在对话之后　208

评析　210

从《少年闰土》的教学学习袁瑢老师的语文教学风格　212
《惊弓之鸟》教学实录
　　——袁瑢老师教学评析　219
语言·思想·情感的统一
　　——刘颖老师《惊弓之鸟》教学评析　232
教无止境　不断创新
　　——三种《惊弓之鸟》教学方法比较谈　233
阅读课要教会学生读和写
　　——王雅岩老师《荷花》教学评析　236
阅读教学的两个过程
　　——吴红华老师《老水牛爷爷》教学评析　239
黄波老师《囚歌》教学评析　241
李晓密老师《花钟》教学评析　242
杜蕴珍老师《小壁虎借尾巴》教学评析　244

读写结合　训练扎实

　　——陈文彰老师《一对小瓷鹅》教学评析　252

文·理·情的统一

　　——张树林老师《小站》教学评析　253

学得主动　读得深入

　　——于连昶老师《赶集》教学评析　255

教师演、导结合，提高学生的读写能力

　　——靳家彦老师《跳水》教学评析　257

依据教材特点进行语言训练

　　——靳家彦老师《田忌赛马》教学评析　258

认真读书　读中学写

　　——靳家彦老师《松坊溪的冬天》教学评析　260

阅读课要教会学生读书方法

　　——侯秉琛老师《草船借箭》教学评析　262

语言训练要层次清晰、方法多样

　　——侯秉琛老师《猫》教学评析　264

用多种方式比较读，感悟语言、思想、情感

　　——侯秉琛老师《圆明园的毁灭》教学评析　266

突出教材特点，围绕难点，指导学生读书

　　——赵树苓老师《穷人》教学评析　268

扎扎实实地引导学生认真读书

　　——李卫东老师《柯里亚的木匣》教学评析　270

作序　272

　　《李吉林情境教学详案精选》序　272

　　《语文教学研究文集》序　274

　　《我教名家名篇》序　276

　　《和小学生谈语文学法》序　280

　　《自能阅读，自能习作，学会做人》序　282

　　《美文诵读80篇》序　282

后记　284

与小学语文教师们同行

（序言）

　　田本娜教授是我十分敬重的导师。读着这部厚重的文稿,田教授与小学老师交往的情景,听课时专注的眼神,交谈时亲切的面容,对教坛新秀鼓励的目光,对语文名师赞许的微笑,音容笑貌,浮现在我的眼前。一位已届耄耋之年的老人,仍然心系教育,笔耕不辍,真正是为教育而生存,为教育而献身。

　　田教授从二十世纪五十年代初在师范院校教授教学法开始,就已经和小学语文结缘。二十世纪七十年代,田教授在天津主持小学语文教改实验,历时十多年。之后,她的足迹遍布大江南北、城市乡村。她和语文教学亲密接触,同语文老师广交朋友。田教授是为数不多的接"地气"、懂教学的大学教授之一。她不走"学院派"从理论到理论的路子,坚持理论联系实际,在理论指导下实践,在实践基础上发展理论,既继承优良传统,又改革创新,对我国语文教学理论建设做出了重要贡献。与此同时,许多教改实验得到田教授的关注、指导,许多语文老师得到田教授的关爱、培养。于是,就诞生了这部著作——《与小学语文教师们同行》。

　　在这部著作中,田本娜教授总结了多项语文教改实验,介绍了二三十位小学语文老师。其中,有对名师大家的教育思想、教学经验的系统总结;有对多项成功语文教改实验的详细介绍;有对特色的语文教材的得当评介;有对优秀老师的深入访谈;有对经典课例的精彩点评;也有为一些老师的著述撰写的真情序言……可谓内容丰富,形式多样。这部田教授与众多语文老师共同完成的力作,折射出了二十世纪七十年代至第八次"课改"之前,我国小学语文教学发展的轨迹,记录了田教授和广大语文老师执着追求、不断求索的心路历程。

　　透过书中的文章,我们领会了田教授对教育的一往情深、无比热爱。她长期在大学任教,却心系小学课堂,几十年如一日,深入教学一线,关注、跟踪语文教学,全身心、全方位地研究语文教学。由于做到顶天立地——既有理论高度,又有实践深度;由于坚持守正出新——既遵循教学规律,又面向未来、与时俱进,因而田教授总能在关键节点发出正确的声音,总能站在语文教学教改的潮头,用著述文章、讨论报告、评课访谈,引领全国语文教学改革的方向。

　　几十年来,田教授一直抱着谦逊、学习的态度走近名师。她不是一般地接触、了解，而是前往听课学习、深入交谈。有的更是跟踪学习长达几十年。在这部著述中，田教授总结了这些名师的共同特点和各具特色的教学经验。名师的共同特点是：有理想，有追求，有责任，有担当；以一颗赤诚之心，热爱教育，视其为终生的事业；热爱每一个学生，赏识每一个学生，相信每一个学生，助其成长，静待花开；心无旁骛，不求名利，执着求索，躬身实践。这与当下有的名师急功近利、刻意标新，有的教学实验没有根基，"无实事求是之心，有哗众取宠之意"，形成鲜明对照。

我们读这部著作，不仅能向专家、名师学习敬业的态度和创新的精神，学习先进的教育思想和教学经验，而且能学到一些进行教学实验的规律和方法，能从这部书中获得有益的启示。

衷心希望教育理论工作者向田本娜教授看齐，和教育实际工作者，和广大老师携起手来，共同创造母语教育美好的明天！

崔 峦

2015年12月12日

为师之乐
（自序）

"为师之乐"是孟子提出的。孟子说："君子有三乐，而王天下不与存焉。父母俱存，兄弟无故，一乐也；仰不愧于天，俯不怍于人，二乐也；得天下英才而教育之，三乐也。君子有三乐，而王天下不与存焉！"（《孟子·尽心上》）孟子认为能够培养天下优秀人才为一乐事。

我认为教师的工作，可以分为三个层次：第一层，为了三斗粮而做教师；第二层，为了个人名利当教师；第三层，为国家培养有用的人才而做教师。第三个层次是做教师的最高境界，如果能达到这个层次，就能体会到做教师的快乐！

要达到为师之乐的境界，需要做到以下几点：

一、敬业

"天地君亲师"，教师是受人尊敬的工作。为什么受人尊敬？因为教师做的是培养人的工作，是塑造人的灵魂的工作。小学教师不仅要教学生知识，还要帮助儿童增长智慧，提高认识能力，养成良好的思想品德。所以教师要敬重这项工作，要一心一意做好这项工作。

教师要自尊。身为教师，首先要尊重自己的工作，对工作必须尽职尽责：一要备课用心、认真；二要上课用心、认真；三要批改作业用心、认真；四，辅导学生、特别是学习慢的学生更要用心、认真、耐心；五要言行自尊、明诚，身教胜于言教。

教师要自重。教师对于工作尽职尽责，就是自重；同时，还要尊重自己的人格，要洁身自好，不要做任何伤害学生的事，不要向学生索取什么。

作为教师，你想到的应该是如何教育好自己的学生，是你能给予学生什么，而不是向学生索取什么。作为教师，如果你将教师工作仅仅作为"职业"，那你可能就是为了谋生，为了金钱而从事这项工作；如果你将教师工作作为"志业""事业"，为实现自己的志愿而工作，为国家培养人才而工作，为自己的良心而工作，那就会尽自己所长，不畏艰难，为迎接一切困难而工作。法国教育家卢梭有一段名言："有些职业是这样高尚，以致一个人如果是为了金钱而从事这些职业的话，就不能不说他是不配从事这些职业的……教师所从事的，就是这样的职业。"这充分说明教师职业的崇高。如果教师想向学生索取，说明他的精神世界出了问题。

我常和自己的学生说:"我们当教师的,不论你教学什么课程,当你的学生毕业以后,你再遇到他们时,应该不感到脸红才是。"作为教师,在学生的生命成长中,你给予了他们多少力量?小学生的思想是纯洁的,作为教师的责任是要提高学生的思想、品德、情感。教师作为塑造儿童灵魂的工程师,首先,自己要具有高尚的、纯洁的灵魂。《学记》中有两句话:"善歌者,使人继其声;善教者,使人继其志。"教师心怀高志,学生才能尊其志而成长。作为教师唯一所有的就是责任心和使命感。教师只有通过教学、教育工作,以自己的言行、人格影响学生;以情感动学生,以理教育学生,以知识培养学生,使学生受到启发,得到感悟,获得个性的发展,这就是教师的使命。

使命是什么?使命就是一种心灵的呼唤;你的思想认为是正确的、必须做的,你会想尽一切方法,自觉地去完成,是完成一种心灵的驱使。希望教师们要迅速提高自己的文化素养,提高自己的责任心和使命感,做学生的好榜样。

二、爱业

作为教师,一要热爱你的专业;二要爱你的学生。在《国家中长期教育改革和发展规划纲要(2010—2020年)》中,将"育人为本"作为核心理念贯穿文本始终。这就是"人本教育"。著名的语文专家霍懋征老师有一句名言:"所有的孩子都是好孩子,没有教育不好的学生。"谁能在教育、教学工作中实践这句名言?你是爱学习好的学生,还是爱所有的学生?她还自豪地讲:"我从教六十年,没有丢掉一个学生,他们都长大成才。"因此,她经常看到自己教的学生在各行各业里工作,有的成为国家某一行业的栋梁,她怎能不快乐呢?她就是一位人本主义教育家。人本主义教育,就是要"以学生为本"。在教育、教学过程中,是以学生为本,还是以教师为本;是以全体学生为本,还是以几名学生为本?在一个班里爱几名好学生,这是每位教师都能做到的,如果要爱全班学生,这就不那么容易了。作为一名优秀教师,你的奋斗目标,必须要以全体学生为本,爱你班里、校里的所有的学生。

怎样爱学生?一要树立科学的学生观。要相信学生是具有主观能动性的人;要认识学生是在发展中不断成长的儿童;要承认学生是具有个别的生理、心理的儿童,这就是科学的学生观。作为教师就是要依据每个学生不同的生理、心理特点来分别培育他们,发挥其自身的主动性,使其不断成长。二要完善教师自己的人格。教师必须完善自己的人格、不断提高自己的才智,才能胜任这项培育孩子们不断发展的重要工作。

三、创业

教师要在自己的教学、教育工作中有所创新。一名教师可以平平稳稳地教一辈子书。但是要做一名优秀教师，就不能安于现状，还必须在工作中不断提高，有所创新，在教学上形成自己的风格，做一名有成就、有创新成果的教师。

教学风格就是教学的一种境界。刚走出校门的青年教师，一般是先向有经验的教师学习，有的拜老教师为师，多听课，依据老教师的思路去上课，这是应该的。但是师傅教的毕竟是师傅的教学经验，只依葫芦画瓢，就不是聪明的徒弟。"运用之妙，存乎一心"，要将别人的经验变为自己的；当自己积累了一定的经验之后，就不要模仿别人的教法，要兼容并蓄，自成一格，要走出自己的道路，教出自己的风格。要达到这种境界，不是一朝一夕完成的，必须下苦功夫，扎扎实实，更重要的是要具有创造精神，教学成功的大道才会越走越宽广。

我们天津市几位小学语文老特级教师，他们在长期的教学工作中，都形成了自己独特的教学风格和教学经验。在这里我简单地概括如下：

于连昶教师的教学风格：清新、细腻、条理清晰。注重师生、生生读议教学；在"科学化的语言训练"上，创造了系统的经验。

王蓉教师的教学风格：稳静、细致、朴实无华。实践并总结出"培养学生学习能力的完整体系"。

陈文彰教师的教学风格：稳重、清晰、情深理透。创建了一套有序的作文教学体系：读中学写，课内外结合，书写儿童的童心、童趣，教师善写示范文。

张树林教师的教学风格：扎实、幽默，其声若洪钟。提出并实践"小学语文整体综合训练的教学模式"，尤为重视听说训练，在阅读教学中重视非智力因素的培养。

杜蕴珍教师的教学风格：朴实、求实、扎实。在低年级的识字教学、写字教学中，注重亲自以端正、美观、熟练的书法进行写字指导；在多媒体的运用上创造了丰富的经验。

李德华教师的教学风格：流畅、深刻、情理交融。实践并总结出"提高学生阅读能力的有效方法"。

侯秉琛教师的教学风格：形象、婉约、层层深入。对"绘形—进境—入情"的语感训练过程积累了丰富的经验。

靳家彦教师的教学风格：活泼、善问、情理透彻。提出并实践"导读教学法"，善于示范朗读指导。

这几位老特级教师之所以能形成自己独特的教学风格和教学特点,主要是他们一生全身心地投入语文教学,善于实践、反思,善于和学生交流,善于学习理论和总结经验,而更重要的是他们都热爱儿童,热爱母语教育。从这些教师身上,我们可以理解什么是教学风格。教学风格就是教师在教学理论指导下,经过长期的教学实践所进行的有效的教学行为的概括。教学风格是教师在教学实践与教育科学研究中逐步形成的。教学风格就是教学的一种境界。我希望青年教师在这方面要超过老一代的教师。要形成自己的教学风格。

　　(一)要具有独立思考和创新精神

　　要培养学生成为有智慧的现代人,培养学生能够独立思考,培养学生具有创新精神,教师就要具备这些品质;要发展学生的个性,教师的教学就要有独立见解。独立思考并不是异想天开,而是要在自己的教学基础上,在学生已知的基础上,不断地增加一些独到的教学设计,促进学生思维的发展,思想的敞开,使之敢于表达自己的想法。这一点点的新意,集腋成裘,就是教学风格的形成过程。

　　(二)要具有教育、教学的智慧

　　要开启学生的智慧,首先教师要具有教育的智慧。"教育的智慧",即对于教育、教学工作的聪明才智。智慧是什么?智,就是见识,慧,就是聪明;智慧,就是有见识、聪明伶俐,就是分析问题、处理问题、解决问题和发现创新的能力。作为教师,思维要敏捷、灵活,并善于获取知识、应用知识。作为教师一定要学会观察,要用眼睛观察每个学生的言行、举止、爱好以及和同学之间的关系;要用心倾听他们的声音,要善于听取学生的反映,不是几名学生,而是要听全体学生的意见;要用心去思考每个学生的爱好、性格、学习水平;依据你看到、听到、思考的结果去指导每个学生,定会提高每个学生的知识水平和认识水平。

　　(三)要善于创造师生和谐的教育、教学环境

　　如果教师具有创造意识和民主意识,就会去创造一种师生和谐的民主环境,以更好地发展学生的创造性。因为学生的创造性是需要多多鼓励的,教师要善于发现学生提问和回答问题中的一些创造性的火花,及时给予鼓励、给以表达的机会,使学生敢于表达自己的意见。教师应具有宽阔的育人视野,赏识每个学生,使每个学生都能获得成功的教育智慧的恩泽。

　　总之,作为教师要在教学实践中不断提高理论水平,不断总结教学、教育经验;对于教学、教育中的问题要敢于提出自己的看法,敢于对不正确的教学思想、

做法说"不"。要做到这一点,就必须具有专业修养和独立思考精神,才能使自己的教学形成独特的风格,才能使自己所在的学校具有特色。

四、乐业

能做到以上三项,就会感到当教师的快乐。备课后,对上课胸有成竹,一乐也;上课时,学生们能够自读、自评课业,同学间、师生间能够相互争论,畅所欲言,奇文共欣赏,疑义相与析,二乐也;学生的作业,篇篇内容正确、充实,文理通顺,三乐也;师生之间,以诚相待,同学之间,相互帮助,尊敬老师,爱护学校的一草一木,个个身心健康,四乐也;学生走出学校之后,能回访老师,有的能记住老师对他的点滴教诲,五乐也。

孟子能享受教育之乐,是因为他有德行、有知识培育学生,有方法教会学生,使学生受益。希望青年教师们能做到:有时间读书,有能力育人;不参与是是非非,专心于教学、教育工作;知识丰富,善于探索;心地善良,举止有道;谈话谦和,表情安详。从根本上提高自己的人格素养,勤于读书,勇于实践,不断充实自己,尽快地提高教学、教育水平,就会感到做教师的快乐了!

(关于天津市几位教师的教学风格,参考《天津市特级教师论教学》,新蕾出版社1998年版。)

我的一生
是和小学语教师们共同走过的
他们对母语教学精益求精
他们对儿童教育一往情深
他们的敬业与创新精神
深深地感动着我

启 蒙

 **师恩永存**
——怀念我的启蒙老师刘伯声先生

  我小学的母校是原天津县葛沽镇官立小学校（现天津市津南区葛沽镇第二小学）。1936年我入该校读二年级。1937年7月7日卢沟桥一声炮响，日本侵略军占领了平津，学校也被日军侵占了。因查出学校教材中有抗日内容，校长邢际清被日军逮捕，带到塘沽受刑，压杠子、灌辣椒水，被日军迫害致死。这笔仇恨我们是忘不了的。教师走散了，学校解体了，同学们望着被日军侵占的校园，愤愤地、恋恋地离去。从此，我失学了。

  1939年秋，小学复课，校长、老师都换了新人。我复学入四年级。当时，学校仍在日军统治下，而我遇到一位好老师——刘伯声先生，他不仅教我们国语、算术，还教我们音乐、美术、劳作课。他热爱教师工作，热爱学生，对教学认真负责。有时还偷偷地给我们讲苏联革命，讲列宁的故事等。他的生活很清苦，经常是以玉米饼子、山芋充饥，但是他活得是那么乐观。课余时，他和我们一起写字、画画、弹琴、歌唱，这种淡泊的生活作风，给我留下终生的影响。

  俗话说："经师易求，人师难得。"使我至今难忘的是伯声老师教我如何做人。他经常给我们讲做人的道理，要谦虚、谨慎、勤劳、刻苦、有进取心。记得小学毕业时，我舍不得离开学校，因为当时社会混乱，经济萧条，离开母校就意味着失学。正当我因失学而苦闷时，敬爱的伯声老师谆谆教导我：要达观，要进取！在这六个字的鼓励下，我毅然离开了家乡，去寻求升学和就业的机会。达观、进取，竟成为我终身的座右铭。每当我遇到困难时，我就以"达观"的胸怀去克服、去进取！特别是在"文革"期间，被关在牛棚里，被批斗、抄家、游街、劳改时，有时想不通感到很委屈，我就想到伯声师的教诲。不要只看眼前,要想得开些,虽然经受一些磨难,但是希望会有的,这样我才没有走上绝路。

使我至今难以忘怀的,是伯声老师教会了我怎样读书、学习。小学毕业之后,我经过自学,跳级考入初中三年级;学完高一的课程,我又自学考入大学。我的自学能力主要是在小学培养起来的。伯声老师教学语文课非常朴实,教学方法就是读读、讲讲、练练。但是对于生字、新词解释得非常清楚,对于好的篇章都要求背诵。伯声老师讲求功夫在课外,如对于作文课尤为重视,可以说是篇篇面批,批语也写得很细致,这都是在课外辅导学生。有时是实行自学辅导制,课堂上的时间大部分留给学生读书、背诵、做习题,课前要求做预习。还实行小先生制,教师经常让学习较好的同学领着全班读书、订正作业等。每当老师让我做"小先生",我总是小心翼翼地去做,体验着"怎样做老师",于是"长大要做一名教师"的心愿,深深地埋藏在我幼小的心底。教师——终于成为我一生的职业。

伯声老师还教我们劳作课——刻竹。我很喜欢这门课,经常到竹店买一些平滑、整洁的竹板,用大麻子里的油涂抹光滑,请刘老师题字或画画,然后,我就细心地刻起来。这项手工课,不仅可以学习刻字工艺,而且可以培养我耐心、细心的品格。我曾有两个作品被老师收留,一件是我刻的一个竹笔筒,上面有刘老师画的画,画中一位老人坐在树下。一块是我刻的竹片,上面是刘老师的亲笔字:"耳不闻人之非,目不视人之短,口不言人之过。"这句话不仅刻在竹片上,同时也刻在我幼小的心灵之中,成了我一生的座右铭。

伯声老师精心保存着大量的学生作品,有学生写的毛笔字、学生的画作等,就是在"文革"遭难时,这些作品也被他精心保存了下来。他说:"在受难时,只要看到这些学生的作业,我就心情愉快!"我在他病重前去看望他,曾向他索要我和我大弟弟田本良刻的竹板及当年同窗们画的扇面,他立即应允。当时,我含着热泪把它们接过来,我深深地感受到一位小学老师对学生的爱心。我好好将它们保存下来,因为这里面饱含着老师深沉的爱心。

献身教育事业的园丁刘伯声老师

天津市津南区葛沽镇有一位受到老老少少尊敬的小学教师,他名叫刘伯声。五十年来,他的全部心血献给了葛沽镇的教育事业。

一、坚持小学教育工作五十年

初登讲坛,教学相长。1932年,正是国难当头的岁月,毕业于天津乡村师范的十七岁的青年刘伯声,来到葛沽镇民立小学任教,开始教授一、二年级复式班的课程和全校的音乐课,一周三十六节课,没有一天空闲。重重的担子,压在这青年身上,他从未叫过苦说过累。不论什么课,他总是边教边学,边学边教。到"七七事变"前夕,他已经能胜任五、六年级的课。一位年轻的教师就这样成长起来了。

旧社会,小学教师过的是讨饭般的生活,刘伯声也不例外。"七七事变"之后,由于生活的困窘,未婚妻等了他十年,才在几位朋友的帮助下结了婚。那时也有朋友数次劝刘伯声弃教从官,但他认为沦陷是国耻,哪能为日本军国主义卖命?也有人劝他经商,他也婉言谢绝了。他宁过半饥半饱的生活,也要和天真无邪的孩子们在一起,送走一个个毕业班。他和全村的贫苦人一样,吃的是豆饼、混合面。尤其是中华人民共和国成立前夕,乡绅校董跑掉,不发工资,教师走散,穷困潦倒。刘伯声刚出生不久的女儿,因母亲饿得没有奶水,而饿死于襁褓之中。这时又有人劝他到天津找新生路,但他仍然舍不得葛沽镇上的孩子们。只要一见到学生,他说:"连饿也忘掉了。"最后学校只剩他一人。那时他虽然还不能深刻理解共产党的大政方针,但他深信共产党是为穷人打天下的,而他自己就出身于贫苦家庭,因而勇气倍增。

终于,葛沽镇解放了,政府的干部到家中看望刘伯声,赞扬他坚守岗位,并请他组织力量,召集学生开学。刘伯声第一次尝到共产党带给他全家的温暖,感动得热泪盈眶。他立即召集自己教出来的优秀毕业学生,组成新的教师队伍。他挨门串户做家访,宣传共产党的政策,动员学生出来上学。葛沽镇上,由共产党领导的第一所小学就这样复课了。

中华人民共和国成立后,刘伯声老师对工作更加兢兢业业。他屡次谢绝做学校领导工作,仍迷恋于教学第一线,一直担任着六年级毕业班的班主任工作。不论接班时学生的基础怎样,他总要千方百计把学生的水平提上去。后来由于工作需要,他被调到离家七八里的泥沽乡新房村任教,他不但没有怨言,反而把全部精力都用在教学上。多少个星期天不回家,经常是家属给送饭(周日学校无伙食)。1959年,他和算术老师紧密配合,为学校换来了全区会考第一名的荣誉。

"文革"后期,学校复课,他勇敢地挑起第一批复课任务。当时,一般学生学习文化非常吃力,在课堂上心不专、坐不住,有的五年级学生甚至连"吃饭""中午"等常用字词都不认识。当时,刘老师讲的课,学生全然不懂,纪律就更差了。面对这么大的困难,怎么办呢?刘伯声老师根据他几十年的教学经验,总结出一条朴素的教育思想,"以学为主,兼学别样"。他去学生家做家访,向家长说清楚学习文化科学的重要性,并向家长提出要求,给学生安排好时间,让孩子们安心上课。

由于学生学习不佳,刘伯声老师讲课非常吃力,经常汗流浃背。课下,他热情地给学生补课。有的女孩,白天要照看弟妹,干农活,他就晚上到学生家里为她补课。刘老师经常批改作业到午夜,总是巡逻的民兵催促着,他才肯熄灯休息。刘老师的辛劳没有白费,学生很快对学习产生了兴趣,学习情绪高涨,语文、算术成绩显著上升,毕业考中学时,成绩比较理想。

1971年,刘伯声老师的独子患了精神病,而刘老师仍然坚持上班,跟学生在一起。孩子的病越来越重了,有一天他说:"爸爸,您就请一天假吧!我现在像没出土的嫩芽,您就在家看着我一天吧!也许明天我就好了,如果不好呢,也就……"说到这里,孩子把话停住了,倒在炕上,不吃不动,不言不语,已经认不出亲生父亲了。学校领导到家中劝慰他,让他在家中护理孩子,把他的教学班另安排了教师负责,他这才带孩子看了病。1978年,他自己又患了严重的糖尿病,十六个昼夜未合眼入眠,枯瘦如柴,大家都担心他再也登不上讲坛了。但为了孩子们,他精心调养疾病。在组织的关怀下,经过有效治疗,一年后,他的病稍有恢复。虽然医生再三嘱咐他不能劳累过度,给他半日工作假条,可是他一直坚持上整日班,经常超额完成工作任务。他不但挑起全校的图画课,而且早晚还有课外绘画、写字小组的辅导,从早七点一直忙到晚十点。

在伯声老师五十年的教师生涯中,他送走二十多个毕业班、上千名的毕业生。有的一家三代人都亲昵地呼唤他为刘老师。他的学生中有著名的医生和工程师,有知名的作家和教授,有像他一样勤奋的中小学教师,有保卫祖国边疆的军人……这些,就是一个园丁在五十个春秋里辛勤耕耘而结出的桃李硕果。

二、热爱少年儿童育新人

是什么力量使刘伯声老师在小学教育领域奋战五十年呢?是刘老师发自内心的对孩子们的爱!他一生对少年儿童倾注了炽热的爱、纯洁的爱,从而换得孩子们真诚的爱,才使他和少年儿童之间有着共同的语言和共同的感情。

刘老师对少年儿童的爱,体现在他的一言一行之中。刘老师一贯主张不打骂、挖苦、讽刺学生,从不伤害学生的自尊心。对学业不良的学生,他总是从正面教育,耐心说服,严格要求,具体帮助,言传身教,以身作则。"顽童"到了刘老师的班里,也逐渐爱上了学习。他曾教过一个性情非常刚烈的儿童,好打架,写不好字就砸砚台,同学们都怕他。这种学生,其他老师都不愿意教,家长无奈,只好把孩子送到刘伯声老师面前。刘老师接受了家长的重托,开始和这个学生接触,和他谈心,跟他一起写字,仔细观察、了解,他发现这个学生头脑很好用,学习主动性也很强。便开始向他提出两点要求,一不要打架,二不要骂人。又要求他练习写大字、绘画、刻竹,通过学习这些能陶冶性格的课程,逐渐培养他的耐性、柔性。这个学生逐步对写字、绘画发生了兴趣,一有空闲就练写字。但他已打架成性,一次又和一位老师打起来,伯声老师并不去责备他,也没有长篇的说教,只是难过地对他说:"我教不了你了!"说也奇怪,这个孩子听到这句话,非常懊悔。从此,他最怕刘老师讲"教不了"。他塌下心来跟老师一块写字、练画,几笔就勾画出一个大石榴,画得很像,刘老师就表扬他。经过一个阶段,该生学习成绩提高了许多,性情也温和多了,还练成了一手好字。

伯声老师的另一个学生,曾被其他老师评断为"该生不可教也"。后来,家长请刘老师教导他。伯声老师和家长约定,不准打孩子,家长表示同意。这个学生非常喜欢体育,爱打篮球,一次参加运动会之后,刘老师要求他写一篇作文。他写了1400字,并且内容具体,条理清楚,重点突出。刘老师抓住这一机会大力表扬,鼓励他,帮助他提高学习自信心。经过刘老师一年的"浇灌""修枝""培土",该生毕业时成绩良好。

刘伯声老师从来不把任何学业不良的孩子看作不可雕的"朽木"。从以上两个事例中不难看出,他非常尊重学生,相信学生的自我教育力量。他认为一个学生只要不失去自尊心和自信心,即使暂时学习上不去,早晚会赶上去的;他善于发现学生的优点,适时表扬,增强学生的自信心;他善于通过美育、智育陶冶学生的思想品德；他很重视学生学习中的心理因素，尤其注意培养学生的兴趣爱好，这是诱导学生认真学习的直接动力。他用全部心血去探索孩子们的心灵，捕捉每个孩子的性格特点。

三、具有高尚的师德

刘伯声老师教育学生很少讲大道理，但从不放过一件件的小事。例如他上课总是先摘下帽子，"文革"后不久，在一堂课的开始，刘老师刚摘下帽子向学生致意，一个调皮的学生说："摘帽了！"这是个双关语。刘老师听后并没有责备学生，而是讲道："摘帽子表示我对同学们的尊重，要养成讲礼貌的好习惯。"此后，学生不再说讽刺话了。孩子们骂街，他总是耐心说服。有的学生不懂礼貌，不尊敬老师，他就以自己做例子说："你们在大街上看见我，喊我刘老师，我对你们怎么样？是扬长而去吗？"他经常是一句句地教给孩子们"您好""您早""谢谢""再见""对不起""请原谅"等礼貌用语，让学生努力实践。他要求学生尊敬师长，孝敬父母，团结同学，爱护幼小。他总是以身作则：要求学生打扫教室前，自己先拿扫帚；要求学生剪指甲，自己也勤剪指甲；做晨操时，广播操结束，体育教师总是要求学生做蹲起动作，要蹲四十多次，孩子们都累了，可是年过七旬的伯声老师仍坚持和同学们一起做完。刘老师在为人、教学各方面严于律己，身体力行，对学生产生了积极影响。他不愧为具有高尚师德的人民教师。

四、探索各科知识，钻研教学方法

刘伯声老师从教五十年，先后在葛沽镇上和附近农村的七八所小学教过学。他教过语文、算术、历史、地理、自然、音乐、美术、写字等课程。可以说，他是一位"全能的小学教师"。

不论教什么课，他总是相信学生自己的学习能力。他经常对学生讲："学习是你们的事，我只是给你们出出主意，当个参谋。"他很重视培养学生的独立学习能力和学习习惯，他有一句经验谈："我嚼碎的东西，学生吃起来省力，但坏了他们的胃口；不如学生自己咀嚼好，可以锻炼消化力。"这与"嚼饭与人，徒增呕秽"是同一道理。他的做法是"要学生自己走路，我只是扶一扶"。正因他是这样做的，他教出的学生自学能力都比较强，学习的主动性也比较高。

伯声老师教语文课是很有经验的，他不仅要求学生理解课文内容，而且注重发展学生的语言表达能力。他讲课言简意赅，句句扣入学生心扉。他还善于把绘画技能用于阅读课上，凡是讲风景诗歌，总是边画边讲，诗情画意，形象生动，学生听之入情入景，感染殊深。他还善于把阅读和作文紧密结合起来。凡课文中好的词语、句子，要求学生用到作文中，用得不当，随时纠正。他的作文教学经验非常丰富，经过他教导后，学生作文进步较快。他的作文教学方法总结起来有以下四点：1.要求学生写真事。写事要来自生活，帮助学生细心观察生活，教给学生如何捕捉生活中的点滴。不论写人、写事，都要写出自己的看法，反对千篇一律。2.重视面批。哪怕是三言两语，学生听到教师当面指出的优点和问题，都会感到亲切，并容易引起学生对作文的兴趣。有时刘老师每天要面批七八个学生的作文。3.限定作文时间。有助于学生积极思维，也易引起学生对作文的兴趣。4.善于用过去学生的好作文引路。学生见到学习的具体目标，可增强信心。他总谦虚地讲："我采用的是笨法子。"但笨法子是要花力气的，正因他花了力气，才换来学生较好的成绩。他教的学生曾在津南区中小学作文竞赛中获全区第一名。这个学生写了一个小孩在日本沦陷区救父亲，却被日寇打死的故事。区教研室负责人给的评语是："文章的构思新颖，不落俗套，主题突出，层次分明，并有两层倒叙，语言朴素，可为我区压卷之作。"

"学然后知不足，教然后知困"，这句话一直指导着伯声老师五十年的教学历程。他能胜任小学的全部课程，曾经历了一个漫长而艰苦的学习过程。刘伯声老师以他有限的业余时间，如饥似渴地探索知识的宝库。他通过函授自学大学的文学专业；写字、绘画五十年来从未停过笔，有一位学生要练习隶书，为了教这位学生，刘老师又开始练起隶书。他总是为了教学生，自己先当学生，做到教什么，学什么，教到老，学到老。他教学五十年，教学相长五十年，真正做到《学记》里所讲的"学学半"。

刘伯声老师在小学教育领域经历了两重岁月两重天，在那风雨如晦的旧社会，他过着箪食瓢饮的极度穷困的生活，但他坚守教育工作，把自己的心和学童的心紧贴在一起，不以为苦，反以为乐，终于盼到了新中国的旭日东升，人民的教育事业蓬勃发展，他昂立讲坛，老当益壮，面对祖国一代又一代的少年儿童，仿佛自己又恢复了青春。如今刘伯声老师鬓发如雪，银粉生涯已整整度过五十年。人的一生有几个五十年？而刘老师把自己生命中的五十年，全心全意地献给了祖国的教育事业，这是难能可贵的，这种崇高的精神是值得广大人民教师学习的。

（此文是1980年为纪念伯声老师从教五十周年而作。伯声老师于1995年与世长辞。）

敬 仰

斯霞老师、霍懋征老师、袁瑢老师，这三位老师是中华人民共和国成立后涌现出的第一批优秀的小学语文教师。他们是全国人民非常热爱和崇敬的小学语文教师，也是我非常敬仰的小学语文教师。

这三位语文教师都有一颗童心，她们热爱儿童，热爱教育事业，更热爱小学语文教育、教学工作；她们对教育、教学工作敢于担当，认真负责，脚踏实地，兢兢业业，一丝不苟；她们都具有丰富、扎实的语文素养，熟悉儿童心理，在语文教育上积累了丰富的经验。她们是小学语文教育大师，是杰出的儿童教育家！

霞光照后学　风范传世间
——颂斯霞老师

2003年1月14日上午，忽接电报，惊悉斯霞老师远行！她享年94岁，算是高寿了，而我仍久久地哀戚，深深地悲痛！她是我敬仰的小学老师，是我国当代具有卓越贡献的儿童教育家。

对于前辈斯霞老师，我久仰大名，相见恨晚。那是在1979年9月，"全国教育学研究会第一次学术年会"在兰州召开，我有幸参加了那次会议。在会上直接聆听了斯霞老师的一次非常生动的讲话，观看了她给一年级学生上语文课的教学影片。这部影片是中华人民共和国成立后第一部教学影片。讲话和影片获得与会代表和兰州市小学教师们的热烈欢迎，我自然也受到极大的教育。它无疑是我研究小学语文教学以来，听到的、看到的极其生动精彩的语文课。我至今记忆犹新的是，她在影片中教授"祖国"这个词。当时我想"祖国"这个概念是非常抽象的，对于一年级的儿童来说，是很难理解的。可是斯霞老师根据一年级儿童的认知水平，非常通俗易懂地使学生理解了这个词。

教师：你们可知道"祖国"是什么意思呢？什么叫"祖国"？

学生：祖国就是南京。（好多学生笑了）

教师：不要笑。祖国就是南京吗？不对！南京是我们祖国的一个城市，像北京、上海一样。大家再想想，什么叫祖国？

学生：祖国就是一个国家的意思。（此学生对"祖国"的理解比较接近，但还是欠妥。）

教师：祖国就是一个国家的意思，对吗？（教师进一步诱导。）

学生：不对。

教师：美国是一个国家，日本也是一个国家，我们能说美国、日本是我们的祖国吗？（老师的启发非常到位。）

学生：不能。

教师：那么什么叫祖国呢？谁能再说一说？

学生：祖国就是我们自己的国家。（经过教师的点拨，其中一个学生首先明白了祖国的含义。）

教师：非常对，祖国就是我们自己的国家。我们的爷爷、奶奶、爸爸、妈妈，祖祖辈辈生长在这个国家，这个国家就叫祖国。那么我们的祖国叫什么名字呢？

学生：我们的祖国叫中华人民共和国。

教师：对了，我们的祖国叫中华人民共和国。我们大家都热爱我们的祖国。

这一堂课给我的印象太深了。1980年以后，我开始编写《小学语文教学论》，系统地学习了《斯霞教育经验选编》这本书，重点研究了她在识字教学方面的经验。当时，我认为斯霞老师的识字教学应该自成一派——分散识字教学派。虽然从"五四运动"学习白话文以后，就采用分散识字教学方法，但是斯霞老师对于分散识字进行了再创造，而自成体系。

二十年之后，在2000年11月教育部召开的"全国小学语文识字教学交流研讨会"上，我做了一次题为"识字教学的传承和创新"的讲话，我谈到："不论哪一种识字方法，要取得读、写教学的好效果，大都在低年级加大了识字量。以分散识字来讲,斯霞老师发展了传统的分散识字方法,创造了三年内基本完成3500字的教学任务。斯霞老师在小学语文教学方面走出了一条新路:是一条识字、阅读、写作、学知识、提高能力、增长智慧相结合的道路……"当时,90岁高龄的斯霞老师坐在第一排听我发言。当我讲完走下讲台时,斯霞老师第一个和我握手,鼓励我说:"你讲得好!讲得好!有理论,有实际。"我当时情绪激动,心存感念!

而今,斯霞老师走了,她的业绩和精神会久久地留存在我们心中。记得20世纪60年代,全国大批、特批资产阶级的"母爱"教育,斯霞老师首当其冲,为此含冤了大半辈子。其实,斯霞老师教育的成功,主要体现在母爱教育上。母爱教育的实质,就是人本主义教育。斯霞老师一生,以一颗爱心,爱所有的学生,以爱心温暖着学生的心灵,以爱心激励着学生的智慧,以爱心关怀着学生的身心健康。更为宝贵的是,她教会学生爱父母、爱家乡、爱祖国、爱人类。当她走上小学教育这条道路时,就一心扑在学生身上,她立下了把自己"终生许给少年儿童"的志向。中华人民共和国成立后,她看到了祖国光明美好的前景,进一步明确了人民教师要全心全意为人民服务的信念,更加精心培育祖国的花朵。她把自己的一生奉献给了祖国的教育事业。从斯霞老师身上充分体现出"母爱教育的力量是伟大的"!

而今,斯霞老师走了,她的教育思想会步步引导我们向前。1932年,斯霞老师在原中央大学实验学校(现南京师范大学附属小学前身)任教时,就接受了民主教育的熏陶。她说:"学校试行西方国家的一些教育制度和方法,如'设计教学法'和'道尔顿制',体现出西方的教学民主。我原以为自己不体罚学生是很文明的了,看到实验学校对学生那么尊重、关心、爱护,师生之间那么融洽,学生在这样的环境中成长太理想了!于是我在自己的教学活动中也注意了解学生、尊重学生,发扬教学民主。我发现,这样做更能促进教学相长。"民主教育的核心就是尊重儿童。在她70年的教学生涯中,一直实践着尊重儿童,教学民主的作风,真正视学生为教学的主体。她主张"教儿童学习语文,必须坚持实践的观点,听、说、读、写都只有让儿童去亲身实践,才能达到应有的水准。而且这种实践必须人人参与,从小开始、及早进行。作为教师,要给每个学生创设听、说、读、写的实践机会,才能全面提高教学质量"。她的这一主见,至今仍然指导着语文教学。在课堂上,她随时注意学生的情绪变化,及时获得信息反馈,吸取合理的意见,改进教学;在课下,随时关心学生的生活。斯霞老师之所以能在教学中体现民主作风,是因她真正把学生看作学习的主人。正如她所讲的:"我们教学的对象是活泼的人,是有思想、个性的人。看不到这点,就会把儿童当成装灌知识的容器,儿童就会处在被动的地位。这无论对他们今天的学习还是对他们以后的发展都是不利的。尊重儿童是教育儿童的前提,教学民主是教师敢于正视自己工作中缺点错误的表现。在平等民主的氛围中,我们的少年儿童才能真正成长为学习的主人,学校的主人,社会的主人。"由此看来,民主教育、人本教育是她教育思想的精髓。这一点我们是要好好学习的。

斯霞老师虽然走了,但是她的教育思想,她热爱学生、热爱教育工作,自强不息、献身教育的精神和风范会永存世间!

(原载《江苏教育》)

光照一代又一代的儿童世界
——颂霍懋征老师

霍懋征老师是一位德高望重的教育家,也是我最敬仰的儿童教育家之一。

我认识霍老师的时间比较早。记得在20世纪50年代初期,我刚刚大学毕业,留校任教,在教育系教授小学各科教学法,每年春天都随同我的导师郝荫圃先生带领三年级学生,到北师大一附小、二附小参观听课。在二附小,听的是霍老师的算术课。当时她给我留下极为深刻的印象:上课时神采奕奕,标准的普通话,温和、优雅,课堂上,学生的口算迅速而准确,我的思维只能勉强跟上。当时我听得入神,不由得忘了记听课笔记。课后导师让我评课时,我只回答:"霍老师的算术课教得太好了!"可好在哪里,我一时竟难以表达。因为我听课时和小学生一样,精神完全投入到课程中了。这时郝先生指点我:"听课,既要进入课中去听,还要跳到课外来想,才能有所体会,评出水平。"但是在我大半生数不清的听课中,入乎其内而跳不出来的课实在太少了。

新时期伊始,我开始了小学语文教学研究工作,首先就是要向优秀教师们学习。

1978年春,我到北京,想参观北京第二实验小学霍懋征老师的语文课。那时我和霍老师还不熟,只好请我的导师郝先生带我去见她。郝先生因病行走不便,坐着轮椅去见霍老师。霍老师一见郝先生是坐轮椅来的,就惊讶地对我说:"你怎么还让郝先生来呀！你自己来不就行了。"当时她给我的印象是那么平易近人。那次我听了霍老师给三年级学生教授的《小马过河》。霍老师神采奕奕地站在讲台上，一时对课文"讲讲读读"，一时又引导学生"读读讲讲"；一时又向学生提问，学生从容回答。我当时的思想沉浸在语文教学的艺术氛围之中，后来，我又学习了她教学《月光曲》的录像，以及她的许多课堂纪实；系统学习了《霍懋征语文教学经验选编》等，不但学到了许多好的教学方法，更重要的是学习她热爱儿童、热爱教育事业的教育思想。

霍老师的一生给我们留下的教育、教学的思想、智慧、方法是非常丰富的，我们要珍惜这些宝贵的教育财富，要认真地去学习、去实践。

学习霍老师的教师观、学生观。在霍老师丰富的教育、教学思想中，核心的、也是最重要的思想，就是她的教师观、学生观。教育、教学的本质就是培养什么人的问题。教育、教学的对象是学生，如何看待学生、对待学生是教师教育、教学成败的根本问题。霍老师在教育、教学上之所以能取得辉煌成就，培养出大批的人才，其关键就是她具有科学的教师观、学生观。她非常明确地提出："学生至上，这就是我的教师观；为学生服务，全心全意地培养学生，这就是我的幸福观。"这是她对教育立下的掷地有声的誓言。她相信学生是有主观能动性的人，她懂得学生是在发展中不断成长的人，她承认学生是有个性生理、心理特点的人。所以她爱所有的学生，尊重学生，相信学生，对不同的学生因材施教。她这些宝贵的思想贯彻在她一生的教育、教学之中。

霍老师常挂在嘴上的一句话："在老师面前，没有不可教育或教育不好的学生。"这句话是多么有分量啊！教育不但要面对所有的人，而且要将受教育者都教育好，这是多么高尚的教育境界啊！在当代教育中，要使每个人学的儿童都能获得德、智、体、美全面发展，教师不仅要以科学的教育思想教育学生，而且意味着教师要付出巨大的精力、心力、智慧，爱护所有的学生，因材施教。霍老师正是这样做的，所以在她教学的班级里，没有掉队的学生。霍老师认为："孩子只有内向外向之别，没有先进后进之分。""小学教师带的都是6至12岁的孩子，教育不是万能的，但教育可塑造他的未来。"她批评说："教师没本事，才将学生划分为三六九等，甚至辱骂学生。"她曾说过："雕琢灵魂的工作，应该特别谨慎。"

20世纪70年代末，霍老师对小学语文教学曾做出一次惊人的改革：她创造了在三年级一个普通班，一学期教了95篇课文(超出课本71篇)的奇迹！每天作业从没有超过半小时。该实验班的学生毕业时，参加北京市最后一次统考，成绩名列前茅，曾轰动了全国小学语文界。这项实验不是凭热情、凭想当然。霍老师在实验之前，曾分析了过去语文课堂教学存在的问题，比如用时过多，一篇课文教学五课时，而教学效果并不佳，主要是教师讲得多，学生练得少。她参考了外国小学生阅读课的阅读量，分析了加大阅读量与提高语文教学水平的关系。因此，一种强烈的责任感、事业心，迫使她决心为探索小学语文教学的新路子而付出自己后半生的心血。

为了完成一学期95篇的教学任务，霍老师创造性地改进了教学方法。因为她相信学生具有学好语文的潜在能力，因此采取了"精讲""课堂多练"与"合理地组织课文"的科学方法。孩子们学得主动、积极，轻松愉快地提高了语文水平。"合理地组织课文"即按不同的训练目标组文，如为了培养学生观察问题、分析问题的能力，霍老师将《沙漠之舟》《找骆驼》《蜜蜂引路》三篇文章组成一组。《沙漠之舟》为了让学生认识骆驼；精读《找骆驼》，学习观察、分析问题，以及如何将观察、分析问题的过程写清楚；最后让学生自读《蜜蜂引路》。结果两节课学习了三篇课文。此后还有过特例，用三课时学习六课书。由于合理地组织课文，教师讲得"精"了，学生"练"得多了，学生的语文水平自然提高了。更重要的是，霍老师对课文的组合进行了分类总结，比如内容相近、写法相似、文体一样，以及品德教育、惜时劝学、亲情友爱等等，统统归类，分组教授。在各组文章中，有的精讲，有的略讲，有的则让学生自学和讨论。这种"合理地组织课文"的方法，体现了语文知识的基本结构，是现代课程思想的体现。

学习霍老师尊重学生。不论课上课下，霍老师对学生总是和风细雨、循循善诱。在霍老师的备课中，除了备教材，不同的课文采用不同的方法外，他还遵循一条非常重要的教学规律，即教学方法必须符合学生学习语文的规律，重视学生的读书积累及语言实践，尽可能给学生创造听、说、读、写的机会。细心观察学生的表现，虚心倾听学生的意见，及时改变教学方法。给我印象最深的，是霍老师教学《林海》一课时，开始的板书设计本想写一个"亲切舒服"，再画上三条线，连接景、物、人。但经过学生预习，课上一个学生提出质疑："课文里为什么连续出现三次'亲切舒服'呢，是不是重复了？"当时，霍老师认为这个问题提得非常好，但并没有简单地回答"不是重复"。她根据学生的提问改变了原来的板书设计，巧妙地将三个"亲切舒服"阶梯式地排列出来，作为文章主线；在每一个"亲切舒服"前，由低向高写出景、物、人，反映出作者到大兴安岭参观时感情的升华，比原板书设计更突出了主题思想。

学习霍老师循序渐进的语文教学过程，将学习方法教给学生。听霍老师的课会使你的心境平稳。霍老师的课总是在引导学生一步一步地去解决学习中的问题，并授予解决方法。如霍老师给三年级学生讲授《小马过河》一课，教学全过程是在解决学生学习中的矛盾，教学的全过程体现出学生由不知到知，由知之较少到知之较多，由知之较浅到知之较深的过程。而且非常灵活地解决学生学习中的问题，如学生根据板书将这一课分为三段。可是霍老师并未到此为止，继续提问："这篇文章还可以分几段？"在教师的启发下，有的学生回答："还可以分成四段。"霍老师表扬了该生，并说明文章分段不是固定的，只要讲出道理，合理地反映出作者的思路，分几段都可以。接着又进一步给学生指出："思考一件事情的时候，最一般的思路即围绕一件事情，搞清楚它的起因、经过、结果，这也是人们在了解情况时通常遵循的思路。"这就从规律上给学生指出一般记叙文的结构特点。从这一教学实例，使我认识到霍老师的教学不仅使学生由不知到知，而且不断扩展学生的知识领域，更重要的是使学生掌握知识规律和学习方法，教会学生学习。

记得霍老师曾说过一句话："教师、学生的眼睛在同一水平线上对等了，心灵自然对等。"的确，只要教师以平等的心态去启发、诱导、训练学生，课堂教学就会别开生面。

霍老师教育、教学的一生，牢牢把握住教育的本质，那就是要培养人，培养学生成为德、智、体、美全面发展的一代新人。半个世纪以来，霍老师以身示范，爱心熠熠，光照一代又一代的儿童世界！

（本文是2001年为霍懋征老师从教五十周年而作。后收入崔峦、陈先云主编的《斯霞、霍懋征、袁瑢语文教育思想与实践》一书。）

学习霍懋征老师的教育思想

霍懋征老师不仅在算术、语文学科教学上取得了优异的成就，而更为突出的是，她以爱心、使命感、教育智慧所建立起的教育思想，培育了一代又一代的儿童。

一、学习霍老师"爱的教育思想"

（一）"小学教师是我理想的事业"

"家有三斗粮，不当孩子王"，这句对教师职业带有贬义的话，在旧社会是家喻户晓的。不要说是大学毕业生，就是师范生也不愿当小学教师。可是霍懋征老师大学毕业后，却当了一名孩子王，这在那个年代是极其少有的。霍老师为什么选择这条路？这虽然和家庭的影响、母亲的榜样力量分不开，但最主要的，还是由她的教育思想和职业理想所决定的。她认为："小学教育是启蒙教育，是一个人一生中最重要的教育。当小学教师是我无悔的选择，也是我的职业理想。""教师工作既是职业，更是可以寄托理想的事业。"她当小学教师不是为了温饱。她从登上讲台那一天开始，便将教师工作当成一种使命；她具有崇高的思想境界和高尚的师德，所以在她从教的一生，才能够克服种种困难，取得辉煌的业绩。

霍老师从大学毕业便走上小学的讲台，直到老年，仍然壮心不已，带着病体，还要坚持帮助边远地区的学校和教师们提高教学水平。只要站在讲台上，她就会忘掉一切。她说："学生至上，这就是我的教师观；为学生服务，全身心地培养学生，这就是我的职业幸福观！"

霍老师的成功，教育我们年轻的教师们：不要小看小学教师，小学教育蕴含着高深的教育理论和教育智慧。霍老师不是学教育的，她在大学是学数学的。那么她的那些高明的教育智慧从何而来呢？正如她所讲："为孩子们，'上下求索'，再难再苦也不怕。"所以她的一生也是对教育、教学不断探索的一生。身为教育实践者，她时时刻刻都在探索和实践她的教育思想，她是在教育思想指引下不断实践、不断探索、不断前进的。这就是一名教育家走过的道路。

（二）强烈的使命感

霍老师教育学生们学做人，她自己就是一位大写的人。她认真负责地对待工作，上课、批改作业、教育学生、培养青年教师等等，她都认认真真，一丝不苟，为学生、为教师树立了榜样。平时，她对学生尽心尽责。就是在那非常年代，她自己遭受到批判，可即使是为了一个学生，她也正常上课，不让一个学生失去学习的机会；有的学生学习遇到困难，她尽力帮助；为了一所小学的校舍建设，她东奔西跑；80高龄的霍老师，为了支援西部教育，她振奋精神，挂帅西征，到边远地区给学生上课，培训教师……她虽然身兼数职，但她走到哪里都以教师的身份，开调查会，了解教学情况。是什么力量指引她这样做？是她真诚的责任心和崇高的使命感。

(三)榜样的力量——以身作则

教育家陶行知先生有一句名言："学高为师，身正为范。"霍老师是将"学高"和"身正"，"知识"和"道德"，"教学"和"做人"融为一体的教师的典范。霍老师的"身正"完全体现在她的人格修养中。

霍老师的"人格修养"体现在她的心灵上。首先她具有一颗"爱心"。她热爱教育事业，热爱学生，热爱自己所教的专业课。因为她具有爱心，才能获得学生的信任、尊重。她对学生的爱是泛爱，对各种各样的学生都怀有爱心，尤其那些学习慢、调皮淘气的学生，她有一种近乎执着的偏爱，想尽办法使其不断进步。她这样做并不是一件易事，为此，她付出了艰辛的努力。

霍老师的"人格修养"主要体现在她的道德规范和高度的责任感上。她的责任感在于把培养好下一代作为神圣的使命。她有诲人不倦的精神，她积极、热情、勤奋、认真。她对学生以诚相待，以自己的真情去感动学生，才使学生亲近她。

霍老师的"人格修养"体现在她的言语行为中。孔子早就指出："其身正，不令而行；其身不正，虽令不从。"说明"正人先正己"。霍老师的身教重于言教，凡要求学生做到的，她首先做到。这是她成功的根本因素，她是学生文明、道德的表率。就是在那不正常的年代，她忍受着失去儿子的心灵苦痛，仍然每日不离讲堂，和学生们共同学习。

霍老师是一位有思想、有见识、有真才实学的老师。这是她的学生始终追随她的原因。

(四)爱每一个学生

霍老师爱每一个学生。她爱学生基于一个坚定的理念——没有教育不好的学生。不论怎样淘气的学生，其心灵是纯洁的，只要接受了霍老师母亲般的关怀，没有站不起来的学生。这就是霍老师难以企及的可贵之处。

二、学习霍老师的教育智慧

(一)没有教育不好的学生

霍老师常说："在老师面前，没有不可教育或教育不好的学生。"这句话是多么掷地有声啊！

一个人的成长，虽然遗传因素具有一定的作用，但那只是影响本人的生理因素，而其性格的形成，心理的发展，主要取决于后天的家庭、社会、学校教育的力量。这就是人本主义的教育思想。

每个班的学生其生理、心理各异,性格、爱好不同。所以自古以来,我们的传统教育非常讲究"因材施教"。《学记》中明确提出:"使人不由其诚,教人不尽其材。其施之也悖,其求之也佛。"就是说,不考虑学生的志趣,便不能使学生的资质得到充分发展。施教的方法不合理,获得的效果也会适得其反。霍老师深谙此理,因此,她对每个学生的生理、心理特点了如指掌,对每个学生的施教方法都不同。

霍老师相信,每个孩子都有优点,要凭借一双慧眼,耐心地去发现他们的优点,给予相应的教育。霍老师班上有一个"淘气包",名叫小晋。霍老师第一次进课堂的时候,这小家伙竟然在讲台前翻了两个跟头。霍老师没有训斥,也没有批评,只是露出了不在意的笑容。这一下,小晋倒有点儿毛了。霍老师在思考:12岁的孩子,本来是天真、活泼、听话、可塑的年龄,小晋为什么会这样?霍老师做了家访,发现这学生的妈妈被下放农村干校,爸爸经常到外地演出,这孩子缺乏正常的家庭教育。而家长正准备把孩子托付给邻居代管。霍老师不假思索地说:"把孩子交给我,你们放心地走吧!"说着,一把将孩子拉到怀里。这时,小晋仰起头,好像在说:"老师,我是好孩子吗?"这又给了孩子一定的自信。就这样,霍老师就像带自己的孩子一样,上下班自行车的后座上,多了一个小男孩。她嘱咐自己的女儿要关心爱护这个小弟弟,就像关心自己的亲弟弟一样,谁也不许看不起他,更不许欺负他。生活上关心照顾,学习上细心安排。小晋和霍老师的女儿一起生活学习,小晋找到了自己的兴趣爱好,喜欢上了唱歌。霍老师因势利导,告诉他:"要学习唱歌、弹琴,就要做个不打架,不骂人的好孩子。"引导小晋好好学习。当小晋有了一些进步,就鼓励他继续努力。为了督促他自觉地学习,霍老师用小黑板写一些诗文、短语,挂在院子里,让她和小姐姐识记、背诵。

这样的学习,虽然是零打碎敲,但是很有效。从此,小晋就一步一步地进步了。

霍老师只用一年的时间,就把这个天不怕地不怕的"小捣蛋"转变成一名合格的小学毕业生,并考上了中学,后来成为一名文艺工作者。

霍老师相信功夫到了自然成。她曾说:"精诚所至,金石为开。"可是在现实的教育中,有的教师却将学生分为三六九等,于是教师就把力量放在几个"好学生"身上,对于他认为的"差生"就放弃了教育。有的孩子学习慢些,老师不去帮助,而是采取一种冷落的办法,久而久之,这个孩子就会丧失学习信心。对教师来说,要做到对每个学生都一视同仁,这可不是一件容易的事。

在教育中,要使每个入学的儿童都能获得德、智、体、美全面发展,教师不仅要以科学的教育思想教育学生,而且要付出巨大的精力、心力、智慧,爱护所有的学生,想方设法,因材施教。霍老师正是这样做的,所以在她教学的班级里,没有掉队的学生。

(二)爱是教育智慧的源泉

霍老师提出"没有教育不好的学生"。许多人问她秘诀在哪里?霍老师的回答:"没有爱就没有教育,没有兴趣也没有教育。"她认为"爱是一种信任,爱是一种尊重,爱是一种鞭策,爱是一种激励,爱更是一种能触及灵魂、动人心魄的教育过程"。霍老师把爱心解释得清清楚楚,爱不是空洞的口号,而是实实在在的育人过程。

在教育、教学工作中,爱心具体体现在教育智慧之中。霍老师的教育智慧主要体现在对学生生理、心理的了解,对学生表现的准确判断和科学的教育方法等方面。

霍老师对每个学生的心理、性格特点、爱好都非常了解,因此所采用的教育方法各不相同。例如小成这个二年级学生,数学的口算很好,但就是不爱讲话。霍老师先鼓励他说:"你口算很好,你会有大出息的。"这话使小成振奋起来。霍老师又让他参加和高年级的口算比赛,比赛的胜利更鼓舞了他,使他有了自信,敢于在人前讲话了。后来,小成考入了清华大学,毕业后留校做了教师。小静是个爱唱歌的学生,为了给她创造学习音乐的机会,霍老师不惜用课余时间给她补习语文、数学,使得她走上艺术之路。秀秀是个勤劳的孩子,在霍老师手把手的教育下,使她成长为一名好班长……

激励和批评是两种不同的教育方法。而霍老师对学生经常采用激励方法,这种激励是以爱心为基础的。正如霍老师言:"真诚的爱,热情的鼓励,是打开学生心灵的金钥匙……我为每一个学生取得哪怕是小小的进步而鼓励加油,使他们感受到自己取得的成绩和进步带来的喜悦。"

霍老师善于体察学生的心理世界,善于发现每个学生的特点、特长,扬其长,抑其短,因材施教,引导他们走向成功之路。霍老师曾自豪地说:"我从教六十年,没有丢掉一个学生,他们都长大成才。"这就是霍老师作为一名小学教师,对教育事业的最大贡献。

(三)赏识每一个学生

"赏识"学生,就是以欣赏的心理评价学生。霍老师曾说:"人人都渴望得到赞美,对孩子来说就更渴望了。未成年的学生,他们的行为表现、思想意识、兴趣爱好远没有定型,可塑性较大,每个孩子都有闪光点。"

正因为霍老师赏识每个学生,因此,在她从教的六十多年中,曾创造了四个"从没有"的教育奇迹。

第一个"从没有"——从教六十多年,霍老师从没有对学生发过火。

第二个"从没有"——从教六十多年,霍老师从没有惩罚过或变相惩罚过一个学生。

第三个"从没有"——从教六十多年,霍老师从没有请过一次家长来校,述说学生的种种不良表现。

第四个"从没有"——从教六十多年,霍老师从没有让一个学生掉队。凡是她教过的学生没有一个留级的,别的老师教不好的,她都留在自己班里,培养成合格的小学生。

霍老师为什么能做到四个"从没有"?她回答得非常明确:"我不跟学生发火,是因为我教的都是小孩子。小孩子犯错误是正常的,对一个孩子发火,是老师无能。"这就一语道破老师的身份和责任。也正因为霍老师充分理解了教师的责任,才能做到对学生不发火、不惩罚、不向家长告状,才使得班里没有一个学生掉队。她爱所有的学生,所以她赏识所有的学生。她才能做到四个"从没有"。

霍老师还提出:"所有的学生都需要赏识,但赏识什么,怎么赏识,赏识能否到位,能否起到转化作用,这就取决于教师的赏识艺术了。"如何了解每个孩子的特点呢?霍老师以高尚的教育智慧,采用了科学的方法,观察、对话、家访等,了解学生,具有针对性地进行教育、教学工作,从而提高了教育、教学效果。例如,好强的孩子有时也会做出傻事。小玲是个插班生,刚到霍老师的班上,课上老师提问时,她不会的问题也举手。这是为什么呢?霍老师很细心,不但及时发现了这情况,了解到她是由于自尊心过强使然。霍老师没有说她,反而想出了让小玲"举左右手"的办法,"举右手"是会答的问题,"举左手"是不会答的,以此来区别是否让她回答。这简单的"举左右手"的办法,既保护了学生的自尊心,又激发了她学习的积极性,更使小玲一辈子都记住"举左右手"这一师生间的"秘密协议"。这件事充分体现了霍老师的教育艺术。

(四)尊重学生的创造性

霍老师爱学生,还具体体现在对学生的尊重上。她尊重学生的人格,尊重他们的创造性。霍老师非常明确地提出,要发挥学生的创造性,必须引导学生参与到各种教育、教学活动之中去。

课内，霍老师要求学生认真学习，课外组织学生参加各项活动，使学生人人参与到活动中去。如课外组织学生成立"错别字病院"，学生搞得有声有色，让学生自己消灭错别字；组织学生搞诗歌会、故事会；鼓励学生自己出班报。特别是学生自己动手编撰的"作文集"，他们自己买蜡纸，从家里拿来钢板和铁笔，利用下午放学以后的时间在教室里伏案刻写，刻不好也不灰心。在文章题目和结尾的空白处画上了大大小小、各式各样的图画。还让霍老师给他们写了一篇"前言"。刻好后，就到学校油印室请老师帮助印刷。印完后，就发动全班同学用蜡笔给插图上色，再折叠、装订，最后便成了一本本虽然粗糙，但却可爱的"作文集"了。为了鼓励同学们的写作热情，班委会还专门举行了作文集发放仪式，当同学们拿到这本《我们的作文选集》的时候，甭提多高兴了，一个个捧着"书"，排着队，让霍老师给他们签字。最后作文小组的同学们还把自己的"书"自豪地送给校长、主任和老师们。这种活动在20世纪60年代算是很新鲜了。

从这个过程来看，孩子们自己设计，自己操作，这既是一个学习作文的过程，也是一个学习文化知识的过程，又是一个创造的过程。我们看到，霍老师以满怀热情的心引导学生积极参与各种活动。这其中体现了霍老师的语文教育思想：语文学习不能局限于课内，要走出课堂，走向生活，重在参与，在语文实践中学习。这其中更蕴含着霍老师"相信学生""尊重学生""以学生为本"，"发挥学生的主动性、创造性"的教育思想。

正是这些课外活动，挖掘了学生们的潜力，调动了他们学习的主动性、积极性和创造性。这是霍老师教育智慧的展示和结果，所以她获得了学生的爱护。正如她所讲："教师心目中要有学生，处处为学生着想，使学生能从心底里感到老师的可敬可爱。"

再看看当今的教育，学生们除了上课做作业，下课仍然是作业，一道道作业题搞得学生厌学、怵学。不要说课外缺少活动，就是课内的音乐课、美术课、体育课也往往被主科课程所占用，所以现在的儿童身体不健康的很多，思维不活跃的也不少，孩子们生活枯燥，厌恶学习，缺乏创造力，这是令人担忧的。

(五)期待学生的成长

每位教师都希望所教的学生在思想品德、学习能力、智力发展等方面取得好的成绩。但是有的教师达不到这个目标。其原因很多，有的教师责任心不够，有的教师教育不得法,有的教师缺乏耐心,等等。霍老师在教育上的成功,有一个妙法,就是"以爱心、信心和耐心期待每个学生的成功"。霍老师认为:"教育虽然不是万能的,但人的可塑性很强。只要教师给予他们多一些期待,多想想办法,那些学习能力一般的学生同样也能取得较好的成绩。"而且要明确"一个孩子的转变成长需要一个过程,期待学生成功要有耐心、有信心,教师要善于等待,善于寻找和挖掘孩子的闪光点"。霍老师相信"功到自然成,100遍不会,就再多教他几遍,别忘了还有101遍呢"。关键在于这101次的那个"1"。有的教师教育、教学的失败,就在于做了几次不成功,就放弃了,甚至做了100次,就那一次不坚持也会失败的。

期待是积极的,不是消极的等待。霍老师在期待中以爱心为本,和学生进行心灵的沟通。而有的教师往往以成人的眼光看孩子,于是就会看到孩子的许多毛病。如果肯换位思考,教师以儿童的视角观察学生的所作所为,以平等的态度对待学生,就会发现学生的"可爱"之处,这是与学生进行心灵沟通的基础。

三、结语

霍老师是一位名副其实的人本主义教育家。她非常自信地讲出"每个孩子都是好孩子","没有教育不好的学生"。她处处、事事、时时想到的是学生,以学生为本。

霍老师的"教育智慧"是以爱心教育和哲学的方法论为基础的。爱心是智慧的源泉;方法是智慧的体现。霍老师掌握了科学的教育方法,并运用到教育教学活动中。她爱所有的学生;同时,她善于观察学生,了解学生的内心,分析学生出现的问题,进行科学的判断。这就是霍老师的"教育智慧"。

(参考赵萱、曾曙春《把爱献给教育的人》,人民教育出版社2011年版)

学习袁瑢老师的语文教学风格

袁瑢老师是一位非常慈祥的老教师,是一位德高望重的教育家。在他几十年的教学实践中,创造了细、实、活、深、严的语文教学风格。

1986年在深圳召开的小学语文教学研讨会上,我认识了袁瑢老师。她给我的第一印象——谦虚谨慎、和蔼可亲。在后来的几次会上,我和她一起听课、评课,她对青年教师的指导,对评课问题的科学精神,给我留下了深刻印象。

1987年,袁老师送给我一本《袁瑢语文教学三十年》。我如获至宝,认真地通读,给我最深刻的印象是,"走自己的路,建立自己的教学风格"。后来,我总想写一点学习心得,由于我没有直接听过袁老师的课,也没有看过她的录像课,缺乏感性知识,总不敢动笔。最近,我看了几位青年教师的录像课,感到有些粗、浮、浅,使我突然想到袁老师的教学是那么细致、扎实、灵活、严谨、深入浅出。于是,我再读袁老师的文章,对比之下,才有了新的体会。

袁瑢老师从1950年登上小学教育的讲台,经过五十多年的小学语文教学实践与研究,走出了一条自己的道路,这就是依据汉字、汉语的特点,依据儿童心理和教育、教学原理,在继承我国传统语文教学的基础上,创建了具有独特教学风格的小学语文教学体系。主要体现在以下几方面。

一、建立了"相对集中,集中和分散相结合"的识字教学体系

袁老师很重视识字教学,她认为"识字是阅读和表达的基础"。早在1961年就开始进行识字教学改革实验。袁老师并没有照搬"集中归类识字"的经验,而是在学习的基础上,依据汉字的规律以及儿童识字的认知特点,采用了"相对集中,集中和分散相结合的方法"。实验一年,取得了良好的效果。

袁老师认为:"识字教学既要重视汉字的特点,又要重视学生的接受能力,两者要正确地结合起来,才能更好地提高识字教学质量;从汉字的特点和学生的接受能力出发,一年级的识字应该适当集中,方法多样,使学生掌握汉字和学习规律,反复练习;一年级语文教学既要把握识字这项重要任务,还要注意到阅读、表达能力的培养和进行思想教育,也只有这样,才能使学生对字词理解得更清楚,掌握得更牢固。"这是她早在1961年的论述。这段话对于低年级的语文教学做了全面的概括。

1979年,袁老师又发表了《提高小学一年级识字教学质量的体会》一文,文中将识字教学的经验概括为三句话:"第一句话是,教给学生识字工具和识字方法,逐步培养和提高识字能力;第二句话是,识字教学与写字、阅读、说话教学相结合,既可提高识字质量,同时又培养了阅读、说话能力;第三句话是,充分调动学生学习的积极性,使他们学得主动,学得有兴趣。"这三句话进一步明确了一年级语文教学的要点。

第一句话,教给学生两套识字工具,逐步培养和提高学生的识字能力。第一套

是字音工具,即汉语拼音。这套工具能帮助学生读准字音,并能运用它进行自学,尽快地开始阅读。第二套工具是字形工具,即汉字的笔画名称、笔顺规则、一批独体字和偏旁部首。学生入学后,先教学汉语拼音,使学生先学会基本的拼音方法。当学生基本掌握了汉语拼音工具之后,就可以独立学习汉字的字音。关于字形教学,先教学 20 种笔画,再教学 150 个左右的独体字,然后再教学从独体字引出的 51 个偏旁部首,利用偏旁部首教学合体字。与此同时,还使学生掌握一批常用字。袁老师从历年的低年级语文课本和低幼读物中选了 490 个常用字,按由易到难,由简到繁的原则排列,采用多种形式教学,平均每天教授 15 个字,在教授了 100 至 150 个字的时候,让学生读几篇短文来巩固记忆。当学生有了一定的识字量,再根据字的音、形、偏旁等特点分别归类,进行分析比较,复习巩固,效果很好。这种识字方法,袁老师概括为"音形义结合识字法"和"归类分析比较法"。经过约一个学期,学生已认识了六百多个常用字,识字能力大大提高。

第二句话,识字教学与写字、阅读以及发展语言相结合。特别重视写字教学,袁老师说:"识了字就写,这不仅符合学生的认识规律,而且也有利于记忆。同时写字也是小学语文教学一个重要任务。"今天的识字教学,强调识多写少,这是否符合识字教学规律,还值得研究。

特别是第三句话,突出调动学生学习的主动性和积极性,要培养学生的识字兴趣。袁老师非常重视利用校内外的识字资源,如教室内张贴的彩色挂图,教室内外的黑板报等。总之,处处使教学落实在学生身上,体现出袁老师以学生为本的教育思想。

小学一年级的识字教学,采取的"相对集中,集中和分散相结合的方法",完全是袁老师通过自己的实验,概括出来的一种识字教学方法,形成了一套科学的识字教学体系。

二、以学生学习为本,重视发展学生的智力

袁老师的教学使学生越学越聪明,关键在于她将发展学生智力置于教学的重要地位。袁老师认为"人类历史和科学发展的长河中所闪耀的智慧和才能的火花是永恒的,所以学校教育要重在启迪智慧和锻炼才能,使学生能驾驭知识,有提出问题、分析问题、解决问题的能力"。她进一步批判死记硬背的教学。她说:"自古以来的语文传统教学经验,重视孩子们记忆力强的一面,或多或少忽视了他们积极思维的一面;看到了他们阅历少、头脑简单的一面,或多或少忘记了他们求知欲强、智力不断发展的一面。因而往往倾向于利用他们的记忆力,要求他们死记硬背一些东西,而不去有意识地培养、锻炼、发展他们的思考能力;只提供一些根据自己的主观臆断认为他们能够理解的、非常具体浅显的东西,或者是他们根本无法理解的东西,让他们"先死记下来再说",而不去恰到好处地启发他们的智慧。"袁老师重视学生智力的发展,但是她并没有忽视学生对知识的学习,而是在学生掌握知识的基础上发展其智力,这在她的教改实验中充分体现出来。

经过反复研究测试,她发现:"有的学生成绩好,并不一定智力好。这主要是由于教师长期考查、评定学生的成绩,偏重于知识技能的掌握,忽视了学生独立运用知识的创造性能力。要改变这种状况,教师不仅要教给学生必要的基础知识和基本技能,还要积极发展学生的智力。再者,属于智力范畴的各种能力在每个学生身上的反映和发展是不同的。教师要在全面发展的目标下,培养他们某一方面的特长。这样才有利于使学生的智力得到充分的发展,才不会埋没人才。"

基于以上认识,她于1979年开始了"在语文教学中发展学生智力的实验"。她从"扩大学生的知识,丰富思维的源泉;指导学生细致观察事物,培养观察能力;在学生学习知识时,教会学生思维;精心设计练习,通过练习发展学生的思维能力"这四方面着手对学生进行训练,取得显著成绩。袁老师在其语文教学中,处处想到如何启发学生的智慧,方法多种多样,如:读书启智、兴趣启智、观察启智、活动启智、生活启智。在这些方面袁老师都做得很细致、很扎实、很深入。

(一)读书启智

语言是知识的载体。不论是口头语言还是书面语言,都反映一定的知识内容,表达一定的思想感情。学生如果没有一定的知识储备,没有一定的思想感情,是绝对写不出文章的。知识从哪里来?认识怎样提高?只有多读书。所以袁老师引导学生认真读书,扩大知识范围,丰富思维的源泉。在课内尽量给学生补充知识,在课外,要求学生多读书,或开朗诵会,或写读后感。通过读书丰富学生的思维,提高认识,使学生的读写能力和分析问题的能力不断提高。

(二)观察启智

读书和认识社会、认识自然相结合。袁老师认为:"小学语文教学,要给学生打好两个方面的基础:一是语言文字基础,二是认识事物的基础。如果我们的教学与学生实际相脱离,与社会生活相脱离,是不可能打好这个基础的。"她说:"观察是认识世界、增长知识的重要途径,是发展智力的基础。没有观察,就不可能有丰富的想象力和创造性思维。"她还说:"针对学生观察不仔细,只见其一,不见其二的特点,我要求学生观察事物时,做到仔细看,认真想,一边观察,一边思考,使观察与思考相结合。此外,我还针对小学生观察能力差,写作时只有骨架,没有血肉,就事论事的缺点,把观察、说话、作文三者结合起来,进行综合训练。"新学期开学后,她对哪篇课文应该结合实际来教,哪一种知识必须进行实地观察,哪一堂课到教室外面去上等等,都做出计划。因为,她要"让学生在接触社会、认识自然中变得更聪明"。

(三)思维启智

读书和思维相结合。袁老师明确提出:"语言训练和思维训练是紧密联系的。""人们进行思维的时候,要运用概念,然而没有一个概念可以脱离词语而存在。语言又是发展思维的基础和手段。"正因为袁老师对于语言和思维相互作用的关系理解深刻,所以她主张"语文教学在发展学生语言的同时,还要有意识地促进他们思维的发展"。在她教学的词、句、段、篇中,处处注意词句的分析、比较;分段及概括段意,进行逻辑思维训练;对于抽象句段内容的补充、想象,进行形象思维的训练;善于启发学生提问,学会质疑和解决问题等,教会学生思维。因此,学生的思维非常活跃,提高了学生分析、概括和推理能力。这就从理论和实践上,都说明语文教学中发展学生思维能力的重要性。

在教学过程中,袁老师将语言训练、思维训练和认识客观事物紧密结合起来。总之,袁老师的语文教学,不是用知识填充学生的头脑,而是在教授知识基础上,用多种方法去点燃学生智慧的火花,不仅使学生掌握了知识,而且是越学越聪明。这是袁老师自己走出的一条学习语文和发展智力相结合的道路。

(四)语言训练启智

语言的学习需要不断训练和积累。袁老师认为死记硬背的做法不可取,但是对于理解后的记忆却非常重视。她还精心设计了发展学生思维的练习,通过练习发展学生的记忆能力。下面是二年级学生在学习了《美丽的公鸡》和《秋天的田野》两课后上复习课的一个片断:

袁老师在黑板上写出"蜜蜂采蜜""青蛙捉虫""啄木鸟给树治病"三个简单的句子,要求学生根据这三种小动物的共同特点,在后面添一个概括性的句子。学生完成得很好,他们说这里应该加一句"它们都是人们的好朋友"。接着袁老师归纳说:"这里一共有四个小句子。前面三句是按每种动物分开来说的,最后一句是总括起来。"在做了这样的小结以后,袁老师又在黑板上写出:"金色的稻子弯着腰,红彤彤的高粱迎风摇,雪白的棉花闪银光。"她让学生读这句话,想象眼前出现怎样一幅景象,然后让学生在前面添上一个句子。一个学生说:"秋天的田野多么美好。"另一个学生接着说:"秋天的田野多么美好,后面要加上感叹号。"第三个学生说:"我加的一句是:秋天的景色多么美好啊!"在学生提出了不同的说法以后,袁老师进一步引导说:"有人说田野,有人说景色,到底是说田野好还是说景色好呢?"一个学生回答说:"我认为秋天的景色不一定美好,秋天树上的叶子已经枯了,春天的景色比秋天好,所以说田野好。"另一个学生补充说:"稻子、高粱、棉花都是种在田里的,我觉得用田野好。"经过讨论,全班一致赞成用:秋天的田野多么美好啊!

以上这个练习的设计,将语言训练和思维训练以及对客观事物的认识紧密结合起来。正如袁老师所说:"这样的练习,是以对客观事物的认识为基础的。它把平日的观察练习和逻辑思维训练结合在一起,要求学生正确地理解概念、区分概念,也就是说遣词造句要讲求准确,说话要通顺、连贯、合乎情理。由于我的练习设计和训练过程自始至终都贯穿了一个精神——激发学生兴趣、发展学生思维,所以学生能在练习过程中主动探索,不仅巩固了基础知识和基本技能,还发展了智力,提高了能力。"

总之,袁老师的语文教学不是用知识填充学生的头脑,而是尝试用各种方法点燃学生智慧的火花,所以学生不仅掌握了知识,而且越学越聪明。这是袁老师自己走出的一条学习语文和发展智力相结合的道路。

三、"细、实、活、深、严"的教学风格

袁老师对于自己的教学风格曾做过这样的阐述。她认为:

所谓细,就是既备课,又备人。教学过程要组织严密,从课文和学生的实际出发,每一步教学步骤应该细致而具体,由浅入深、由易到难、环环相扣、逐步提高。

所谓实,就是教学目的要明确、具体、落到实处。采用多种方法和途径,使学生学有所得、学得扎实。讲课要实实在在,不搞浮夸的花架子,讲究实效。

所谓活,就是在教学过程中,要十分重视启发引导,激发学生的主动性和积极

性,促使学生内因起作用,要重视发展学生的思维。实中寓活,生动活泼。

所谓深,就是对教材要钻得深、挖掘得深。讲课要有一定的深度,即使是简单的知识,也要挖掘深层的含义,不能浅尝辄止。

所谓严,就是对学生的语文基本功和良好的学习习惯要严格训练、严格要求,要面向全体学生。

"细、实、活、深、严"这五个字都贯穿在袁老师的教学实践之中。同时,从这五个字的概括中,充分地体现出袁老师的语文教学思想——以学生为本。

四、尊重、相信、热爱学生

从前面的论述中,我们已看到袁老师处处为学生着想。她非常爱学生、了解学生、相信学生、尊重学生。

袁老师认为对于小学生只讲大道理不行,主要是用自己的行动影响学生。袁老师为什么能处处为学生着想呢?这和她对语文教育目的的设定分不开。在语文教学中,她紧紧把握语文教学的总目标。袁老师非常明确地坚持语文教学既有个性任务——"培养和提高学生的听、说、读、写能力",还有学校教育的共性任务——"应该把学生培养成为有觉悟、有道德、有理想、有文化、有聪明才智的人"。而且把语文教学本身的特有任务和总的教育任务有机地结合起来,也更有助于培养和提高学生的听、说、读、写能力。

正因为袁老师深知小学教育"培养人"的重大意义,因此,她是那样热爱学生,不辞辛劳地为学生的成才打下牢固的基础。下面的一段话足以说明袁老师对于工作的热忱,她说:"每年暑假,是教学工作的交接季节,有多少工作等着老师去做啊!多少年来,我何曾舒服地度过一个暑假呢?刚刚送走了自己教了几年的学生,又忙着接收新的学生了。白天,我走门串户,进行家庭访问,开始新学期的准备工作;夜晚,酷暑笼罩,闷热难耐,我却一个劲儿地忙着备课、定计划。因此,新学期开学以后,我对哪一篇课文应该结合实际来教,哪一种知识必须进行实地观察,哪一堂课要到教室外面去上等等,我已心中有数。"我读到这里,心中对袁老师不禁肃然起敬。她对教学的认真,对学生的负责,对教育事业的忠诚,为我们树立了光辉的榜样!

(原载《小学语文教学》)

敬 佩

> 李吉林、刘曼华、贾桂枝、杨树、李铎、王雅岩、丁有宽、曾曙春、杜蕴珍、鄢文俊、姜兆臣、谷锦屏、贾国均等,这几位教师是改革开放之后涌现出的具有创新性的小学语文教师。
>
> 他们不论是在识字教学、阅读教学,还是在作文教学方面,都具有独特的创新。在教学实践中,他们都取得显著的成绩,形成独特的教学风格、教学理论体系及教学流派。我敬佩他们对小学语文教学的刻苦钻研精神,敬佩他们为基础教育做出的贡献!

[我与李吉林老师的交往]

李吉林是我国杰出的小学语文老师。她在多年的教学实践中,不断学习我国传统的语文教学理论,特别是汲取了王国维的"境界说";同时不断学习现代教学论,有选择、有目的地用于教学实践之中,创造了"情境教学流派",对我国小学语文教学和小学教育做出巨大贡献!

我和李吉林老师第一次接触是在 1980 年暑期,在大连召开的"全国小学语文教学研讨会第一次年会"上,我有幸听到她在大会上生动的发言。她流畅而亲切地谈到她的"情境教学法",给我留下深刻的印象。

1983 年秋,我到河北大学教育系讲授小学语文教学论,为了教学我研习了李吉林老师的教案,并对她提出的"情境教学"产生浓厚的兴趣。1987 年春天,我邀请李老师到天津讲学,之后,李老师又来过两次。这之间,我开始学习研究情境教学。1989 年,我为《李吉林情境教学详案精选》一书写了一篇序文;1996 年秋,我参加了在南通召开的"李吉林情境教学研讨会";2000年,我又写了《论李吉林小学语文情境教学》。学习李老师的"情境教学"不仅丰富了我对于小学语文教学的认知,而且也使我们结下了深厚的友谊。

情境·语言·情感·生活的高度融合

李吉林老师在语文教学园地辛勤耕耘几十年,付出了艰辛的劳动,也收获了丰硕的果实。她不仅送走了一批批德、智、体、美全面发展的合格的小学生,培养了许多优秀的青年教师,还从情境教学的理论高度系统地概括了小学语文教学的经验。她以多本小学语文情境教学专著与多篇论文传播情境教学法,在国内开创了情境教学之先河,其"情境教学—情境教育—情境课程"的教学模式独创"情境教育流派"。这不仅对全国小学语文教学改革起到积极的推动作用,对小学语文教育理论及小学教育理论建设做出了巨大贡献,而且为教学论、课程论的发展充实了新鲜学理,对课程改革、教材改革具有积极意义。

一、情境教学体现"境界"学说

情境教学的核心理论基础是"境界"学说。"境界"说的集大成者王国维曾指出:"词以境界为最上。有境界则自成高格,自有名句。"又说:"言气质、言神韵,不如言境界。有境界,本也。"这虽然是指词而言,但实质是指文学作品,"境界"可为文学作品之本。小学语文教材大部分属于文学作品或具有文学因素,情境教学之"境"即指"境界",情境教学运用了"境界"说的合理因素,即抓住了小学语文教学之本。

(一)"形真""情切"体现了"境界"之核心

何为"境界"?王国维认为"境界"包括主、客观两方面。"境界"的客体指大自然和社会;"境界"的主体即作者。他说:"文学中有二元质焉:曰景、曰情。前者以描写自然及人生之事实为主;后者则吾人对此种事实之精神状态也。故前者客观的,后者主观的也;前者知识的,后者感情的也……文学者,不外知识与感情交代之结果而已。"其所谓"客观的",是指以事物本身的属性为标准来观察、了解事物,因而是"知识的"。所谓"主观的",是指以观察者的思想感情为标准来观察事物,因而是

"感情的"。这是人们认识现实生活的两种不同的方法和态度,其结果就是"景"和"情"。王国维认为"境界"本质上即以"景"和"情"二元素构成,二者都是"观"的结果。"观"是人的一种精神活动,其结果当然也是一种观念形态,所以艺术"境界"就是"景"与"情"二者"交代之结果",也就是主客观的统一。他进一步对"境界"作了分析:"境非独谓景物也。喜怒哀乐,亦人心中之一境界。故能写真景物、真感情者,谓之有境界。否则,谓之无境界。"这就是说,客观上某种特定的景物或主观上某种特定的情意,都是现实生活中的境界。这种境界一是"物境",一是"心境",但不是艺术的"境界"。艺术的"境界"是"能写真景物、真感情者",作者把所感受和思考的东西写出来,只有表达"真事物""真感情",才能构成艺术的"境界"。因为艺术"境界"中没有不带感情的单纯的景物描写,也没有完全离开一切景物的单纯的感情叙述,所以王国维尤为强调作者的感情。他说:"不知一切景语,皆情语也。""景语"中含着感情,"情语"中映衬着景物,关键在于"真景物、真感情"。

以上所谈虽然是针对文学创作而言,但教学就是要再现作者的"景语""情语",使教学的主体——学生深切体会、领悟作者的"景语"和"情语"。情境教学正是遵循着"境界说"的写"真景物、真感情"的规律,在教学中突出"形真"(真景物)和"情切"(真感情)因素,强调形与情的统一。

李老师在小学语文情境教学中强调"形真",就是把课文所写的景物形象真切地再现出来,以鲜明生动的形象强化学生的感知过程,为学生所能接受。"作者胸有境,入境始与亲。"(叶圣陶语)引导学生感知形象,只有感受亲切,才能入境。情境教学很重视儿童形象思维的形成,主张儿童通过"形象"去认识世界,因为形象感染是"潜心会本文,披文以入境"(叶圣陶语)的一个重要手段。

有人认为情境教学就是运用一些直观教学手段,和直观教学没有什么不同。这种看法是不确切的。从表层看,二者都是通过形象触动学生感官,使之运用感官感知形象,获取表象,这是二者的相同之处。但情境教学和直观教学具有根本区别:其一,直观教学只是某一种直观教学手段的运用,而情境教学不是单纯的某种直观教具的运用,而是要运用直观教学手段构成整体情境,要求其"形"具有整体性。一个情境即是一个整体,包含着作者所要抒发的情感、表达的思想或要说明的道理。其二,直观教学仅限于教学过程的感知阶段,而情境教学不仅限于感性认识阶段,它要调动的是学生知、理、情、趣、志等认知因素和非认知因素的全过程,尤其表现出对情感因素的偏重。

"情切"是情境教学的又一特点。李吉林老师深切地体会到:"情境教学缺了情,那境就会变为死板的、形式的,只有情深才能境活。"这要从两方面来分析。从教材来看,选文大都是名家名篇。凡大家的作品,都以"情语"表达景物、人物、事物。蕴情之作,才成为佳品。阅读一篇文章,要透过文字体会作者对自然、对人物、对事件的挚情,以之感染学生,丰富学生的情感,让学生理解作品的"境界"。从学生来讲,作为思维能力并未充分发展的小学生,情感表现得相当丰富。情境教学正是抓住了小学语文教材中的情感因素和儿童易于被情感激发的这一动因展开一系列教学活动,使教学成为儿童情感所需要的活动。

认知和情感结合会大大提高认知水平。情境教学总是让认知活动伴随着情感发生。情境的再现,加上教师语言的调节,会使儿童感到兴奋或沉默,随之产生欢乐或悲伤的情感,从而促使儿童进入特定的情境之中。所以一旦儿童的认知活动伴随着情感,他们对客观世界的认识就会更加丰富多彩,更加主动深刻,学生也就会成为教学过程的主体,主动积极地进行语言学习。

情境教学主张的"形真""情切"二者是统一的。"情附形则显"(清人叶燮语),这里的"形"指形象画面,与"景"或"境"大体相同,也就是王国维所说的"景与情的统一"。从"景"和"情"结合的总体看,他把"境界"分为三种:一是"意与境浑"的境界;二是"以境胜"的境界;三是"以意胜"的境界。第一种境界是最高境界,在这种"境界"中,"景"与"情"浑然一体。创作如是,读书亦如此。读者进入这个境界后便物我两忘,这就是艺术的境界。情境教学就是把形与情结合起来,以情激发人对物的认识,使学生进入读书的高深境界。正如李老师所讲,利用板画再现情境时,"不仅画面有'形',还要有'情';教师描述,不仅要有'情',还要有'形'"。这样才能以"形"作用于学生的感官,此"形"又因伴随情感而作用于儿童心理,从而达到促进儿童思维发展的效果。由于情感的陶冶随形象感染程度加深,学生内心就会不断掀起情感的波澜,爱作者所爱,恨作者所恨,入情入境,达到"语语悟其神"的境界。这样,作者、教师、学生的情感达到共鸣,使教学达到最高境界。在这一过程中,教师的情感对学生而言是个导体,是起决定作用的。李老师对教育事业、对广大儿童怀有深厚的真情,在讲课时总是以自己真情的语言点燃学生情感的火花,使学生在情绪高昂的状态中去领会文意语言。

(二)语言训练体现了"境界"之依托

王国维的"境界说"认为,景与情的统一只有通过一定的物质中介才能实现。

在文学创作中,只有通过语言,二者才能统一而成感人的艺术境界。境界之媒体即语言。王国维在《人间词话》中说:"大家之作,其言情也必沁人心脾,其写景也必豁人耳目,其辞脱口而出,无娇柔妆束之态。"显然,他把情、景同语言看作构成"境界"的三位一体的东西。在分析作品时,他非常重视语言表达,指出作者如何巧妙地运用语言进行艺术构思,从而把"景"与"情"结合起来。例如,他指出"'红杏枝头春意闹',着一'闹'字而境界全出。'云破月来花弄影',着一'弄'字,而境界全出矣"。有了"境界",艺术才有了生命。情境教学也正是再现了作品形、情、语三者有机的统一,才不断地提高了学生的语言素质。

李老师的情境教学非常重视语言训练。在她设计的教案和她的教学中,可以清楚地看到她为学生精心设计的语言训练项目。

1. 注重词语的理解和运用。在字、词、句、段、篇教学中,首先抓住词的准确性训练。李老师从不采用"下定义""加注释"的做法,而是以创设具体的情境、举实例、联系上下文体会这三种方法来教词语,重视词的感情色彩及词语运用。她认为,儿童言语的"发源地"就是具体情境,形象与词是不可分离的,要使儿童对词语理解准确,词语教学必须与形象结合,形、情、语始终是统一的。为了使儿童体会用词之准确,李老师曾提出"增""删""替换""改动"与原文比较的方法。李老师非常重视丰富儿童的词汇,扩大词语运用范围。如教《荷花》一课时,她问:"小朋友是怎样看荷花的?"学生答:"这个小朋友看得很仔细,很认真。"一般教师讲到这就不会再深究什么了,可是李老师又问:"请小朋友们想想,表示看花时间长,表示看花很专心,或表示看花时的心情的词有哪些?"同时出示句式:"我(   )看。"于是学生答出:"我(久久地)看""我(默默地)看""我(出神地)看""我(目不转睛地)看""我(凝神地)看""我(深情地)看""我(全神贯注地)看"。这样的语言训练多么生动活泼!不仅丰富了词汇,为理解文意启动了学生的情绪,还让儿童理解了在什么情况下使用这些词,有益于学生表达能力的提高。

2. 注重发展独自言语、对话言语和书面语言。李老师的语言训练是从句子开始的,逐步过渡到段,再从一段话发展到几段话。情境教学十分重视儿童自己的言语实践,利用已创设的情境进行语言训练,并以进行独自言语训练为主。经常是由教师的主导性语言描绘强化儿童感知,使其产生表达欲望,往往一个情境会引出孩子的一串言语。

对话言语训练往往与"听话"能力训练结合起来,如根据课本情境扮演角色,创设生活情境,练习对话等。

李老师尤为重视书面语言表达训练。她千方百计为儿童创设观察的情境,用形象的情境和丰富的美感唤醒儿童的内心感受,使其萌生表达的欲望。她说:"'情境'提供了言语材料,借助言语展开对这些材料的思维活动,通过思维活动运用言语去表达。"这是符合儿童书面语言发展规律的。

3. 善于进行语言逻辑性训练。语言的逻辑性是由思维的逻辑性决定的,而思维的逻辑性又是由客观情境的逻辑性决定的。李老师提出:"情境是一种有序的状态,无论是生活展示的情境,还是课堂上以直观手段演示创设的情境,都符合一定的逻辑程序,呈现或顺序性,或主从性,或因果性,或表里性,或兼而有之。"情境呈现的顺序反映了思维的逻辑性,并促进思维和语言的逻辑性、条理化。其次,通过情境蕴含理念,促进形象思维向逻辑思维过渡,通过情境的直观手段的一步步展现引导学生思考、领悟内容所蕴含的道理,使语言合乎逻辑。学生首先感受到的是形象。在教师的启发下学生的思维积极活动,进行分析、综合、比较、抽象与概括,然后做出判断,再通过有条理的语言表达出来。结合情境的语言训练既有助于形象思维和逻辑思维的形成,又有助于语言生动性、条理性和准确性的发展。学生语言的发展,关键在于教师的语言水平。李老师的语言修养很深,在教学中她的主导语很有特色,具有启发性、生动性、逻辑性、激情性和可接受性,为儿童所喜爱。

二、情境教学体现了语言美和情境美的统一

小学语文教学一般有三种水平。第一种,景、情、语统一的境界。通过教学,学生不但能透彻地理解课文内容、思想,学到语言及读写方法,受到一定的思想教育,而且还能达到情感陶冶及美感享受;第二种,侧重于语言分析,语言和思想不能恰当地结合,学生只能受到语言外另加的教育甚而教育缺失;第三种,侧重于课文内容分析,学生能理解课文内容,但学不到语言。李吉林老师的教学充分达到了第一种水平,其情境教学体现了语言美和情境美的统一,具体表现为三个层次:

第一层次,教材体现了作者的语言美和客观情境美的统一。小学语文教材是经过选择的,大都是语言规范优美、思想内涵丰富的佳作。每篇作品都体现出作者对客观事物、景物、人物的认识,体现出作者创作时所置身的情境,达到"景语"和"情语"的统一。作者对某些事物、景物、人物感到美,产生美感直觉,绝不是个人主观意识的产物,也不是个人偶然主观产生的"梦境",而完全是客观地、必然地由他所处的情境决定的。但是不同的作者,对同一景物、人物、事物又会有不同的美感直觉,体现出不同语言美和情境美的统一,这其中最重要的是作者的情感和语言修养。例如《桂林山水》一课,桂林山水本身呈现出客观美、情境美,而作者通过自己的观察和热爱祖国大自然的情感,运用优美的语言表达了桂林山水之美的境界,达到了语言美和情境美的统一。

第二层次,教师的教学把作者的语言美和情境美统一再现出来。一般教师往往会忽视对作者所描写的客观情境的再现,而李老师的情境教学正是要把学生带入作者创作时置身的情境之中,达到理解语言美和情境美的统一。为此,首先需要教师想象出作者所反映的景物、人物、事物的具体情境。如教学《桂林山水》一课,教师要有对桂林山水的直接或间接感受;其次,理解作者是怎样概括客观景物、人物、事物的——如怎样用优美的语言表达出桂林山水之美,达到教师自身的美感直觉和教材所反映的情境美的统一。一般阅读到此水平即达到目的。因为教师还要完成教学任务,指导学生理解语言美和情境美的统一,因此教师还必须深入钻研教材,为教学设计出一套教学方法,这其中最重要的是教师的情感。

第三层次,学生学习要达到理解语言美和情境美的统一。这是教学目的。李老师的课对教材钻研得非常深入,既能挖掘教材的语言因素,又能巧妙地指导学生进入作者所反映的具体情境,使学生顺利地达到理解语言美和情境美统一的目的。她常使用板画、音乐等形象教学手段,当然最常用的、占主导地位的还是语言描绘、提问、启发、点拨。如教《桂林山水》一课时理解"桂林的水美"一段,她除运用板画、插图、音乐再现桂林水美之外,还设计了四个不同水平的语言训练项目:1.指导学生认真读书,概括出桂林的水是静、清、绿的,山是奇、秀、险的,初步理解语言美和情境美的统一。2.从句子变化中理解桂林的水美。如漓江的水静、清、绿,用什么连词把静、清、绿组成句子?如果把静、清、绿三个形容词重叠一下句子会怎样?看到漓江的水不禁要赞叹,那么改成感叹句又怎样?这不仅是单纯的语言变化,而是通过语言变化调动学生的情感,理解漓江的水美,达到语言美和情境美的统一。3.进一步理解漓江的水静、清、绿的具体描写。通过读课文加深美的感受后,教师要求理解"静得让你感觉不到它在流动"是一种怎样的意境。教师优美的语言叙述启发学生想象,把学生带入漓江畔的情境之中,学生通过感知与情感活动充分体验到漓江的宁静。学生进入的情境与教材描写的情境一致,从而可以具体地理解词句含义及文本显示的形象。由于是语言训练,此时教师又引导学生回忆描写水流声音的词,如"潺潺""淙淙""哗哗",听得到漓江水流的声音吗?看得到漓江的水在流动吗？听不到、看不到，好静啊！你只觉得船在向前移动。此处，不仅复习了形容水声的词，同时用反衬方法又一次体会到漓江的水多么静，又一次使学生理解了语言美和情境美的统一。用同样的方法，使学生具体理解"漓江的水真清啊，清得可以看见江底的沙石"，"漓江的水真绿啊，绿得仿佛那是一块无瑕的翡翠"两句话。4.移情训练。教师出示"我爱长江、西湖和家乡的小河"，要求把该句改成排比句，并加修饰语。由爱漓江，移情到爱祖国的江海湖泊，同时又进行了语言训练，又一次体现出语言美和情境美的统一。以上四个层次的语言训练由浅入深，由概括到具体，由理解到运用，由语言的深入理解带动情感的加深，最终使学生既学了语言，体验到语言之美，又体会到情境之美，感受到祖国大自然的美景，受到美感教育，体现了小学语文教学景、情、语浑然一体的最高境界。

三、情境教学体现了语言美和生活美的统一

一般的小学语文教学往往局限于课堂上、书本上，而李老师常常把儿童带到大自然中去，带到生活中去，在观察玩赏中，就生活提供的景、物、人创造的生动鲜活的情境，很自然有序地训练儿童的语言。例如教完《初冬》一课，她带学生到郊外游玩，孩子们忽然听到小河对面传来一阵笑声，李老师迅速抓住这一生活情境，开始了有趣的师生对话：

师：你们听，河那边传来了什么声音？

生：河那边传来了一阵笑声。

师：你们听，河那边传来一阵谁的笑声。

生：河那边传来了一阵姑娘的笑声。

师：你听到一阵什么样的笑声？

生：我听到一阵"咯咯"的笑声。

生：我听到一阵欢乐的笑。

生：我听到一阵清脆的笑声。

师：这笑声如果不用"清脆的"也不用"欢乐的"，打个比方说，会吗？

生：那笑声有点儿像小铃铛。

生：那笑声像小鸟的歌声一样快乐。

生：那笑声就像小河的水在流动。

师：姑娘们为什么这样开心？

生:因为今年粮食丰收了。

这一段师生对话有景有情有思想,语言逐步具体、生动,使儿童学到活的语言。《在春天的田野上》《雪后的原野》等课后都有类似的野外对话训练,每次出游都有一个目的、一个主题,做到围绕中心分层次进行,这样就把生活、观察、思维、想象、语言融于一个整体训练之中,达到综合训练的目的。学生的学习不限于一本教科书中,不只是乏味地、单调地重复各种文字游戏式的练习,而是很自然地把语言和生活统一起来。学生的视野开阔了,孩子们饶有兴趣地在不知不觉中学到了如何观察生活,如何用语言描写生活,体验着真切感人的情和理。人类语言来自生活,又用于生活,李老师善于把孩子们带到生活中去学习语言。儿童面对生活所展现的情境,教师依据语言规律,调动儿童使用课本上、生活中已掌握的词句表达所见所闻,在欢快的生活中提高儿童的语言理解和表达能力。

目前这样的活动已发展成为"野外情境课程",特设了与之相适应的观察说话、观察写话、情境作文项目。带儿童到大自然中去,不仅学习语言,使儿童学到的语言在自然环境中复活,同时还使儿童认识大自然,享受大自然的美景,陶冶儿童的美感。"野外情境课程"为儿童的认知活动、语言活动、思维活动、情感活动、意志活动提供了取之不尽、用之不竭的丰富资源,并已形成一定的体系。这是在课程建设上的一大创造,也是从情境教学到情境课程的必然发展。

生活之树使情境教学常青,也使语文教学由课堂封闭型走向生活开放型。这里需要指出的是,作为语文教师,李老师热爱生活之情是深切的,否则她是不会发现生活之美的。她曾深刻地谈到:"在家乡这广阔而富有的天地里,可以给孩子的太多了,有知识的获取,也有智慧的启迪;有美感的享受,也有劳动的欢愉。"正因为她热爱生活,才会带领孩子们去拥抱大自然和社会,才会激发孩子们用语言去描绘、叙述、歌颂生活之美。李老师的情境教学在审美意义上之所以更胜一筹,其根源也在于此。

情境教学是我国"境界说"在小学语文教学中的具体运用,是对我国传统语文教学的继承和发展,是在我国土生土长的,是具有中国特色的语文教育的奇葩。

情境教学在不断发展,一是向小学语文学科纵深发展。在语文教学中,已创造了情境教学的教学目标、教学原理、方法及教学模式,现已构建起比较完善的小学语文情境教学理论与实践体系。二是扩展学科体系,向情境教育发展,向情境课程发展。这是一项意义重大的、系统的教学改革、课程建设、课内外统筹的情境教学教育的实验与实践工作,是我国小学教育的一大创举。

情境教学、情境教育、情境课程已在全国开花结果。这项教改实验的成功,是李吉林老师几十年来所倾注的心血的结晶。其成功的关键有三:第一,李老师具有一颗金子般的"一切为了儿童"的心。她说:"'情境教育'为儿童构建,'情境课程'为儿童开发。"为"导童稚"她热爱儿童,处处为孩子们着想,千方百计发挥儿童的智慧;为"导童稚",她无怨无悔。第二,李老师具有一颗常学常新的进取之心,她学习我国传统教学思想,学习国外新鲜的教学理论,将中外古今加以比较,汲取其精华而立论。第三,李老师善于团结教师、培养青年教师。正因为李老师有一个团结的团队,才使"情境教学—情境教育—情境课程"之花越开越鲜艳。

(原载《小学语文教学》,1997年第12期、1998年第1期)

论李吉林老师的小学语文情境教学

李吉林老师的小学语文情境教学已在全国推广,被广大小学语文教师学习采用。老师们之所以喜爱情境教学,主要是因为情境教学体现了语言与形、情、意、理统一训练的语文教学规律;凡是采用情镜教学的课,大都体现出语文教学的形象性、情感性、审美性、愉悦性、创造性,为儿童所喜爱。今就情境教学的艺术性、创造性、发展性和开放性,谈一点粗浅看法。

一、情境教学的艺术性

教学既是科学的又是艺术的。教学是一种规范的行为,教学必须遵循一定的客观准则,所以教学具有科学性。教学不仅是一门科学,同时也是一门艺术。因为教学过程各方面大都体现着艺术的基本属性。教学艺术就是教学的主体(学生)在教师的指导下,依据教学规律进行富有形象的、情感的和审美价值的创造活动。

教学的科学性和艺术性是不可分的。著名科学家李政道先生有一句名言,恰切地概括了科学和艺术的关系:"科学和艺术是一个硬币的两面,谁也离不开谁。"从教学来讲,教学的科学性是教学艺术性的基础,如果教学达到艺术水平,说明教学达到较高的境界,在语文教学中即达到景、情、语浑然一体的境界。李吉林老师的情境教学突出地体现了教学的艺术性,在教学过程中体现出艺术的本质属性。

(一)形真

"形象"是教学艺术的本质属性之一。教学是通过"形象"再现真理的活动。"形象"即有形、有象。我国古代把"形"字解释为"见","形,见也"。把"象"字解释为"像","象也者,像此者也"。"形象"就是看得见的具体内容,是文学艺术反映现实生活的一种特殊形式。语文课文大都是文学作品,反映了一定的景、物、人及其之间的关系。当教师引导学生理解和欣赏课文中的景、物、人时,首先要使学生对景、物、人的"形象"能看得到、有所感知。情境教学重视儿童形象思维的发展,强调儿童要通过形象去认识世界,形象感觉是形象思维训练的重要内容。李老师非常重视形象感染,她很善于以鲜明生动的形象强化学生的感知过程。如她所讲:"儿童往往是通过想象去认识世界的。小学语文课本入选的教材,基本上都具有鲜明的形象。但语言本身是抽象的,如何通过教材的语言文字让学生如临其境、受到感染,同时又通过所感受的形象体会语感,加深对课文语言的理解呢?首先必须具有鲜明的形象性,可见可闻,产生真切感。只有感受真切,才能入境。"这段话说明两点:第一,教学的"形真"是依据语文教材特点及儿童的认知特点而提出的。第二,情境教学要求"形真"的目的,在于通过"形真"理解语言,体会语感,所以"形真"便是情境教学的第一个特点。

情境教学主张"形真",而"形真"并不要求所有情境都必须是实景,也并不要求动用多种教具,而要求"神韵相似",即以"神似"显示"形真",强调白描手法、写意手法,用简单的几笔勾勒出形象。李老师经常运用简单的黑板画、音乐及语言描绘,给学生以真切感。例如教学《麻雀》一课,她依据学生的回答画了四幅黑板画:猎狗跑在我前边;小麻雀被风从树上刮下;老麻雀与猎狗搏斗;猎狗后退了。这四幅简单的黑板画,概括了课文的四段内容,再现了课文内容描写的故事形象。学生边读边看图边想象,就具体理解了课文内容。所以"形真"并不是一切实体的再现。

情境教学的"形真"要求其"形"具有整体性,构成整体情境,一个情境便是一个整体,它应包含着作者所要抒发的情感、表达的思想、说明的道理。如上例四幅图再现全课的情境,每一幅图是一个完整的情境,反映了作者的思想情感。"形真"不限于教学过程的感知阶段,要通过"形真"调动学生在教学过程中的知、理、情、趣等认知因素和非认知因素。

(二)情深

教学的艺术性与教学科学性的认知相比,教学的艺术性更具有情感特征。教学的科学性主要运用理性,以逻辑力量说明道理;而教学的艺术性则主要运用情感,以情感人。当然情与理是不可分的,在语文教学中,既要以理服人,更要以情感人。教学过程各个环节都要有师生情感的参与,这是教学艺术性的又一本质特征。小学语文教学的目的之一,是促进儿童心理品质、智能及个性的和谐发展,情感是不可缺的因素。情感对于一个人的成长是非常重要的。李老师认为"情感是儿童思想意识、道德行为强有力的发动者和鼓舞者","儿童道德行为都是以道德情感为先驱的",所以情境教学是以激发学生情感为主要特征的。

"情深"是情境教学的又一特点。李老师深刻体会到"情境教学缺乏情,境就会变为死板的、形式的,只有情深才能境活"。情境教学总是让认知活动伴随着情感发生。情境的再现,加上教师富于情感的语言调节,会使儿童感到兴奋或压抑,随之产生欢乐或悲伤的情感。李老师非常重视在每课开始用带有情感的导语激发学生的学习动机,把学生引入到所要学习的情境之中,使之自然而然地产生学习的需要。李老师这方面的教例不胜枚举,几乎每一课的导语都富有激情作用,有语言描述,有背景介绍,有师生对话,形式多样。

情与理是不可分的,要使学生动情,就得要学生明理,所以"理寓其中"也是情境教学的一个特点。明理并不是脱离文本讲道理,而是启发学生感悟文本中的道理。例如李老师教学《桂林山水》时,她认为这一课的中心思想就是表现祖国山河的壮丽,而漓江的山水则是祖国山河的明珠。李老师非常善于挖掘文本中情与理的因素。她认为情境教学的"情",植根于文本与生活之中。对于写景的文本,她以自己对大自然热爱之情,将学生引入自然美景之中,向学生揭示大自然的奥秘,从而使其产生热爱的情感。对于写英雄、伟人的文本,她又总是将学生带入到英雄、伟人的业绩之中,唤起学生对英雄、伟人的崇敬之情。就是对于词语的学习,李老师也从不放过带有不同的感情色彩的词语,让学生尝试同一词语在不同情境中所表达出的不同感情。由于情感的陶冶,随着形象感染程度的加深,学生的内心就会不断地掀起情感的波澜,爱作者所爱,恨作者所恨,入境入情,达到"语语悟其神"的境界。这也是学习李老师情境教学的最难之点。

(三)审美

审美性是教学艺术的又一特点。教学艺术的审美性主要体现在揭示教学内容的内在美,教学设计的情境美,教师的语言美、教态美、师生情感融合、共鸣美等。李老师非常重视语文教学中的审美教育。她在情境教学中提出一系列审美教育目标,如培养学生的审美情趣,树立正确的审美观点;分辨美与丑,判断善与恶,识别真与伪,以真善美陶冶儿童的情操。要完成上述审美教育目标,李老师就非常重视小学语文教材中所反映的人、物、事如何以美的语言表达蕴含着美的故事。她深切体会到"从优美的语言中反映了自然之美、社会生活之美、人类心灵之美,乃至艺术之美,可以说小学语文课本,既是学生学习语言文字的好教材,又是向学生进行审美教育的良师益友"。所以说情境教学非常重视教材中的审美教育。

情境教学再现了作者语言美和情境美的统一。课文一般都体现出作者创作时所置身的情境,体现出作者的审美观念,用语言表达出对美的感受,达到"景语"和"情语"的统一,同时也体现出语言美和情境美的统一。语文教学就是要把作者的语言美和情境美的统一再现出来。一般教师往往忽视作者创作时客观情境的再现,就语言理解语言,因而往往理解不具体、不真切、不深入,从而也体会不出语言之美。情境教学正是把学生带入到作者创作时的情境之中,真切地理解和欣赏语言所表达的情境之美,从而感受语言之美,达到语言美和情境美的统一。

情境教学将审美教育贯彻在语文教学全过程中,首先是培养学生感受美的能力。如果不能感受美的情境、美的语言,就谈不到欣赏语言美,更谈不到创造美的语言。学生学习一篇文章,首先是从对语言的感受开始的,从语言叙述中感受到作者所写的事物、景物、人物之美;学生写一篇文章,也要对所写的事物、景物、人物有所感受,感受到哪些是美好的,哪些是丑恶的,才能用语言表达自己的感受。为此,情境教学设计了把学生"带入情境,感知美的表现"的教学环节:一是带入图画描绘的情境;二是带入生活的情境,带到大自然中欣赏美;三是带入想象中的情境,使学生从具体的、美的情境中感知美的表现,培养学生感受美的能力。

为了达到审美教育的目标,达到语言美和情境美的统一,情境教学概括了审美教育的操作程序:1.带入情境,感知美的表现;2.分析情境,理解美的实质;3.再现情景,表达美的感受;4.驾驭情境,诱发美的动因。要从感受美的能力提高到对美的鉴赏能力,必须要理解美的实质,这一点很重要。美的事物、景物、人物不完全外露在表层,尤其是人物的内心世界,其美的实质往往是蕴含在深处,教师必须在字里行间刻意启发,帮助学生通过语言理解美的实质,也就是文章所表达的思想美,即"意美感人"。当学生理解了美的实质之后,往往会产生表达美的感受的欲望,这就是一种创造性活动。所以情境教学的复述、作文,不是命令学生说什么、写什么,而往往是在引导学生感受美、理解美的基础上,激起学生表达美的欲望。把观察、感受、表达结合起来,使创设的情境既是学生感知美的客体,也是发展语言的环境。例如校园里的花开了,学生每日从花园走过,但不是每个孩子都充分感受到美的,李老师便特意请老园丁向学生们介绍校园里花的名称和特点,再引导学生观察花的色彩和形态。这样一来,孩子们像蝴蝶似的飞到花园去了。清晨,他们在花圃旁边看着刚睡醒的花儿沾着晶莹的露珠,迎着朝霞开放;课间,他们呆立在花圃旁看蜜蜂怎样在花丛中采花蜜、传花粉……学生看到校园里的花色彩各异,姿态万千,禁不住把脸儿贴着花儿,心里美滋滋的。小吴洲双手捧着花儿闻了又闻,谁知沾了一鼻子花粉,他竟舍不得擦掉,翘着鼻子跑来告诉老师说:"李老师你看,我都变成了小蜜蜂啦!"学生沉浸在鲜花盛开的美的情境中,深深地感受到校园里花儿的美。他们胸中装了不少的美词、美句、美的形象,已处于一种跃跃欲试、呼之欲出的状态。作文课上,稍经指导,水到渠成。没有人愁眉苦脸,个个显出乐陶陶的神情。这样的作文指导,功夫在课外:引导学生感受美、欣赏美、产生表达美的欲望;有教师的情感渗透和美的语言的启发,学生自然会写出美的感受。当然,要表达美的感受,还要不断地丰富学生的词汇。在这方面,李老师"从学生刚入学的第一个学期起就帮助学生积累词汇,有计划地教给他们一定的句式和修辞手法",为学生开拓表达美的视野,使表达美的感受成为一种创造性活动。

审美活动是以情感为核心的。李老师认为,没有情感的审美活动是不存在的。因此,她很善于诱发学生的审美动因,即从引导学生的情感入手,以"境中之情"去拨动学生的"胸中之情"。当然,这中介就是教师之情,李老师总是满腔热情地去激发学生的审美之情。

总之,李老师的情境教学要求设计的情境要美化,图形要美化,音乐要美化,板书要美化,更主要的是教师的语言要美化。李老师的教学语言非常柔和、鲜明、亲切,语言中渗透着对孩子们的爱,使学生听了有一种美感,激励他们以情境美、语言美来揭示意境之美。

二、情境教学的创造性

教学艺术就是各种创造活动的综合。教学艺术不是某种技巧,而是一种创造。情境教学本身体现着高度的创造性,主要体现在培养学生的创造性思维和创造性的语言表达方面。培养学生的创造性思维,语文课具有得天独厚的条件,因为每篇课文都是作者的创造。作家如果缺少创造性思维，是绝不会写出好文章的；小学生作文也需要创造性思维，否则也不会写出佳作。小学语文教学的基本任务就是要发展儿童的语言。发展儿童的听、说、读、写能力，不能用鹦鹉学舌的方法，教一句说一句，要举一反三，教一句会三句，这其中的关键是要发展儿童的创造性思维能力。当前，小学语文教学存在的问题之一就是采用了鹦鹉学舌的方法，未能开拓学生思路，所以有的小学生写不出、写不好作文，只能机械地背诵、抄写范文。情境教学致力于培养儿童创造性思维，本身又具有形真、情深、意远、审美的艺术特点，有利于儿童创造性思维的发展，使得学生的说话、作文思维流畅，语言活泼。

李老师在训练学生创造性思维方面积累了丰富的经验，形成了理论体系。如从"丰富表象"做起，为组合新形象打下基础。李老师认为，要使孩子们的语言丰富起来，首先要丰富其形象，头脑里积累的形象多了，就会构成思维要素，组合成新形象表达出来。她从引导儿童观察入手，认为"通过观察储存表象，是培养儿童创造性思维的首要步骤"。这样生动的事例太多了，孩子们经常兴致勃勃地向李老师报告他们的"新观察"：

老师，桃花开了，五个瓣儿的。

我发现小蝌蚪已经长出了两条后腿。

昨晚，我数星星了，一共数了364颗。

老师，我把一块石灰扔在水中，它"嗞嗞"地响着，还冒着热气。

学校里刚锯下的那棵大枯树已经五岁了，因为它的年轮是五圈。不过为什么树杈上的才有三圈呢？

……

儿童们的观察多么生动，又是多么仔细啊！这不仅训练了儿童的观察能力和对事物的注意力，更重要的是对观察结果的表述自然地促进了其语言的发展。被观察的事物在儿童的头脑中留下深刻的印象，形象积累多了，就形成儿童表达语言的素材。正如李老师事后总结的："五年来，学生每人写下的五百多篇'一句话''观察日记''情境作文''命题作文''想象作文''童话故事'，正是这些观察活动的记录。"

任何创造都离不开想象。情境教学十分重视培养学生的想象力。情境教学所设的情境往往是模拟式的，这就给学生留下想象的余地，如：通过教师的黑板画，学生边看边想象；通过音乐，学生边听边想象；通过教师的语言描绘，启发学生去想象。学生的想象又会丰富情境,从而提高学生理解和表达语言的能力。从下面一段话中,我们可以看到李老师在培养学生想象力上所费的苦心:"……带孩子们放风筝,我有意带上蝴蝶、蜜蜂、孔雀这些动物风筝,让孩子们看着这些美丽的风筝在蓝天上悠悠摆动,仿佛是真的蝴蝶、蜜蜂在花丛中飞舞一般;观察鸡冠花时,每四人一朵,让他们摆动手中的花冠,以体会一阵风吹来看到花籽纷纷洒落的景象,想象花籽落在土中,当春风来到又会萌发新的小花秧……所有这些都是有意安排的。启发儿童想象的具体情境,往往有'新、美、远'的特点。因为'新',儿童便好奇;因为'美',儿童便愉快,乐于展开想象;因为'远',想象空间广阔,他们易于展开想象。"读完这段话我在思考:青年教师能有多少人有这样的爱心和童心,带孩子们一块儿去放风筝呀?能有多少教师在引导孩子们游戏、观察时,培养孩子们的想象力?能有多少教师在培养学生创造性思维中设计那么有启发性的导语?又有多少教师认识到教学设计的"新、美、远"会对儿童的想象力、创造性思维的培养起到作用?李老师的教学思路和教学艺术让人豁然开朗。

情境教学也很重视发展学生的求异思维,培养学生思维的广阔性和灵活性。李老师认为"在求异中,往往会闪动着儿童创造性的智慧火花"。首先,注意激发学生求异的情绪和兴趣;其次,设计的情境要深远,为求异提供可能:一是情境内容上要为学生进行求异思维提供可能;二是设计的训练要多形式、多层次、多答案。李老师在教学中从不要求死记硬背词义、段意、中心思想之类,往往要求一题多答。"在实验班进行的语言训练中,几乎找不到只有唯一答案的训练"。"别人说过了的就不要再说。"学生动脑筋说自己的话,日久天长,在语言训练中就具备了思维的灵活性、创造性。学生的作文各具特色,而非千篇一律。我看到李老师的徒弟施建平在一次童话作文课上,全班学生竟然在一节课上讲了三十多个不同的童话故事,学生思维的活跃程度可见一斑,李老师传帮带的效应显而易见。

三、情境教学的发展性

传统教学论是以学生掌握知识为核心的,而现代教学论则是把学生的发展作为教学的本质与任务。学生的发展包括能力、智力、情感、意志、品质、个性等多方面。情境教学是以现代教学论为指导的,突出了学生的发展,包括语言能力、观察能力、思维能力、想象能力、审美能力以及情感、意志、品质、个性的发展,这里着重谈谈关于语文能力的发展。

小学语文教学的基本任务在于发展学生的语言。从儿童入学到小学毕业,语文课的学习成绩主要看其语文能力是否得到充分发展。当然,在语文能力发展过程中,学生的思维能力、观察能力、情感、意志等也会随之发展起来;同时,智力、思想、情感、意志、品质的发展会进一步促进语文能力的发展。因为语言是表情达意的工具,语言和思想、语言和情感是统一的。情境教学的最终目的就是要促进学生素质的全面发展,尤其是语文能力的发展。李老师的语文课,不是单纯的语言技巧训练,她所设计的语言训练完全着眼于学生语文能力的发展、全面素质的发展。

(一)准确性、规范性的语言训练

在训练学生的语言时,李老师非常重视语言的准确性、规范性。在字、词、句、篇的教学中首先抓住词句的准确性训练,她从不采用给词"下定义""加注释"的解词方法,而是以创设具体情境、举实例、联系上下文体会等方法教学词句。例如教学"三心二意"这一成语(一年级《小猫钓鱼》)时,词典释义为"形容主张不一致或意志不坚定"。注释虽然准确,但其中除"不"字外,其余六个词对于一年级小学生来说均属生词,以词解词,学生难以理解;这样解释,也往往缺乏词的具象,不能给学生以鲜明的形象。于是李老师采用了"根据课文前后两部分,小猫钓鱼前后两种不同的表现作注释的办法:一会儿钓鱼,一会儿捉蜻蜓,一会儿又去捉蝴蝶……像小猫这样做事不专心,一会儿想做这,一会儿又想做那,就叫'三心二意'"。学生理解了"三心二意"后,就可以启发学生根据课文内容独立说出"一心一意"的词义,重新造句加以练习。她认为儿童语言的"发源地"就是具体情境,"情境是发展语言不可缺少的广阔场景"。形象与词句是不可分离的,要使儿童对词语、句子理解准确,词句教学必须与形象结合,形、情、语始终是统一的。

为了训练学生语言的准确性和规范性,李老师主张紧密结合范文,从模仿开始,朗读、背诵和复述都是经常性的训练。这些做法,一般语文教师也做,但李老师做得更认真、更到位、更扎实。她要求"初读课文要真读;理解课文要有节奏地读;重点部分要反复读;推敲词句要比较读;体会感情要有感情地读"。这样一步一个脚印地教学生读书,培养学生的阅读能力。"多读之后,课文的规范语言就逐渐成为学生的口头语言或书面语言的一部分,作者的思路也进一步为学生所了解,即熟读精思范文,语言训练贯穿其中"。儿童语言的发展靠积累,多读名家名篇是儿童积累规范语言的重要途径。

（二）整体性的语言训练

情境教学强调整体性语言训练，认为"只有从整体出发，组织语言训练，才能在不加重学生负担的前提下，有效地提高学生实际的语言能力"。整体训练分为若干层次，从一至五年级纵向呈现语言整体序列；各年级识字、阅读、作文横向交叉序列；一个单元教材的读与写、课内与课外，围绕单元中心构成的整体，在整体中进行语言训练。在阅读教学中，提出"以促进儿童发展，组织教学全过程"的设计，以读书为阅读教学程序的主线，把认识、能力、智力、非智力结合在一起，统一在具体情境中合理安排教学过程。初读——读通，细读——读懂，精读——读深，通过完整性地阅读发展儿童的语言能力。

情境教学整体性语言训练突出体现于语言运用方面的训练，不主张把时间用在重复性抄写生字词、完成繁多的单项习题上，而是把时间用在复述、讲故事、续讲、对话、写话、写日记、作文上。从一年级开始每天写一句话，二、三年级每天写一篇短小的观察日记，四年级平均每周写两篇观察日记，加上作文课上的三周两次观察作文或命题作文，五年后儿童整体性书面表达练习达550次以上，大大地提高了学生的语言表达能力。

情境教学主张的语言整体性训练表明：第一，小学语文教学的目的任务得到全面落实，通过语言训练，促进了学生素质的全面发展；第二，识字、阅读、作文三者结构合理，改变了识字、阅读、作文的单线关系，形成了三者相互联系的结构，三者相互促进；第三，阅读教学以读为主线，使读听结合，读说结合，读写结合，认知与非认知活动结合，课堂教学实现对学生语文素质及心灵的全面激发；第四，突出语言整体性表达能力训练，符合语言运用规律，语言要整体运用才能促进能力的充分发展，这一点是当前小学语文教学常常被忽视的。

（三）扩展性的语言训练

我在听课中经常发现，有的教师教学一篇文章，课文中一出现生词、新句子，就让学生死记硬背那些词句，并不做扩展。这样学生语言、知识的获得就有限了。李老师的课则截然不同，学生词句和知识收获要丰富得多。

1. 凭借情境，丰富词汇，发展语言。学生语言发展的标志之一，就是词汇量的丰富；学生的词汇掌握得多了，就能促进语言的发展。李老师的课经常是抓住一个关键词，让学生学会一串词。例如她教学《初冬》一课，结合学生课前观察的初冬景象，懂得"冬天刚来到的时候，叫初冬"后举一反三，联想春天刚来到的时叫初春；

夏天刚来到的时候叫初夏;秋天刚来到的时候叫初秋。一下子就让学生掌握了"初春""初夏""初秋""初冬"一组词。又如该课中有"茫茫"一词,李老师问:"茫茫是什么意思,可以说茫茫的什么?"学生答:"茫茫大海,茫茫田野,茫茫草原;天苍苍,野茫茫,风吹草低见牛羊。"李老师又问:"白茫茫是什么意思?除了形容大雾之外,还可以形容什么?"学生答:"白茫茫的浓雾,白茫茫的雪地,白茫茫的棉田,白茫茫的鹅毛大雪,天上下着鹅毛大雪,地上一片白茫茫。"这样的语言训练不但丰富了词汇,还让学生学会了遣词造句。

2. 凭借情境,扩展句子,发展语言。句子是语言的基本单位。学生语言发展的基础是掌握好句子,学生能把句子说好或写好,就会为语言表达奠定牢固的基础。情境教学非常重视句子训练。根据所设情境说、写句子是李老师常用的方法。这方面的事例很多,不一一列举。给句式训练句子也是李老师常用的方法,例如教学《荷花》第二小节,通过读,教师提示句式:

我站在荷花池边看:

看到(　　)荷叶_____;

又看到(　　)荷花_____;

还看到(　　)花骨朵_____。

先要求学生用"又""还"两个连词口述一句完整的复句,再进一步提问:"'我'站在荷花池边看到什么样的荷叶,什么样的荷花,什么样的花骨朵?"即要求在荷叶、荷花、花骨朵前面加上附加语,把句子说得更丰满、更美一些。有学生说:"早晨,我站在荷花池边,看到碧绿的荷叶上滚动着晶莹的露珠,看到雪白的荷花在微风中摇摆,又看到含苞待放的花骨朵小巧玲珑,还看到嫩黄的小莲蓬在荷花中间张开笑脸。"接着李老师又讲解了什么叫"彩色美""姿态美"。这种语言训练是逐步扩展句子。

有时李老师给出一个总起句,要求学生叙述一段话。如教学《小音乐家杨科》一课,老师范读以后让学生谈感受,将题目做主语,让学生把句子补充完整谈感受。"小音乐家杨科_____。"这样的句式,可以帮助学生理解全文。把大家谈的连起来加以小结:"小音乐家杨科是个穷苦的孩子。他非常爱音乐,因为他想看一看、摸一摸提琴,竟被地主打死了。"这就是课文的主要内容。

(四)创造性的语言训练

前面谈过,情境教学很重视创造性。一是思维的创造性,一是语言的创造性。

语言的创造性是以思维的创造性为基础的。所以创造性语言训练,也是创造性思维的训练。创造性语言训练是从模仿开始的,在模仿过程中逐渐增加创造因素。除了前面谈到的丰富表象、发展想象、鼓励求异思维为发展创造性语言打下基础外,在训练创造性语言方面,情境教学积累了极其丰富的经验。就以句子训练来讲,方式方法多样:

1. 变换句式训练。这是李老师经常运用的训练方式。例如教学《别了,我爱的中国》,第二小节有一句话:"不,那不是悬挂着我们的国旗的,那是帝国主义的军舰。"教师指出:作者告诉我们沿途停着军舰,这是哪里的军舰?如果直接叙述,应该说哪一句?(那是帝国主义的军舰。)但是课文中用了两次否定。想一想作者为什么要这样说?从表达句式的不同,体现出作者对帝国主义侵略祖国的愤懑之情的程度不同。接着李老师又提出:面对这种情形,如果提出责问,可以怎么说?这样的语言训练不但会促进创造性语言的发展,而且将发展语言和思想教育紧密地结合起来了。

2. 补充句子训练。如教学《春姑娘》一课,李老师提问:"春姑娘到哪些地方忙?她还到了许多地方去,诗中没有写,你能想到吗?"让学生补充出春姑娘走过的地方。这样的练习,可以让学生知道春天来了,到处有春色,扩展学生的观察、思维和词汇。

3. 改变人称的句子训练。如教学《小音乐家杨科》,读完第三、四小节,根据课文插图再现的情境,启发学生想象,进行改变人称的句子训练,引导学生表达内心的感受。

(1)用第一人称描述儿童的内心活动。教师给一句话:

①杨科终于看到了日夜思念的小提琴,他心里会怎样想,或者会自言自语地说什么?

板书:心想、自言自语地说。

②复习朗读前一段中写小杨科爱提琴的句子,"只要让他摸一摸……""杨科多么想仔细地……""杨科很想把它拿在手里……"用第一人称口述。杨科想:"我……"

(2)用第二人称呼告的句式表达人物内心活动。

老师启发:"小杨科多么想把心里的话告诉小提琴,他情不自禁地伸出双手(看图),这儿最好用第几人称说?谁能把刚才说的换成'你……'的语气说说。"并提供导语:"小提琴啊,小提琴……"

这种变换人称的语言训练，不能简单地要求学生改变人称叙述。李老师很注意启发、提示导语，教师的设计非常用心。

创造性成分最大的语言训练，要数作文了。李老师要求学生运用自己的语言，表达自己的所见所闻，表达自己的内心世界，对学生的作文训练有一套成功的方法，包括平时课上根据所创设的情境进行说写训练；观察中、观察后进行说写训练；每日动笔的"一句话"和"观察日记"的训练；想象作文、童话作文、命题作文训练。想象作文和童话作文对于培养学生的创造性思维作用尤其巨大。关于创造性的语言训练，方式方法很多。正如李老师总结的，要"从课文出发，或改变体裁，或改变人称，或增添角色，或叙述故事，或抒情表达，或阐述道理。从语言形式讲，有独白、有对白，也有多角色的表演，灵活运用所学到的词、句、篇、修辞手法，使儿童的创造才能得以表现"。

从以上举例不难看出，李老师对学生的语言发展非常重视。在语言训练上既要求准确规范，又要求灵活生动。方式方法多种多样，但中心离不开情境的作用。

四、情境教学的开放性

李吉林老师深深懂得，要提高小学生的语文能力，单靠课堂教学是远远不够的。她打开课堂教学的大门，突破了教科书的文本局限，在课堂教学和教科书之外，又给学生开辟了两条渠道：一是带学生走入生活，走进大自然，走入社会；二是补充大量的课内外阅读。

（一）向生活开放

李老师的教学观察不限于课堂、校园，而是经常把儿童带到大自然中去，带到生活中去，在观察玩赏中，就生活中提供的景、物、人，创设生动鲜活的情境，自然有序地训练儿童的语言。李老师认为广阔的大自然给孩子们提供了丰富的学习内容。大自然是富有美感的，大自然中呈现出许许多多的美景，在这个广阔而富有的天地里，可以给孩子的太多了。"那初升的太阳，绚丽的晚霞，雨后的彩虹，雾中的塔影屋宇，家乡秀丽的青山，奔流不息的江河，广漠无边的田野……既似一幅幅泼墨写意，又似一幅幅深沉的油画。"她不止一次带学生到家乡的田野上去欣赏大自然的美，去寻找大自然的奥秘。让我们来读读下面一段话："春天的早晨我带孩子们踏着露水去采野花，坐在田埂上望着疾飞的春燕；秋天的夜晚，我带孩子在小河边，等待着月亮从河那边冉冉升起，在晚风中，我和孩子们看着在云朵里穿行的月亮，唱起优美的童谣，歌声伴着习习的凉风，摇碎了水中的月影……夏天的傍晚，当雷声轰鸣,闪电划过天边,我和孩子们停立屋檐下,看着天上翻滚的乌云,狂风卷起了地上的尘土,几点蚕豆大的雨点落下来了,孩子们溜到场上,用圆脸、用小手接着凉飕飕的雨点,雷声夹着闪电,狂风携着大雨从天而降,巨大的轰响,雷雨的强大力度,似乎摇撼着整个大地,充分显示了大自然的威力;隆冬时节,一场大雪,覆盖了原野,我又带着孩子们踏着雪来到广阔的田野上。啊!远远近近,大大小小的屋宇,犹如一座座童话里的水晶宫殿,整个原野白茫茫的一片。几棵小黑菜从白雪棉被里伸出了小手臂,河岸上,芦苇在寒风中颤抖,草儿枯了,野花不见了,河中的小鸭也不知躲到哪里去了。到处是雪,白皑皑的雪。一会儿太阳出来了,把这雪的原野抹上了金色,孩子们眯着眼,被眼前的一切迷住了……多少回,大自然以它神奇的魅力深深地把孩子们吸引住。此时此刻,多少影像带着鲜明的色彩与音响,留在孩子们的记忆中,多少个'为什么'带着迷人的诱惑在孩子的脑海里翻腾;又有多少个生动的词语随着这一切而变得活跃起来,闪现在眼前的客体与孩子的词语仓库之间。"从这段话中,我们深深感受到李老师对生活的热爱。李老师和孩子们的心是相通的,不论春夏秋冬,不论晨昏晴雨,她都为孩子们设计了观赏的项目,用客观形象激发孩子们的语言动机,观察后孩子们自然地写出了《星空》《在春天的田野上》《家乡的青山绿水》《雪后的原野》等生动清新的小文,同时,热爱家乡、热爱大自然的种子深深地埋在了孩子们的心灵之中。

李老师还很善于启发学生在大自然的观察中回忆学过的诗文。如有的孩子观察明月时,感受到月光如水的意境,联想到"床前明月光,疑是地上霜"的诗句;学生看见河岸上鲜嫩的芦芽,看着成群的小鸭子在河里快活地游着、叫着,就体会到"竹外桃花三两枝,春江水暖鸭先知"的意境,这样就把诗句理解透了。

法国著名作家罗曼·罗兰说:"要想别人快乐,自己先得快乐。要散布阳光到别人心里,先得自己心里有阳光。"李老师独具诗人气质,善于向大自然捕捉诗情画意,随即又散播在学生小小的心灵里。她热爱生活的深切之情郁郁常新,也是情境教学在审美意义上更胜的一筹的根源所在。

(二)向书本开放

情境教学非常重视扩大学生的阅读量。在《李吉林情境教学详案精选》一书中,29篇课文阅读教学教案就补充了20篇阅读文章。这些补选的阅读篇目都是和教科书所选教材紧密结合的。如学了《小马过河》补读古诗《冬夜读书示子聿》,说明实践的重要,这是思想内容的配合;如读了《数星星的孩子》补读郭沫若的《天上的街市》，欣赏星空美；学了《荷花》补读《多美啊，野花》和《王冕看荷花》；学了《海底世界》补读《海底的冷灯》，以扩展知识。此外还有补充作者介绍、补唱和课文相关的歌曲等。有的补读一篇，有的补读两三篇。这样的补读，既增加了阅读量，又自然和谐，不会增加负担。此外还有大量的课外阅读。学生的视野开阔了，知识丰富了，语言发展了。

总之，情境教学就是活生生的素质教育，是以全面发展学生德、智、体、美为目标的教育，是以学生为主体，以激发学生的情意为动力，以人为本的教育。在教学过程中，我们看到孩子们喜怒哀乐的心灵倾诉和个性的发展。情境教学是以我国传统的文论"境界说"为基础，以现代教学论、儿童发展心理学为指导的现代小学语文教育新体系，它开创了当代小学语文教学理论的新天地。

（原载"全国著名特级教师教学艺术与研究丛书"，山东教育出版社2000年版）

[我与丁有宽老师的交往]

丁有宽老师是对我国当代小学语文教育、儿童教育做出巨大贡献的农村小学教师，也是我敬佩的小学教师。

1986年，在深圳召开的由小学语文教学研究会组织的"信息交流会"上，我第一次见到丁有宽老师。他约我一起谈论小学语文教学，谈他进行的"读写结合"教改实验。丁老师给我的第一印象，非常谦虚。回来之后，我学习了《小学语文教学科学化的探索——评丁有宽小学语文教改实验》；1987年，我从香港开会回来，他邀我到汕头、潮州的小学参观、讲学，我非常高兴地接受了他的邀请，与丁老师进行学术交流。他非常热情，我被他对学业不良学生的一片爱心，以及他对教学的钻研精神所感动，我进一步学习了丁老师的语文教改实验和理论研究。1992年，丁老师约我参加在广西玉林召开的研讨会，会上我讲了《丁有宽小学语文教学新体系》。之后，我进一步学习丁老师的"读写结合"教材和教法实验研究，于1993年春参加了在广东潮州召开的"丁有宽学术研讨会"，会上我又讲了《丁有宽小学语文"读写结合"教材教法新体系之特点》。1996年，我进一步学习，总结出了《论丁有宽读写结合教学模式》。1997年,我又参加了在广东省河源市召开的"丁有宽学术研讨会",会上讲了《关于丁有宽语文教学的三练》。2001年,我又写了《诚挚的祝贺》和《丁有宽读写结合导练课教学法》。

我还将丁老师的教改实验引进天津,在天津一所小学开展该实验,并邀请丁老师到天津指导、讲学。在这一系列的交往中,我和丁老师结下了深厚的友谊。丁老师对于小学语文教育,对于学生的热爱之情,深深地感动了我。我深深感到丁老师是一位具有理想、抱负的老师,是一位热爱教育事业、热爱学生的农村小学教师!2015年秋,我忽闻丁老师逝世的噩耗,非常悲痛!我含着热泪写下了《爱心是根,榜样是本》——以悼念丁老师!

在我国的小学语文教材、教学体系研究中,大体形成三种流派:第一种为传统派,主张多读、多练,自然学会阅读和写作。第二种是以阅读、写作为主,渗透一些读写方法,目前通行的小学语文教材和教学,大都采用此方法。第三种就是丁有宽老师在他四十多年的教学实践和实验中,不断探索、研究,建立的独具一格的"小学语文'读写结合'教材教法新体系",这是丁有宽老师对于小学语文教学的最大贡献。

论丁有宽老师小学语文"读写结合"教材教法新体系

丁有宽老师在他四十多年的教学实践和实验中,不断探索,建立了独具一格的小学语文"读写结合"教材教法新体系。

一、建立起小学语文知识结构及教学目标体系

丁有宽的小学语文教材教法新体系是以读写结合为特征的。读写结合是我国语文教学的传统经验。研究读写结合,首先必须明确阅读和作文都是语文教学要完成的任务。其次必须研究阅读和作文两个过程的关系,读与写是对等的,又是彼此联系的,读与写之间有着共同的"联系点"。

(一)突出了语言构造方法

语言本身是有规律的,是按一定的方法构造的。语言构造的各因素之间的关系是极密切的;由字组成词,词组成句,句构成段,由段成篇。不论是理解语言还是表达语言,除了理解和表达语言反映的内容外,还要理解和掌握语言各因素之间的关系,尤其是重点段与其他各段之间的关系。例如,要理解文章的内容和思想,就要理解各段之间的关系;要理解段的含义,就要理解段内句子及句与句之间的关系;要理解句子,就要理解一句话之中的词语及词与词之间的关系。所以阅读一篇文章,在初读全文基础上,一般是先由字词理解,再到句、段、篇的理解。而作文正与之相反,一般是先有内容材料和表达的思想,拟出提纲,构思各段之间的关系,再按提纲逐段写下去;写每一段话时,还要把句子的先后关系表达清楚;最后考虑词语运用是否恰当。阅读与作文正是两个相反的过程,但是在这两个过程中却都要考虑语言构造各因素之间的关系。

语言构造是有方法的,其中,字、词、句、段、篇都各有一定的构造方法。因此,在读与写过程中,还要使学生理解和掌握语言构造方法。只有使学生理解和掌握了语言构造各因素之间的关系及其构造方法,才能有效地提高学生的读书、作文能力。丁老师的读写结合教材、教法特点之一,就是体现了语言构造方法。

1. 体现出语言构造各因素之间的关系及方法。

2. 以"四素完整句"(包括时间、地点、人物、事件四个因素)作为读写结合语言训练的开端。

(二)体现了文章构造方法

文章构造方法很多,根据小学生的特点以记叙文为主,突出记叙文的要素,并从"四素句"训练起;还有记叙顺序,文章的开头、结尾;记叙文的写事、写景、写人等文章构造方法。

(三)渗透了思维逻辑体系

语言体现思维,思维逻辑体现于语言之中,就形成语言逻辑。丁老师的教材、教法渗透了语言逻辑关系。在语言构造方法上,丁老师并不是教小学生单纯的语法知识,而是在语言构造方法上突出地体现了几种主要的思维逻辑关系,如连续关系、并列关系、总分关系、概括与具体的关系等。由于语言构造方法与思维逻辑的结合,自然地把语言训练和思维训练有机地结合起来。

二、体现了语言规律和迁移规律的指导作用

语言规律,也可称为语言法则、语言组织方法。不论阅读还是作文,都涉及语言的组织问题。语言法则包括词法和句法,小学语文主要倾向于研究句法,从句法研究用字、组词、造句。扩大言之,语言规律知识还应包括修辞及篇章方面的知识。

丁有宽老师总结的读书"三十法"、七条读写对应规律以及句群结构法等,都是读写方面的基本规律知识。以语言规律知识为指导进行教学,显著地提高了学生的读写能力,增强了小学语文教学的科学性。

丁老师总结的读写"三十法",每一法都体现读与写相联系,尤其是读写对应规律:解题、审题与拟题;归纳文章中心思想与表达中心思想;分段、概括段意与编写作文提纲;掌握文章的主次与作文的详略得当;理解文章、品评词句与作文的遣词造句等,都体现了读与写的对应关系。当学生理解和掌握了读写之间的对应关系,读写会更加自觉。这其中学习迁移规律起着决定作用。

学习迁移是心理学中的一条古老的学习规律。近年来,由于知识结构论的兴起,才被一些人重视和运用。迁移是指学习知识、技能甚至方法和态度之间的积极影响(消极影响称为干扰)。这里首先必须搞清楚什么是学习?认知心理学认为新知识和学生认知结构中的观念发生联系和同化,就是获得新知识。影响学习最重要的因素是学生已掌握的知识,已有的知识结构是学生学习新知识的支架。丁老师提出的读写对应规律及读写"三十法",都是通过教给学生一些语言规律和方法,使学生掌握读写的知识结构,为学习迁移创造条件。

三、初步形成读写结合教学过程模式

丁有宽的读写结合教学是先有教法的。在丁老师几十年的教改实验中,形成一系列的小学语文教学方法;在教法基础上编出教材;又在教材基础上丰富和完善了教学方法体系,形成了读写结合的语文教学过程模式。

语文教学过程模式是设计、组织和调动语文教学过程的一整套语文教学方法体系。既要解决教师和学生在课堂上做什么、怎样做?又要确定教与学的先后顺序、教学重点,以及师生的相互作用等。丁老师在教学实践中根据教材特点,已形成了"单元导练教学过程模式"。

"单元导练教学过程模式"是在学生理解基础上指导其自学练习,提高学生独立的听、说、读、写能力,基本符合建立语文教学过程模式的理论要求。

关于精读课的教学过程模式,一般采用以下的过程:1.导自学,初步感知课文。2.导精读深究,深究重点段。要求达到"五会",即会理解、会复述、会背诵、会品评、会应用。3.导练习,巩固加深。指导学生总结和运用学习方法,进行多层次练习,达到基本掌握训练目标。

四、积累了一套小学语文教学的训练方法

"单元导练教学过程模式"在教学方法上突出了单元导练方法,即按每单元的训练重点目标,指导读写方法,进行语言训练。丁老师对于语言训练提出明确要求,即目标要明、重点要准、内容要精、时间要少、效果要高,对每项训练目标掌握要牢、运用要活。在训练方法上有以下特点:

(一)在分项训练基础上进行综合性训练

丁老师在语言训练上提出,既要着眼于篇,又要重视构成篇的字、词、句、段各因素的独立训练。教材的编写是从句的训练、句群训练,再到段的训练;不仅训练读句、读句群、读段,而且训练写句、写句群、写段,在写的基础上还要训练自己修改。在句、句群、段的教学中,要依据语言构造方法训练。这样就形成若干个训练点和层次;由浅入深、由易到难、多次反复、螺旋式上升。分项训练为篇的综合训练打下基础,在进行篇的训练时又有分项训练,在分项训练中也不忘整体。

(二)注重多层次训练

在认知基础上,一般先进行巩固性练习,后进行发展性练习;先进行模仿性练习,后进行创造性练习。

(三)重视多角度训练

一篇文章进行多次教、多次练,每练一次换一个训练目标。可根据教材特点和学生的学习情况,有目的地选择典型篇目,适当地进行多角度训练,能较快地提高学生的读写能力,发展创造性思维。

(四)强调大面积训练

丁老师非常重视教学要面向全班学生,尤其关注学业不良的学生。他要求各项训练都要落实在全班学生身上,使全班学生人人都有语言实践的机会,实现大面积训练。

五、爱心是根,榜样是本

丁有宽小学语文"读写结合"教材教法新体系的建立,是和他对教育事业的爱心分不开的。他认为"爱心是根"。丁老师的教改实验,可贵之处在于他的经验不是在优等生班,也不是在普通生班,而恰恰是在农村的学业不良生班取得的。在他任教的二十六个班中,二十二个是学业不良生班。对这样的班级不要说搞实验,就是保持正常的教学都是很困难的。丁老师分析得很正确,认为农村的孩子并不都是那么"蛮"、那么"笨"。孩子们学习不好大都是由于教师对学生缺乏深厚的情感;再

者,由于教学思想不够端正,采用"灌"和"压"的教学方法,使学生越来越厌读、怕写,和教师的情感隔阂越来越大,甚至由不满情绪发展到反对教师。因此,有的学生就采取逃学、退学,造成不少学生成为文盲、半文盲。这个问题如果不很好地解决,要大面积提高农村学生语文水平,必将成为一句空话。因此,丁老师总结出帮助学业不良学生提高语文学习成绩的宝贵经验:克服偏见,关爱学业不良学生;重在扬长补短,发展智能,启发自尊等。同时,采用了"三先"(上课训练在先、批改作业在先、评讲工作在先)、"三多"(多引导、多表扬、多鼓励)和"三个有别"(教案、训练要求和训练方法有别)等方法,真正做到因材施教。由于他的耐心教育、大面积训练,成功地转变了二百多名学业不良学生,使他们对语文课从厌读、怕写到喜读、爱写。有许多顽童都变成良才,这是十分了不起的工作。

"没有爱就没有教育",是丁老师高尚的教育思想。正因为他爱所有的学生,所以他是教书育人的好榜样。

(原载《广东教育》,2001年第9期)

论丁有宽老师"读写结合"导练教学模式

丁有宽老师在多年实验的基础上形成了独特的教学体系,形成了一整套教学模式。下面对其"读写结合"导练教学模式谈点粗浅看法。

一、阅读、观察、思考、表达一体化模式

丁老师提出将阅读、观察、思考、表达的过程贯彻于小学语文读写结合的各年级、各册书、各单元、各篇文章的教学之中,这一思想从1974年的实验阶段已经初步形成。开始是读书、观察、写作三结合,后来进一步发展为阅读、观察、思考、表达一体化模式。

二、读、写同步,读、仿、写三步转换模式

读书如何转化为写作呢?由读到写是个复杂过程。传统方法强调多读,通过读的积累,自然转化到写上。但是这样十分费时。由读到写有个转化过程,丁老师抓住了"仿"这一环节。对儿童来讲,模仿就是学习,儿童学话就是从成人讲话中模仿到的。模仿是一种手段,也是学生独立作文前的准备。丁老师根据儿童心理特点,运用模仿手段,帮助学生练习作文。从仿句开始,到仿句群、仿段、仿文。对记叙文的人、事、景、物以及文章的开头结尾,都在教材中安排了仿写内容。然而,丁老师并未停留于多读、多仿、多写上,而是在"读、仿、写"过程中,运用了七条读写对应关系,即:1.从读学解题——作文练审题和拟题;2.从读学概括中心——作文练表达中心;3.从读学分段、概括段意——作文练写作文提纲;4.从读学区分课文内容主次——作文练详略得当;5.从读学捕捉中心段——作文练突出中心;6.从读学品评词句——作文练遣词造句;7.从读学作者观察事物——作文练观察方法。从而促进了从读到写的迁移作用。可贵的是丁老师教学生仿写,并未停留在仿上,根据学生的年龄特点及经验和积累,在引导学生仿写过程中,形成了"以仿为主→迁移为主→创写为主"的三个阶段,形成了由读到仿,由仿到写的过程模式。这样既减少了习作的盲目性,又加快了由读到写的转化过程。

在写的训练中,尤其重视学生自改作文能力的训练。丁老师采取了"学生自改、互改、教师改"三结合的改作文方法,大大提高了学生作文的积极性,培养了学生自写、自改、自评、自审的能力。

三、读写结合"五步系列"训练模式

丁老师提出"读写同步,一年起步,系列训练,整体结合"的"五步系列"训练模式,"五步"即五个阶梯、五个年级,逐步提高,训练目标很明确。

一年级训练是以字词为重点,从句入手,侧重练好一句"四素"俱全的句子,作为记叙文的起步。

二年级训练以词句为重点,从段着眼,从句入手,侧重练好四种句群,即连续、并列、总分、概括与具体。

三年级过渡阶段是以句段为训练重点,从篇着眼,从段入手,练好构段四法:连续、并列、总分、概括与具体。

四年级训练是以篇章为重点,在三年级训练基础上,着重进行审题、立意、选材、组材、修改、观察项目的训练。

五年级训练是侧重综合提高,以培养自读、自作、自改能力为重点。

从五步训练的纵向分析有两条线:

训练读法线:一年级识字、读句,理解"四素"句。二年级练查字法、读句群,理解四种句群,理解课文内容、中心。三年级训练读书法——初读、细读、精读,培养

自读能力和习惯,理解四种构段法。四年级练读记法,重点练精读;着重理解篇,如审题、立意、选材、观察等。五年级着重独立阅读能力训练。

训练写法线:一年级练写字,练说、写"四素"句。二年级练说、写句群,会说、写四种句群。三年级写段,按四种构段法写段,训练记叙有中心、有条理。四年级训练写读书笔记,如记录、评论、提纲、读后感等;以篇为重点,训练审题、立意、选材、修改等表达能力。五年级着重训练自作、自改能力。

这两条线是紧密结合的,其结合点就是读写对应规律。

四、单元导练教学模式

丁老师的小学语文读写结合教材是以单元编写的。每单元有七八篇课文,分精读篇、略读篇、自读篇、综合练习四类。每一单元又分两组课文:第一组课文重点是认识训练目标;第二组课文目的在于强化、迁移,深入理解和掌握训练目标。

五、精读课课堂教学过程模式

一般采用以下程序:1.明确训练目标;2.导预习,初步感知课文;3.导精读,深究重点段;4.导练习,巩固加深。

这四个环节是相互联系、逐步加深的,是符合学生学习语言的认知过程的。

六、课堂教学为主,课内外结合模式

小学语文教学只靠课内阅读有数的文章是不够的,必须配合必要的课外阅读和课外活动。儿童的语言是在生活中听话、学话中发展起来的。

丁老师读写结合教改实验,一贯是将课内外学习结合起来的。以课堂教学为本,课外阅读和活动为辅,将课内外阅读有机地结合起来,为学生编写了课外阅读课本,并配合必要的课外活动。

总之,丁有宽小学语文教学实验已形成独有的读写结合导练教学新体系。该体系已形成各层次的教学模式,是小学语文教学科学化的体现。

(原载《小学语文教学》,1996年第9期)

[我与曾曙春老师的交往]

1996年第3期《江西教育》，大篇幅、系统地介绍了江西省资溪县由曾曙春老师主持的"小学语文能力训练"实验情况，我读后颇受感动和启发。在一个山区小县，经历了十三年艰苦的教改实验和探索，终于开出小学语文教改实验之花。该项实验的成功，有力地推动了江西省以及全国的小学语文教学改革的前进。

十年前，我在深圳参加一次小学语文信息交流会。会上有幸遇到曙春老师，他提供给大会一篇《以能力训练为序，改革农村小语教学》的论文，我对它颇感兴趣。因为我当时正在撰写《小学语文教学论》一书，有一章内容也是谈关于小学语文能力序列的。我们的观点很接近，因此当时交换了意见。转眼十年，这项实验之花已开遍了赣东大地！

2000年，曙春老师约我到资溪县参观他的教改实验。在资溪，我参观了"小学语文能力训练"教改成果展览，并听了语文老师的教学，和语文老师们进行交流。我感到曾老师的教改实验工作很扎实，确实提高了小学生的语文能力。

"小学语文能力训练"实验特色初探

一、语文能力训练有特点

语文能力的培养是小学语文教学的根本任务。叶圣陶曾指出："学习国文应该认定两个目标：培养阅读能力和写作能力。"但是语文教学根本任务的落实，并不那么容易，往往费时多、收效差。而该项实验不但明确地提出"以培养学生的读写能力为语文教学的根本目标"，而且将读写能力具体化，狠抓落实。实验的方向是正确的。那么，该项实验在语文能力训练上有何特点呢？

（一）小学语文能力训练项目精要

现行的多套小学语文教科书也都确定了语文能力训练项目，但有的训练项目过多,结果每项训练都不到位,导致学生的读写能力掌握不牢。该项实验的语文能力训练特点就是训练项目精要,而且阅读、写作都设能力训练项目。

一至六年级共设阅读能力训练十项:一般能力两项,包括理解和记忆;特殊能力八项,包括认读、解词、释句、分段并概括段意、抓主要内容、归纳中心、自学课文、初步评价欣赏。作文能力训练也是十项:一般能力有观察和构思;特殊能力八项,包括选材、审题、立意、组材、记叙、初步描写、应用文写作、自评自改。项目虽少,但训练时间较长,使每项都能比较牢固地掌握。

(二)语文能力序列和相应的知识序列配合

能力的发展有一定的顺序,并以一定的知识为基础。该项实验可贵之处,就是在语文教学领域,不仅确定了语文能力发展次序,并确定了发展这些能力需要的语文知识体系,力求形成知识结构与能力结构的合理交叉。例如语文第五册课本中,训练认识自然段的能力前,先教给分析自然段的四步法,要求学生按这四步分析自然段的方法去学习自然段,练习多了,自然会掌握分析自然段的能力。

(三)重视读写习惯的培养

语文教学培养学生的读写习惯是非常重要的。要训练学生的读写能力,仅使学生理解读写方法是不够的,还必须训练学生的读写习惯。该项实验不仅确定了读写能力序列,训练能力的知识序列,而且把养成良好的读写习惯作为能力训练的根本。

二、教材、教法、考试同步改革

(一)教材编选有特点

小学语文教学改革的基础是教材。"语文能力训练"的实验有了明确的训练目标之后,必须要有相应的教材。

这套教材的特点之一,就是课内讲读课文选得精要;课外阅读教材课文量大,课内外结合。特点之二,阅读教材和作文教材都按单元编写。特点之三,作文教材自成体系。

(二)教材改革带动教法、考试的改革

其中,在考试上的改革是很值得一提的,如闭卷与开卷结合、必做与选做结合、竞赛与考试结合、重点与一般结合。这样的考试既科学又灵活,适合于全体学生。

(三)教学管理合理化

该实验在教学管理上实行了班级授课、分组教学、个别辅导的制度,一般教学和分组、个别教学相结合。这样就保证了全班学生的学习质量,使全班学生学习大面积优化,这才是义务教育教改的方向。

三 "语文能力训练实验"的价值

实践是检验真理的唯一标准。该实验经过十三年教改实践,不仅总结出训练学生语文能力的系统教学经验,更为有意义的是编出了一套体现能力训练的有特色的语文教材。在教材、教法、考试、管理诸方面都进行了全新改革。

(一)提高了小学语文教学科学化水平

该实验"能力训练"目标的明确;读写各十大项语文训练目标,每项能力又配以适当的语文知识和读写方法,使能力训练有了保证;而训练的范围、层次、深度都有明确要求。这些都大大加强了语文教学的科学性。

(二)大面积提高了小学语文教学质量

广大教师教学有方法可依,学生学习有方法可循。普遍提高了小学语文教学质量。

(三)提高了基础教育质量

小学是基础教育,基础教育是为培养身心全面发展的一代新人打基础的教育,是为提高人民文化素质奠定基础的教育。基础教育的基本途径是教学,而小学语文教学是小学各科教学的基础,主要培养学生的听、说、读、写能力。小学语文教学质量提高了,就会带动各科教学和各种活动。"语文能力训练实验"的推广,会加速提高小学基础教育质量。

(原载《小学语文教学》,1996年)

[我与杜蕴珍老师的交往]

杜老师在小学教育园地辛勤耕耘了五十个春秋。她付出的汗水、获得的成就,大家有目共睹。

我认识杜蕴珍老师是在1978年,那是我第一次听杜老师的语文课。她教学叶圣陶先生写的《小小的船》,我至今记忆犹新。当时全国各地不少教师前来听课,教室里座无虚席。我认为这节课有两个大亮点:第一,电教的运用。那时主要是幻灯进入课堂,是中营小学的创新。当大屏上出现一个儿童坐在小船上时,语言和画面配合,形象生动,孩子们的情绪随之高涨起来,教学效果显著提高。第二,杜老师以毛笔书法指导学生写字,同时也运用了电教手段。杜老师亲自用毛笔在幻灯片上书写,一笔一画地写出范字,学生能看到老师怎样行笔、落款,这样的写字指导,反映出杜老师毛笔书法的基本功非常过硬,屏幕上打出来的楷书是字体工整、笔画清晰、结构匀称、端正美观的,字字渗透出汉字书法艺术的美感。学生不仅学到怎样写好字,而且也是一种艺术享受,接受了美感教育,这是杜老师的独创。因为我们同在一个城市,因此交流机会很多。1998年,我写了《训练为本　发展语言　全面育人》一文。

训练为本　发展语言　全面育人
——评杜蕴珍老师的语文教学

一、识字为根,读写结合

人生学习识字始。杜蕴珍老师深深理解"识字是阅读和写作的基础"这条原理。杜老师的语文教学是建立在识字教学基础上的,以识字教学为根本进行读写训练,这是符合汉语特点的。她的识字教学是全国分散识字教学流派的优秀代表之一。她以娴熟的教学艺术,使一年级学生识字量增加了300多字,巩固率达到100%,这是相当高的识字效率。她的识字教学经验是极其丰富的。

(一)根据汉字特点,训练学生的识字能力

要提高识字效率,必须使学生掌握识字能力。而识字能力的掌握,又必须依据汉字特点。汉字不表音,要学好汉字字音,必须先学好汉语拼音,用以标音、正音;汉字是由笔画构成的,要学好汉字字形,必须掌握笔画名称、写法及笔顺规则;汉字有独体字与合体字两类,一般先学独体字,后学合体字。学独体字时学笔画、笔顺,合体字一般由偏旁部首与独体字构成,有的是偏旁部首与合体字构成,学合体字时要先学偏旁部首。所以,汉语拼音、笔画笔顺、独体字、偏旁部首是构成识字能力的四项基础。

杜老师非常重视学生在识字之初打好这四项基础。一年级上学期：第一步，学好汉语拼音；结合独体字教学笔画、笔顺，要求学生记住笔画名称及笔顺规则。这一步由教师扶着走，扎扎实实打下识字基础。第二步，要求学生自己试着拼读字音，边看板书边说字的笔画名称及笔顺规则，新笔画、笔顺由教师教，这一步是让学生在教师帮助下开始走路。第三步，看图识字、学词、学句，开始出现合体字，教学偏旁部首，为学生按汉字结构单位分析合体字字形打下基础。此时向学生提出自学生字要求："拼音，认字，读说笔画和笔顺，能按偏旁部首与独体字结构分析字形，一部分记忆字形，不再数笔画。"这样循序渐进地帮助学生形成自学能力，大大提高了识字效率。到了一年级下学期，增加自学生字的要求，要求学生动脑筋找出易读错、易写错的字，反复练习，突破难点。二年级上学期，要求学生用音序查字法查生字，巩固字音字形。到了二年级下学期，学习部首查字法，对字的音、形、义的自学在速度和质量上提高要求。在独立分析字的结构方式和特点的基础上独立学字，个别难字由教师指导。在词义方面，学生自学生字时，教学生从字词典中查明词义，再读包含生词的句子，结合句子、课文体会词义。

从以上训练不难看出：1.根据汉字特点打好识字基础对培养学生识字能力的重要性。2.训练学生识字自学能力必须循序渐进，步步扎实，逐步增加难度，提高自学能力。3.全过程体现了教师由多教到少教或不教的过程，学生真正成为学习的主人。就这样，学生从低年级就培养了自学能力，为中、高年级的读写打下坚实的基础。

（二）根据儿童的学习心理特点，注重汉字音、形、义的准确性和形象性

每个汉字都包括音、形、义三要素。识字就是要统一地、正确地掌握字的音、形、义。正如鲁迅所讲："诵习一字，当识音形义：口诵耳闻其音，目察其形，心通其义。三识并用，一字之功乃全。"就识一字来说，学生要读准字音，正确书写字形，理解字（词）义，重点是认识字形，会正确地书写。因为六七岁的儿童手指肌肉末梢神经还不发达，不能灵活地握笔、用笔，不是下笔不准确，就是笔画歪歪曲曲，还经常出现错误。杜老师十分清楚儿童这一学习心理特点，耐心地指导学生并采取了一系列为儿童所接受的、所喜欢的教学方法。

1. 严格要求。识字之始，严格要求学生读准字音，学好汉语拼音，纠正地方音，用标准的普通话去读；要求学生一笔一画地正确书写字形；准确理解字（词）义。

2. 示范指导。杜老师不仅普通话讲得好，而且写得一手规范的板书和毛笔字。

教写字时，总是用规范、俊秀的毛笔字在幻灯投影器上示范指导，一丝不苟。有时还耐心地手把手地教学生写字，要求学生仔细观察字形，记住字的笔画、笔顺和书写规则。学生的写字作业，教师仔细批改。这样做的结果非常良好，凡她教过的学生写字都很规范。

3. 直观形象。因为学龄初期儿童以形象思维为主并向逻辑思维过渡，所以杜老师不论是教汉语拼音还是教汉字，都很注意运用直观形象的教学手段以激发学生的学习情趣。例如教汉语拼音"ü"时，学生们不容易记住在"j""q""x"后边省略两点的规则，她就采用电化推拉片演示，把字母"ü"中的"u"和"··"做成活动教具，"ü"本来有两点，但和"j""q""x"相拼时，把带点的片子拉掉，再配上顺口溜，学生边看边说"小金(ü)，真有趣，碰到"j""q""x"，就要把眼闭(u)。"学生们在形象、生动的学习中，很快地记住了这项拼音规则。像这样的事例很多，不能一一列举。由于教识字时注意音、形、义的形象性、准确性，学生掌握的汉字很牢固，而且错别字很少，为读和写打下牢固的基础。

(三)根据语言规律，识字与读写相结合

杜老师在识字教学中充分运用了"字不离词、词不离句、句不离文"的语言规律，使识字和学词、学句、学文紧密结合起来。例如教学《过桥》一课中"河""桥""漫"三个字时，运用电化复合片教学。先在幻灯机上映出一条小河，学生看着清清的河水，很快记住了"河"字是三点水旁；然后在小河上覆盖一张画着一座小桥的幻灯片，指出：这是雷锋叔叔小时候上学路过的小桥，教学生认识"桥"字；最后又覆盖一张反映大雨中河水上涨没过了小桥的幻灯片，问学生："下雨后桥上怎么样了？"学生答："水把桥没过了。"教师说："对，河水没过了小桥，就是漫过了小桥。"并教学生认识"漫"字。这样学生通过口语中的"没"理解了书面语"漫"的意思，在读文中识字，在识字基础上学了文。

杜老师很重视字词训练。字词训练方式很多，如组词、扩词、词语归类，按顺序排列词语，给主谓、动宾、偏正等词语连线(不出现术语)，积累区别近义词等，通过这些字词训练，直接为写话打下基础。

杜老师也很重视句子训练。学生的造句和其思路关系密切，有的学生思路不宽，杜老师总是指导其在准确理解词语的基础上，打开思路。如用"非常"造句，看到学生只能写"非常高兴""非常难过"这类的短语，就引导学生从做过的事扩展到看到的事、想到的事并写一句话，表达自己非常高兴或难过的心情。结果学生写出有关天津平房改造、女排夺冠等内容,表述"非常高兴";写出有关大兴安岭森林大火,表述"非常难过"。除了造句练习外,还采用补充完整句子,排列词语组成完整通顺的句子,扩句,换主谓语不改变句式,造句成段,续句,重组句子,掌握几种常用句式,指导掌握句子的各种逻辑关系,给标点符号写句子等多种练习方式,以提高学生说、写句子的能力,为写文打下良好的基础。

以上做法说明杜老师为探索儿童早期作文积累了非常丰富的经验。从训练学生从一年开始写话、写日记起,杜老师常年坚持每天批改学生的日记和习作。这看来是微不足道的小事,但她做得那么投入、认真、细致,就在这点点滴滴的日积月累中,学生的说话、作文能力稳步提高了。

二、电教配合,认知真切

电化教学是教学现代化的标志之一。关于语文课中是否适用电教媒体,有两种不同的认识:一种认为语言教学主要靠学生读书,靠教师运用优美的语言朗读和讲授,不必运用电教媒体,用多了会影响学生读书;另一种认为语言是表达人的思想感情的,一篇文章既有"情语"又有"形语",而理解"形语"就需要"形"的再现,需要媒体的配合。虽然语文教学主要靠学生读书,靠教师的启发性讲授,但也需要一些教学媒体的配合,将课文所表达的景、物、人形象真切地再现出来,以鲜明生动的形象强化学生的认知过程,使学生如身临其境。学生只有通过形象真切感知,才能入情、入境,真正理解作者的语言。

杜老师就是依据后一种认识去做,取得了显著的教学效果。杜老师教学班使用电教手段始于20世纪70年代。记得1978年我第一次听杜老师的语文课,她教学叶圣陶先生写的《小小的船》,就运用了幻灯投影推拉片:一个儿童坐在月牙形的"小船"上,在星空中游荡,语言和画面配合,意境油然而生,学生边看边学习课文,兴趣盎然。这堂课上,杜老师教学写字时更具独到之处。她以墨笔书法指导学生写字,也运用到了电教手段。杜老师亲自用毛笔在幻灯片上书写,一笔一画地写出范字,边写边指导。学生看到老师怎样行笔、落款,也按老师的样子一笔一画地练习写字。屏幕上打出来的楷书字体工整,笔画清晰,结构匀称,端正美观,反映出汉字书法的艺术美,也反映出杜老师毛笔书法的基本功非常过硬。学生不仅学到怎样写好字,也受到艺术熏陶,接受了美的教育。这一课使我耳目一新,我认为这是杜老师在写字教学上的创新。当时全国各地很多教师前来观摩,大家也都交口称赞。经过二十多年的不断改进,杜老师在电化教学方面积累了丰富的经验。1992年又在杜老师主持下,进行了《运用电教媒体提高认知语言能力》的课题实验(该课题是中央电化教育馆课题《电化教育促进中小学教学优化》的子课题),探讨电化教学在认知语言方面的应用规律。杜老师经过认真的实验研究,取得了一系列有意义的数据和理论认识,编写了成套的电教软件并自制了实用的电化教具,提出运用电教媒体对提高语文教学具有重要意义。这种开创性的工作,对后来的电化教学起到积极的推动作用。

(一)多媒体综合运用

教学媒体都是以物质形式出现的。电教媒体和传统媒体不同,传统的教学媒体主要指粉笔、黑板、挂图、标本等,一般限于对语言所描述的景、物、事、人的静态再现,以帮助学生建立有关表象。而电教媒体也称现代化媒体,主要指幻灯、投影器、录音机、电视、电脑等。电教媒体除具有传统媒体的功能外,其使用目的主要在于创设一个情境,用真实、具体、生动的形象去感知、理解语言。如教学"咆哮"一词,杜老师演示投影和录音,让学生边看昏天黑地、飞沙走石、狂风即将吹倒树的画面,边听狂飙怒吼的录音,那声音很像猛兽的吼叫。学生如临其境,顺势理解了"咆哮"的本义,转而又理解了其比喻义。由于学生得到的印象深刻,很快就会在日记、作文中运用"咆哮"一词来描写严冬的狂风。不难看出电教媒体是对多种媒体综合运用的升华。

电教媒体的利用效果一般高于传统教学媒体。那么,传统教学媒体是否就可以不用了呢?杜老师认为,电教媒体必须与传统教学媒体配合运用。要根据教学目的、教材内容、教学对象以及具体条件采用不同的教学手段。如教学"鸟""虫""鱼""花"这类生字,最好是用实物标本、挂图;视觉难以看到的,如蜜蜂采蜜,可用投影片,分步说明,帮助学生理解课文内容;有的课文介绍了科学知识,如《小蝌蚪找妈妈》《看月食》等,可结合课文内容做观察实验;有的是写景的课文,如《瀑布》《海底世界》《富饶的西沙群岛》等,可放景物录像,使学生如闻其声,如见其形,如临其境,获得真实的感受。还有的课文的词句难以用恰当的语言表达,就可以运用电教媒体,如理解类似"咆哮"这样的词语;还有一种表示活动过程的内容,如《燕子妈妈笑了》,可用幻灯片展示小燕子三次到菜园观看茄子、冬瓜生长过程,一次比一次仔细,层层加深印象。以上说明电教媒体不能代替传统的教学媒体,各有各的作用,要科学地使用。杜老师认为,要做到"教学对象不同,运用媒体不同;教材内容不同,媒体组合不同;教学环节不同,媒体运用时机不同;重点难点不同,运用媒体的种类、时间、次数不同"。总之,要恰当地选择各种媒体,使之优化组合,发挥更大功能;同时,杜老师还认为各种教学媒体不能代替学生读、写及教师必要的讲读。

(二)电教媒体促进语言理解和运用

在语文教学中运用电教媒体会提高教学效果。杜老师的实验提供了充分的数据材料,说明运用与不运用电教媒体存在很大差别。电教媒体在小学语文教学中有以下功能:

1.提高理解语言的能力。凡教师用语言描述学生不好理解的,可利用电教媒体,学生见真物、真景,感受形象深刻,会为理解语言创造条件。数据表明,恰当地运用电教媒体,会使学生提高理解语言的能力。以教学《富饶的西沙群岛》为例,理解"海参到处都是,在海底懒洋洋地蠕动着"一句中"蠕动"一词,运用电教媒体前达标人数为14人,运用电教媒体后达标人数为50人;对该词举例说明,运用前达标5人,运用后达标51人。其他如对《荷花》中"挨挨挤挤""冒出来"、《大雪》中"咆哮"等词的理解,实验前后也有类似的差距,这说明运用电教媒体对于理解语言效果显著。

2.提高运用语言的能力。实验表明:凡是重点的、关键的词语,需要加深印象的词语,运用范围需要扩展的词语,运用电教媒体可以达到教学目标,提高学生运用语言的能力。如《小猫钓鱼》中的"三心二意"一词,在看图说话中实验班达标60人,对照班达标40人;在课堂造句中,实验班达标55人,对照班达标32人;在课外运用中,实验班达标48人,对照班达标20人。由此可见,在小学语文教学中运用电教媒体是完全适合儿童心理需求的。

(三)电教媒体促进语言训练全过程

过去人们运用电教手段一般是在认知语言阶段,在感知具体形象的基础上进行理解,而杜老师将电教媒体运用于感知、理解和深化、练习的认知语言的全过程。她的经验有:1.创设情境,观察感知;2.导语点拨,探索理解;3.深化练习,延伸扩展。在具体做法上三个阶段是相互联系的,而且以理解为核心。值得指出的是,运用电教媒体进行语言练习,将知识进行延伸、扩展,以达到理解基础上的运用。如《学画》中的"碧绿"一词只描绘荷叶,"清水滴滴"只描绘花骨朵上的水滴。练习时,杜老师给学生展现了一个有"草坪""湖水",带有水滴的"玫瑰花""月季花"的真实的录像画面,指导学生运用"碧绿"描写草坪、湖水,运用"清水滴滴"描写玫瑰花、月季花。又如《燕子妈妈笑了》文中的"柄"字,只指茄子柄。练习时,杜老师指导学生观看幻灯片中的喇叭花、树叶、茄子的柄,扩展知识,使学生认识凡是植物的花、叶、果实与茎连接的部分就叫柄。这样不仅形象地强化了应掌握的知识,而且扩展了词语的用法。杜老师凭着深厚的语文功底和广博的知识以及丰富的生活经验,将电教媒体用活了。

三、训练为本,发展语言

杜蕴珍老师的语文课狠抓住语言训练这个根本,但又不是孤立地进行语言训练,而是同时渗透思想、情感教育,发展思维能力,传授文化科学知识,对学生进行全面素质教育,使语文课成为育人课。其语言训练具有如下特点:

(一)主动性的语言训练

捷克教育家夸美纽斯讲过:"一切语文从实践去学习比用规则学习来得易。"应该让学生"从写字去学写字,从谈话去学谈话……"也就是说让学生参与到听、说、读、写的实践中去,组织学生进行语言训练。对学生进行语言训练有两种做法:一是重复性机械地、被动地训练,二是有重点地调动学生去主动学习。杜老师认为对学生的语言训练不在于多,而在于精。她曾提出"如果学生习惯于成行地抄写字词,成篇地抄写课文,抄问答题、段意等,那么他只会死记别人给他的现成知识,而不会、也不肯独立思考,刻苦钻研"。这种看法非常正确。作为教师,首先要把学生看作是有主观能动性的人,学生的发展主要靠其内部动力,学生是教学过程的主体,教师必须调动学生主动求知、主动探索的精神。杜老师从培养学生发现问题、提出问题、解决问题能力的高度,从儿童心理需求的角度(重复学习会造成学生厌学心理),设计出学生乐学、能发挥创造性思维的语言训练项目,给学生创造独立思考、独立探索的空间,从低年级起就开始训练学生的独立学习能力。如二年级学习掌握冒号、引号用法时设计了如下的训练题:让学生根据老师提出的内容,自己组织几句话。教师说:"小强生病了,去医院看病。"要求学生写几句小强和医生的对话,用上合适的标点符号。这样,在说话、写话中,既使学生掌握了冒号、引号的用法,又练习了说话、写话的能力,调动了学生开动脑筋、主动求知的积极性。此外还有许多训练方式,如教会学生质疑,组织学生评议探究,教给学习方法,指导学生设计语文活动等。

(二)诱导性、创造性的语言训练

1.鼓励质疑,激发创造性思维。杜老师认为,在教学过程中学生若能发现和提出较深入的问题,证明他有较强的理解和认识能力。课堂上,她经常启发和鼓励学生质疑,诚恳地欢迎学生提出问题,她也很善于激疑。如教学《鱼和潜水艇》时,有学生提出:"如果潜水艇在海底遇到鲨鱼怎么办?"她没有急于回答,而是让学生展开讨论。有人说:"在潜水艇后面装个镜子一样的东西,船舱里装个电视屏,鲨鱼来了,潜水员坐在里面就能发现,可以及时躲开。"有人说:"潜水艇里装个东西,可以像乌贼那样喷出黑水,鲨鱼就看不见了。"这样的讨论很有意义,给学生播下发明创造的种子。杜老师还耐心导疑,学生的提问往往是无序的,她却总是耐心引导,帮助学生总结归纳所提问题的范围。

2. 善于诱导学生学习过程中的情绪因素。杜老师非常重视学生学习中的心理因素。她认为学生的认知活动受主体情绪的影响,当学生精神饱满、轻松愉快时,学习就会产生兴趣,学习效果也会高。所以她把教学组织得生动活泼,以激发学生的学习情绪。例如,《小马过河》是学生喜欢的一篇课文,杜老师利用儿童喜欢描图、画画的心理特点,让学生照着书画马、牛、松鼠(全身或头像),自己画也行,描书上的图也行。然后写出它们之间的对话,可以抄书中的对话,也可以自己想象,重新组织语言。学生非常喜欢这种作业,不仅加深了对课文的理解,还抄写了重点句子。这种作业比单纯让学生抄书生动灵活多了。第二天没等老师收作业,学生们就争先恐后地让老师看作业。教师把每一份作业都贴在教室的墙上,这进一步引发了学生学习的热情。

3. 启发多角度思考。杜老师善于运用知识的重组训练学生思维的创造性和语言表达能力。她常采用"补充故事情节"的方式开拓学生的思路,利用课文中的关键词语、概括性语句、标点符号等补充故事情节,使情节具体化;根据人物的神态、语言、动作、外表等描述,展开对人物内心世界的想象;利用课本插图引导学生想象故事情节;在意犹未尽的课文结尾补充情节。如《荷花》一课,写了作者忽然觉得自己仿佛就是一朵荷花时的想象,用了第一人称、拟人的方法写了蜻蜓、小鱼对"我"讲话,结尾用了省略号。杜老师设计了如下的问题:"还可能有哪些动物或植物对'我'讲了话?讲了些什么?你如果当时也觉得自己好像变成荷花,听了以后会怎么想?会对它讲些什么?"以此开拓学生的思路,发展学生的语言。这样的阅读课,也就成了作文指导课和形象思维训练课。她还采用"重组文章结构"的方式开拓学生思路,为了培养学生谋篇布局的能力,经常把一些结构特殊的课文进行调整。如《凡卡》一课是直叙、插叙交叉进行的,她启发学生按两条线挑出相应内容组成完整的书信;理出插叙的几件事重新组织,使学生对文章结构特点进行探索,加深理解。

（三）激情性的语言训练

语文是表情达意的工具，每篇课文都表达了作者的思想感情。杜老师的语文课总是上得情真意切。她深切地体会到语文课如果缺乏情感因素，那只能教成死知识。只有情深才能达到意切，这要从两方面来理解：一方面从教材分析。教材大多是名家名篇，凡大家的作品，都以"情语"表达景物、人物、事物。指导学生读一篇蕴情之作，就要通过语言文字体会作者的用情之笔，以受到感染和教育。另一方面从学生讲，小学生的思维能力虽未充分发展，可是情感相当丰富，往往受到教材或教师情感的激发，或欢乐，或悲伤，或同情，或仇视……杜老师既能深入体会教材中饱含的深情，又善于抓住儿童易于被情感激发这一动因，采用多种方法，如剖析词语、朗读、品评具有感情色彩的语、句、段等，展开为儿童情感所需要的一系列教学活动。例如，教学《我的战友邱少云》一课时，她抓住了"纹丝不动"一词层层剖析："纹丝不动"是什么意思？为什么潜伏部队必须趴在茅草丛里"纹丝不动"？邱少云同志在烈火烧身时是怎样"纹丝不动"的？他为什么能够做到"纹丝不动"？以此使学生达到入情入境。凡认知活动和情感结合，就会大大提高认知水平。杜老师善于使学生的认知活动伴随着情感而发生，让学生对客观世界的认识更加丰富多彩、更加深刻，主动积极地进行语言学习。在这一过程中，教师的情感对学生是个导体，起着决定性的作用。杜老师对教育事业和儿童怀有深情，她总是以自己饱含深情的语言点燃学生情感的火花，使学生在情绪高昂状态中学习语言，通情达理。

（四）活动性的语言训练

学生语言的发展只靠课内读几十篇文章是远远不够的。凡语文水平高的学生，大多得益于课外阅读和课外活动中的语言实践。杜老师的语文教学是开放性的，不局限于课内。她很重视语文活动课和课外阅读，经常组织学生进行诗歌朗诵、讲故事、演讲比赛，以训练学生的口语表达能力；组织学生搞壁报、板报、手抄报等，以训练学生的书面语言表达能力；组织学生开展课外阅读活动，写读书笔记、专题日记，交流读书心得，以提高学生的读写能力；还有计划地组织采访、社会调查、参观游览活动，使学生接触社会，关心周围事物，分辨是非，以提高学生的认识能力和表达能力。在各项活动中，杜老师很重视培养学生的自治能力，放手让学生自己设计、组织、评议，在活动中让学生学会创造，增长智慧和才干，以促进学生身心素质、语文素质的全面提高。

综上所述，杜老师的语文教学已创造出训练为本、电教配合、发展语言、全面育人的集识字、阅读、作文一体化的语文教学模式。杜老师教过的学生，人人都很爱戴她，这是她以自己的爱心换来的。她认为"没有爱就没有教育"，她爱所有的学生，认为每个学生都有自己的生理、心理特质，教育不可能把学生列于同一水平线上，她以自身的精神力量和人格魅力去感召学生，以爱心真情去培育学生，使每个学生都获得了合理的发展。

教学无止境，教学的生命是创新。杜老师始终不停前进，在汲取前人经验的基础上，不断吸纳时代精神，获得不断创新发展的力量。她朴实、求实、扎实的教学风格，她虚怀若谷、自尊自律、孜孜不倦、刻苦磨砺的孺子牛精神，永远是教师学习的榜样。

（原载于《小学语文教学》，1999年第1、2期）

[我与鄢文俊老师的交往]

鄢文俊是老师是"字族文识字法"的首创者。他于20世纪90年代，在四川省井研县推出了"字族文识字法"。该方法是对汉字教学的一次突破。

20世纪60年代，鄢文俊作为乡村学校的小学语文教师，他关注到当时的孩子们识字难、识字少的问题。于是他在一所城区小学和两所农村小学，进行了识字教学实验，成功地创造了"字族文识字法"。

20世纪80年代，我在《教育研究》上读到"字族文识字法"的介绍文章，感到这种识字方法也是集中识字，而且教材编写比"集中归类识字方法"的难度大，因此我非常钦佩鄢文俊老师在汉字教学上的创造。

2000年，由教育部基础教育司在北京召开的"识字教学研讨会"上，我和鄢老师第一次见面，我们对当时的语文教学交流了意见。

2004年，我收到鄢老师寄给我的一套"字族文识字"课本（共四册）。我认真地学习了这套识字课本，收获很大。于是写下了我的学习心得和体会。

一套汉字有序、文情并茂的"字族文"识字课本
——评鄢文俊老师编写的识字课本

我曾经讲过,识字教学要提高科学化水平,必须加强字量、字种、字序、字用研究。字量问题在《语文课程标准》(以下简称《新课标》)中虽已有规定,但也可上下浮动。识字课本的编写,必须要选好字种,讲究字序和字用,就是要研究哪些字先学,哪些字后学,使汉字的出现具有一个比较科学的顺序。总结历史经验,我们好像已经明确:先学高频字,后学次高频字;先学独体字后学合体字。这已成编写识字课本必须遵守的原则,但是由于识字方法的不同,字种出现的次序也不同。"字族文"识字的主要特点,就是很重视字种选择,字种安排和落实字用。

"字族文"识字法的创始人——鄢文俊先生对"字族文"有过明确的阐释,他说:"字族文,本质上讲就是用汉字规律识汉字的一种方法。字族文识字的主要特点是按字用频率,以字归族,以族为文;族为文统,族文相生;披文识字,以读促识;文熟字悉,一举两得。""字族文"识字法已经过三十多年的探索和实践,早就编有识字教材。

一、"字族文"识字课本简介

先介绍一下这套识字课本的识字项目。开始是入学教育和汉语拼音教学,下面重点谈谈识字教学。识字量确定得比较适当,一、二年级共认读汉字2418个,其中能认会写的有1211个。这个数量比《新课标》定的字量略高一点。识字教学共设计了六种方法。

(一)以象形字为主的"看图识字"

各种识字教材,一般都编有"看图识字"。这套识字教材的"看图识字"以象形字为主,大都是独体字,从学生日常生活出发,先学的字大都是常见的事物。所选的字大都是象形字、指事字,又有配图,很好认识;字词义是学生日常生活中常见的事物,也好理解,易于掌握。课文中虽然没有将字编成短文,但是在"学习活动"中都编有短句、短文,如在"父、母、子、女"一课后,编有"子女爱父母,父母爱子女。全家亲又亲,生活甜蜜蜜"。既巩固了识字,又进行了伦理教育。

（二）以会意字为主的"拼形会意文"

这样编法主要是为了认识一些会意字,如"体"字,由"人"和"本"组成,表明身体就是人之本,从而认识汉字构造之妙;同时,会意字一般是由两个独体字构成——拼形,容易记忆;还由会意字成文,而且是韵文,易读、易懂、易背,既了解生活常识,又易于积累语言。

（三）以形声字为主的"字族文"

字族的构成,是以构字派生能力强的字作为"母体字",如青、马、干等,将"母体字"加上偏旁部首所产生的"子体字"归为字族。而字族中的字大都是形声字。将字族编入一篇韵文中,通过读文识字。这样就避免了干巴巴地读一组形声字,使字与文融合在一起,容易引起学生学习的兴趣。从学字、学文到学文、学字,字与文的结合,既有利于学生识字,又有利于学生语言的发展。这样的课文,学生读得多了,就会慢慢理解形声字的构字规律,学生掌握了形声字的规律,再认识形声字就会更加快速。

（四）"对子歌"

在我们的日常生活中,相对的概念比比皆是,如大与小、高与低、多与少、左与右、前与后、上与下、古与今……这些概念也是学生生活中经常遇到的,如从幼儿时,父母就要教给他哪是右手,哪是左手,吃饭用右手拿筷子,写字用右手拿笔;家里吃水果,大苹果给爷爷、奶奶、爸爸、妈妈,小苹果自己吃;你在前边走,我在后边追;上床睡觉,下地走路等等,这些字的意义学生大都理解。

一般的识字教材只是把字义相对的字编在一起,而这套教材是将相对的字编成歌谣,即"对子歌",使学生读起来朗朗上口,而且能够积累语言,学得知识,感悟思想。

（五）以偏旁部首为主的"常用偏旁文"

将同一偏旁的字编成课文。如木字旁、提手旁、三点水、两点水、单人旁、双人旁、口字旁等。

（六）"日用杂字文"

这一组教材中的生字是生活中常见的,将其编成韵文,读书识字。其内容,主要使学生认识一些常见的生活用品,认识祖国的锦绣河山和名胜古迹。

除以上的识字单元以外,每册还编有"名篇佳作诵读"。此外,每册还选有古诗诵读。

二、"字族文"识字的特点

从以上介绍,可以看出这套识字教材的特点是很明显的。特别突出汉字序列,一是汉字的构字方法系列;一是儿童生活由近到远的系列,这两条系列都依据儿童的接受能力而定。

(一)遵循汉字的构字方法,组织识字系统

我国汉字构字和用字方法有"六书"——象形、指事、会意、形声、转注、假借,目前常出现的是前四种构字方法。这套教材的识字方法,主要按以上介绍的:以象形字为主的"看图识字";以会意字为主的"拼形会意文";以形声字为主的"字族文";同时,"对子歌"和"常用偏旁文",也都和汉字构造有关。把汉字的构字方法作为汉字教学的序,并依据这个序列教儿童识字,具有以下几点好处:1.体现汉字由易到难的体系。2.体现汉字的文化内涵,激发学生的学习兴趣。3.突出汉字构字方法,了解汉字的发展历史,激发学生热爱汉字的情感。

(二)"文从字""字从文"相结合

在编写识字教材上,一般是"字从文",选好文章之后,随课文识字,采用分散识字法;或将数篇文章中的生字集中分类,采用"集中归类识字法"。而"字族文"识字教材的一大特点,就是编教材时"文从字"。按汉字的构字方法选字,然后将字编成韵文,学字与读文相结合。不算"读、写、说、做"练习中的小文章,识字教材共编有一百多篇韵文,这是多么大的工作量。

编教材是"文从字",教学又是"字从文"。通过读文学字,在"字族文"的语境、情景、意境中认识并掌握结构化、规律化的一族字。

三、注重"字用"落实

学习汉字的最终目的就是要在书面语言中运用,要能读、能写。字用的落实,一般是体现在课后练习之中,要遵循语言规律去用,要采用适合学生学习能力的形式去用,要使学生顺利而有效地掌握规定量内汉字的认、读、写、用。这套教材的课后练习很有特色,每课后编有"学习活动",每单元后编有"读写说做",具有以下特点。

(一)练习的目的在于训练学生的语文能力

练习的设计,主要是训练学生的听说读写能力。如"我来读""我来说""我来写""说说做做""读读背背""读读说说""读读想想""读读写写""读读做做""读读填填""默读想想""读读记记""读读比比"等项目。尤其突出了读和写。从"看图识字",就开始教学笔画、笔顺,奠定写字基础。

(二)以学生为主体,发挥学生的主动性

在练习中设计了"我来说""我来读""我来写"等项目,强调让学生自己去读书、写字、练习。同时,也注意学生的合作学习。"学习活动"中编有"我读你听""我读你写""你读我写""找朋友"等。

(三)练习方式多样化

除了以上提出的练习项目外,还设计了"语海拾珠",主要给出一些成语、佳句,这种方式有利于学生积累词汇,明白事理。还有"猜一猜""组字游戏""组字小魔术""观察哨""查字典"等项目,主要训练学生思维的敏感性。特别是"学对子"很有特色,因为课文中有"对子歌"的学习基础,所以从第一册就设计了这项练习,且逐册增加难度。这是一项丰富学生词汇,熟悉声律,学习语法、修辞,逻辑训练,积累语句,学习作文的好方法;这是我国传统的练习作文的过渡方法,练习对对子,可为作文打下基础。这项传统的语言训练,过去被忽视,这套教材作了继承和发展,很有意义。

总之,这套识字、学文教材的最大特点是,继承和发展了传统的识字教材和教学的优良传统,符合汉字、汉文特点。这套识字教材的编写是很不容易的,我们要特别珍惜鄢文俊先生和小学语文教师们的精心创作。

[我与姜兆臣老师的交往]

1994年8月,由中央教育科学研究所在安徽歙县召开的"首届小学汉语教学国际研讨会"上,辽宁省丹东东港市实验小学的姜兆臣老师介绍了他的"韵语识字法",这是我第一次接触"韵语识字"。之后,中央教育科学研究所的戴汝潜先生大力倡导"韵语识字",我有幸被戴先生邀请研究"韵语识字"。1997年,我为戴汝潜、姜兆臣主编的《韵语识字教与学》这本书写了序言。1999年,我接受戴汝潜老师的邀请,参加了在珠海召开的"韵语识字研讨会",我在会上发表了《"韵语识字"是对我国传统语文教学的发展》的讲话。2000年,我接受姜兆臣老师的邀请,赴丹东东港市实验小学参观、听课、讲学,和姜兆臣老师交流了经验。

姜兆臣是一位非常朴实的小学校长,他带领全校老师经过几十年的努力,编写出"韵语识字"课本,进行教学实验。"韵语识字"是汉字教学的一项创造,在大量识字的基础上,提高学生的阅读、作文能力,并取得了很好的成绩。

"韵语识字"是对我国传统语文教育的发展

"韵语识字"法是辽宁省丹东东港市实验小学姜兆臣老师经过几十年的实验与探索创造总结出的研究成果。"韵语识字"之所以能做到快速高效,我认为主要是吸取了我国传统的汉字教学的经验,遵循了汉字、汉语的规律以及儿童学习汉字、汉语的规律,体现了现代教学思想,发展了我国传统的识字教学方法。

一、"韵语识字"发展了传统的汉字教学

我国的汉字、汉语教学已有三千多年的历史了。在历史的长河中,汉字、汉语教学积累了极其丰富的经验,积淀成我国传统的语文教学。

(一)确定了汉字教学在汉语教学中的地位和目的

汉字是表意文字,而表意文字的阅读是以大量识字为前提的。也就是说,要顺利地进行阅读和写作,必须掌握一定数量的汉字,否则就无法进行整句、整段的阅读;如果不经过阅读和写作的运用,不把汉字和汉语联系起来,所学的字既不能巩固,又不会运用。所以说,识字与阅读、写作既不可分割,又有相对的独立性。在识字、阅读、写作三者的关系上,识字是阅读和写作的基础。启蒙教育以识字为基础,这其中体现出识字不是目的,识字的目的是进行阅读和作文。传统的语文教育,一方面强调识了字再读书;而另一方面强调通过阅读识字。所以,传统的识字教育既通过读文识字,又通过识字再读文,两个过程是紧密结合的。

"韵语识字"正是继承了这一语文教育传统。明确提出:低年级语文教学要以识字为重点,但不以识字为目的,以"尽早阅读"为核心,以"循序作文"为综合发展目的。这就把识字、阅读、写作的关系作了进一步发展。

(二)选定了"韵语识字"的方法

汉字总量虽然很多,但最常用的不过3000字左右,这说明汉语中的常用字具有高度集中性。在汉字教学中如果充分运用这一特点,学好常用字,就会使汉字教学事半功倍。"韵语识字"根据汉字在汉语中的高度集中性,以及历史经验,并吸取了

"集中归类识字"的经验,确定总识字量为3500个常用字,低年级识字2500个左右。

高识字量必须要有科学的识字方法和阅读方法作基础。采用韵语形式识字,这是我国语文教学的传统经验,而"韵语识字"法在此基础上,又有了很大发展。主要体现在:1.字种选择科学。将3500个常用字分高频字和次高频字两个层次,依次编入课文,这样增加了高频字的出现次数;新字、熟字合编,体现字的重复性,由易到难,易于儿童接受掌握。2.根据汉字规律,先学独体字,再学合体字,将字编成韵文。每篇小短文、每句话又体现出汉字的构成,使学生了解汉字构字方法。在字种选择和编文上都力求体现出汉字构字规律的科学性。3.在编教材上遵循"文从字";而在教法上,又体现了"字从文",通过读文识字。4.利用构成汉字的笔画、笔顺规则,从识字开始,边教字,边教笔画名称、写法以及笔顺规则;随合体字的教学教偏旁部首。这样使学生逐步掌握识字工具,可提高学生的自学能力。由于识字、写字同步进行,学生的写字能力也逐步提高。5.识字、学词、学字、学知识并进。将字编入韵文中,在阅读中识字。在阅读内容的编排上,很注意发展儿童的思维能力。6.有识字方法指导。一至六年级有不同的识字、写字要求。如一年级要学会四种识字方法,即汉语拼音、汉字的笔画名称、笔顺规则、字的间架结构;学习正确写字;学会分辨形近字、同音字;了解形声字的构字规律。

二、"韵语识字"发展了传统的阅读教学

读书是人类所特有的一种智力活动。通过阅读不仅能掌握科学文化知识,而且有助提高学生的认识能力。读书是儿童认识世界的一条主要途径。

"韵语识字"便是以阅读教学为核心的。"韵语识字"主要从以下几个方面发展了我国传统的阅读教学。

(一)文道统一

自古以来,汉语文教育是讲"文道统一"的,诸如"文以载道""文以明道""文以贯道"等说法。道就是思想,而思想是具有时代性的。"韵语识字"的阅读教材采用了韵语形式,内容上反映了辩证唯物主义世界观、爱国主义思想,以及人文精神。其内容的突出特点就是很接近儿童生活,帮助孩子们认识自然、认识社会,大都是儿童熟悉的事。如反映自然现象的有:《雪》《小鸟》《草》《花果园》《植树》等;反映人际关系的有:《讲孝心》《好爸爸》《好妈妈》《小邻居》《好班长》等,教育学生要讲礼貌、讲团结、讲谦让;还有培养学生热爱家乡、爱祖国的……总之,其内容健康,儿童易懂,既学文学字,又提高了学生的思想认识和品德。

（二）尽早阅读

"尽早阅读"是"韵语识字"对传统阅读教学的一大发展。过去的经验是强调低年级以识字教学为重点，但忽视了识字的目的是为了读和写。"韵语识字"突破了这一点，明确了识字的目的就是为了读和写，尤其是读。因此，应让学生尽早开始阅读。

"韵语识字"的课文简短、故事性强，韵文形式，便于诵读，多重反复，便于记忆。"尽早阅读"有利于儿童智力的开发。"韵语识字"在课内外为学生开辟了广泛的阅读天地。从一年级开始，有识字教材，通过读文识字；有阅读教材，运用识的字读文。从二年级开始还配备了《读物》，每单元的内容与通用的语文教材相互对应，供学生课外阅读。这样，学生的阅读就有了保证。

（三）整体输入

传统的读书方法强调从整体（篇）到局部（字、词、句、段）的综合感知和理解；由篇中明段，段中明句，句中明词，词中明字。"韵语识字"继承了这一传统的阅读教学方式，主张整体输入，即以句子为单位学习语言。强调整体认读，在熟读、背诵之后，再进一步认读和写练单字，最后再回到篇中理解、记忆。学生的思维经历了"综合—分析—综合"的过程。这既是识字方法，又是阅读方法。这样学生记住的不单是字、词，而是完整的语言。学生读得多了，语言积累多了，自然会提高语言表达能力。

（四）语感领先，训练有序

语感就是通过听人讲话和阅读直接感知语言，对语言的感受能力包括语音感受、语意感受、语言情感色彩的感受。传统的阅读教学非常重视语意感受，然而"韵语识字"很重视熟读、背诵。当然不是死读硬记，而是通过读，理解字、词、句；通过读，理解课文内容；通过读，理解课文内容蕴含的道理；通过读，体会作者的情感，并在熟读基础上背诵。这是小学语文教学的根本方法。"韵语识字"的阅读也很注意阅读方法的指导，但是在朗读方法的指导上要比传统的阅读教学具体。

三、"韵语识字"发展了传统的写作教学

在我国传统的语文教学中，关于作文教学的经验是极丰富的。"韵语识字"在以下几方面对写作教学传统有所继承和发展。

（一）阅读是写作的基础

小学语文教学的基本任务是培养学生的听、说、读、写能力，主要是培养读和写的能力。而作文能力又是识字、阅读能力的综合体现。

阅读是写作的基础。读得好,才能写得好。当然,不是读了之后马上会写好,要有一个逐渐积累的过程。"韵语识字"对这一条经验把握得很准确。低年级开始大量识字,早期进入阅读,大量阅读,使学生有了一定的语言积累,写作便不会感到困难,低年级学生就能写出两三百字的小文。

(二)循序作文,有放有收

小学生作文训练的目的是要学生直抒思想、情感。看到什么写什么,想到什么写什么,愿意写什么就写什么。开始训练学生作文,要让学生放开胆量,开拓思路,无拘无束地去写他想表达的内容。放开以后,再慢慢收回来,给予方法指导。

"韵语识字"发展了"先放后收"的做法,提出"有放有收"。如要求学生写日记,就是放写,使学生从低年级就养成了写日记的良好习惯。与此同时,设计了作文训练序列,从一年级开始,教材中就编写了作文指导。在大量阅读基础上,经过学生放胆写,又经过一定的方法指导和训练,使学生作文水平提高得较快,而且是有序地提高。

(三)多写多练

目前,小学生作文水平低的原因之一就是写练次数太少。平时课堂上练笔少,只靠规定的每学期写几篇作文。所以学生练习的机会少,即语言实践的机会少,影响了学生作文水平的提高。

在作文训练上,"韵语识字"吸取了多写多练的传统经验。尤为可贵的是,学生读书多了,主动要求写,随时把所见所闻写在日记里,有的学生一篇日记就是一篇小文。从一年级就可看出这个效果。因为一年级的识字量大,学生提早大量阅读,积累了丰富的词汇。这时老师再指导一些简单的写作方法,如文章应有一个中心、要有一个合适的题目、要把句子写通顺、写完一个意思另起一段等。然后,由扶到放,使学生放开手脚,打开思路,独立去写。这样训练五年,那效果会是惊人的。

总之,小学语文教学体系"韵语识字、尽早阅读、循序作文"的建立与实验,使学生学得主动起来了,学得活起来了;使学生变得聪明了、懂事了;使小学语文教学效率提高了。究其原因,主要是有选择地吸取了我国汉字、汉语教学的优良传统经验,同时在现代教学论、心理学的指导下,遵循了汉字、汉语的规律和儿童学习汉字、汉语的规律,进一步发展了我国传统的小学语文教学。这是一项具有中国本土特色的小学语文教学新体系。

此外，我提几点建议：

1. 识字量、阅读量要适当。因为贪多则消化不良，要学得扎扎实实。

2. 要加强教材编写。从内容上，要更加接近儿童生活；从文字上，要更加准确，不要为了文从字而勉强成文；要适当选点名家名篇；教材中还要有适当的插图，因为图画对儿童理解课文内容、发展想象力很有用。

3. 写字还要落实。一要写得规范，二要规定写字时间，三要严格要求。

（原载于《高速高效识字辅导——"韵语识字"教与学》，北京科学技术出版社1997年版）

[我与谷锦屏老师的交往]

谷锦屏是天津教育科学研究院的教师，她进行"听读识字"实验已有十几年的历史了。谷老师先在小学里进行"听读识字"教学实验，后又到幼儿园用听读法教幼儿识字，前后都取得了很好的效果。她编写了"幼儿听读教材"（共6册），编写了一整套教学参考资料，并在理论上进行了探索。《关于"听读识字"的研究》一书，就是进行"听读识字"教学实验的理论概括。

我对"听读识字"的认识是逐步加深的。20世纪80年代中期，谷老师在天津市汉沽区的几所小学里实验"听读识字法"，我曾去听过三次课，给我留下深刻印象。1986年第一次听课后，我感到"听读识字"很有新意，孩子们读后，口头语言发展很好。但是我认为作为小学的识字教学方法，"听读法"还不够完善，它只能作为识字教学的一种辅助手段，因为"听读法"虽然能解决汉字的读音认字问题，但解决不了汉字的字形和写字问题。小学的识字教学要求掌握每个字的音、形、义，那么如何解决字形和写字问题呢？后来谷老师又吸取了"集中归类识字"和"部件识字"的经验。听读课文后，将汉字分类，集中教学，重点解决字形和写字问题。由于学生大量吸收了课文中生动的语言，语言发展很快，二年级学生就能写出两三百字的短文，实验效果很好。

1989年，在汉沽听课后的讨论会上，大家建议谷老师将"听读识字法"用于幼儿识字,幼儿识字只要求认,不要求写;同时,还因为1986、1987年谷老师在汉沽天津化工厂幼儿园大三班实验过幼儿"听读识字",取得很好的效果,谷老师接受了大家的建议。从1990年开始,谷老师又将"听读识字"实验移至幼儿园,开始编写"幼儿听读识字教材",展开大面积实验,取得可喜的成果。1993年,在一次对该项实验的鉴定会上,我明确指出:"'听读识字'是天津的'特产',是谷锦屏老师的创造。"

评述谷锦屏老师的"听读识字法"

在谈"听读识字法"之前,先谈谈幼儿识字有无必要。识字既然是小学启蒙教育的开端,为什么还要在幼儿园进行识字教学呢?这有两种意见,一种认为幼儿园没有必要识字,幼儿识了字,上小学后就不认真识字了;一种认为幼儿时期可以让孩子接触汉字,作为小学识字的准备学习。我是同意后一种意见的。

一、幼儿识字的意义

(一)通过识字发展幼儿的语言

识字的目的就是为发展书面语言做准备。语言发展的主要标志是词汇量。如"我、到、外婆、家",这五个字、四个词可以组成一句话,"我到外婆家",认识这五个字是前提。词汇掌握得越多,孩子们的语言就越发展。通过识字可以发展口语,听读后复述;大班幼儿的早期阅读,都可以发展口语。同时,也可为发展书面语言打基础。

(二)通过识字丰富幼儿的知识

幼儿在生活中熟悉了很多事物,口头词汇也较丰富。会用口语表达,那么怎样用文字符号表达呢?通过识字、认识符号,也就加固了这些概念。有些是新概念,如草原、海洋、礼貌等,通过识字给幼儿讲什么是草原、海洋,怎样才算懂礼貌,就会增长知识。概念增多,就标志着知识的增长。

(三)通过识字发展幼儿的思维能力

幼儿内部言语的发展是以掌握书面语为条件的。内部言语就是指不出声的自言自语,以视觉和动觉形式表现出来,比有声言语更有利于思维能力的发展,思维是借助内部言语进行的。因为人的思维活动总要伴随着一定的动觉刺激、隐蔽发音的微弱刺激,要求一定的分析与综合。所以,当幼儿内部言语逐渐发展起来时,思维能力才能较快地提高。反之,思维能力的发展,又会促进内部言语的发展。语言和思维是统一的,文字能使概念明确、思考精密;读书更会促进思维能力的发展。如识字,由字组词、词组句,尤其是读一篇小文,总会促使孩子们动动脑筋,怎么读、怎么讲,这就会促进内部言语的发展,促进思维能力的发展。所以,幼儿识字的目的主要是为进行早期阅读,以开发幼儿的智力,增长知识和智慧。同时,幼儿的记忆力最强,让孩子们识字、背诵古诗词能充分利用这个记忆的最佳期。

以上说明幼儿识字是必要的,同时也是可能的。

二、幼儿识字的条件

幼儿识字是必要的,也是可能的。但必须要注意以下几个条件。

(一)识字量不能过多,最好在500字左右

其一,因为幼儿不论在认知上、情感上、行为品质上都需要启蒙教育,尤其是情感陶冶和行为训练对幼儿尤为重要。因此,不能让识字占去更多时间。其二,因为现在的小学和幼儿园在识字教育上还不能衔接,幼儿识字多了,到小学还要重复识字,容易造成学生不认真学习。其三,让幼儿认读500个左右最常用汉字,能阅读最浅显的诗文即可。

(二)字种应该选择好

幼儿识字最重要的是认读常用字,不应追求高识字量。应把高频字作为重点来教,就会收到事半功倍之效,可促进幼儿提前进入阅读。

(三)只教认读,不教写法

为什么不要求幼儿写字呢?认和读是眼和口的活动,写是手的活动。三至五岁的幼儿控制笔的能力还很弱,因此,要求幼儿写字是困难的。有人说,幼儿可以画画,为什么不能写字呢? 要知道,写字和画画不同,汉字的笔画复杂、微细区别多。幼儿对事物的主要特征和各部分之间的联系不容易辨别清楚。如果在幼儿园把字形记错、笔顺颠倒,写出一些错字或养成一些坏习惯,到小学就更难以纠正了。而且写字要有一套严格的训练程序,也是幼儿难以承受的。况且幼儿老师没受过专门训练,也是难以胜任的。

(四)教学字的读音一定要正确

幼儿老师一定要学好普通话。把字音读准,给幼儿正确的示范。如果幼儿老师

的普通话不够标准,影响幼儿发音的准确性,到小学再纠正,会给语文学习造成一定的困难。

三、"听读识字法"的特点

(一)"四会"分步,认读领先

识字教学要求学生统一地掌握字的音、形、义。第一要读准字音,第二要认清字形,第三要了解字义,第四要会书写字形,也就是我们常说的"四会"。识字要求"四会"是完全正确的,但一次达到"四会"是很困难的,"四会"要分步实现。

尤其是写字,要求每个字都写得正确、美观、熟练,对小学生来讲都有一定难度,需要一个严格的训练过程,也是"四会"中最难做到的。所以,幼儿不宜学写字。再以字音来说,多音字也不是一次教会的。为了分散难点,很多人都主张"四会"分步走。小学生识字,先认读、再写,意义理解逐步加深。"听读识字法"就是采用"四会"分步走的方法,先从短小诗文中认读,再分化出来认读,读准字音,初步理解字义,不要求写。

为什么以认读领先呢？这是因为汉字是视觉的语言,而表明字形的信息是直接的,不用经过字音中介。如象形字,从字形可理解字义。据此,听读时必须眼看课文,看了字形再读字音,形、音结合就算认识了这个字,进而再理解字义。所以"四会"中认读要领先。

(二)整体认知,逐步分化

"听读识字"以认读领先,就是要整体认识汉字。一般分两步：第一步,通过听读短小诗文,对全文有一整体认识,对汉字有一大概的认识；第二步,把汉字从诗文中分化出来,整体认读汉字,以使幼儿对汉字形成比较准确、清晰的认识。这种从模糊到准确,"综合—分析—综合"的过程,是符合幼儿认识规律的。

这样做也是适应幼儿思维特点的。幼儿主要借助具体形象的联想来进行思维,而不是凭借对事物的内在本质联系和关系的理解。幼儿的思维主要是具体形象思维,而汉字又是形象的,所以整体认知汉字,像看画一样学汉字,认识汉字的整体,不做字形分析,正适合幼儿的思维特点。

(三)形音结合,义在其中

听读识字,通过听与看,形与音结合认识字形、字音,使眼、口、耳共用。首先是能读出字音,只有音和形统一起来,才会认读这个字。有的字义在音形之中。一种情况是在幼儿的口语中已懂得其义,只要音、形联系起来就认识了这个字；另一种情况是从读中学字,义在其中,通过读,幼儿会明白字义。因为听读过程为学习汉字提供了"字义场",为字义理解打下基础。汉字字义比较复杂,一般不能离开具体的语言环境。在听读中,一些常用字会在不同的语言环境中反复出现,因此,在语言中就理解了字(词)义。如果遇到字词的新义,教师加以解释,幼儿即会明白。给幼儿编的听读教材,最好不要有不好理解的字词。

(四)反复听读,自然记忆

听读识字不是听一次,要反复听。一般由听和读(读文识字)、读和认(学习汉字)、认和记(巩固汉字)三步完成。听的次数多了,自然记住。这种记忆特点是一种半理解的机械记忆、自然记忆。幼儿在听读诗文中不知不觉地把汉字记忆下来,这是很适合幼儿记忆特点的。

(五)配音朗读,美在其中

听读诗文、故事,实际上是一种美的欣赏。听读诗文使身体放松、精神放松,师生处于平静状态,不提识字要求;听读欣赏时,让幼儿的眼睛看着书上的字,静静地用耳朵听着配乐录音,嘴巴轻声跟着老师读诗文、故事。

(六)汉字、汉语同步,发展语言

"听读识字法"的根本价值就在于使幼儿学字、学文同步进行。一般情况下,小学生的语文学习,要先认识几个百字,才能开始阅读。有的学习法,虽一开始就让学生阅读,但需要汉语拼音辅助,由于受识字量的制约,阅读起步较晚。而"听读识字法"把读文、学字结合起来,使阅读提早起步。

"听读识字法"的中心是"读",在读文的过程中识字。通过反复听读,幼儿把课文背诵下来,这就是语言吸收过程;幼儿可以从诗文中吸取大量的、规范的、优美的语言;孩子们词汇丰富了,句式掌握得多了,语言也就得到了发展。同时,通过阅读,理解作品的情与理,还可以丰富幼儿的情感,提高他们的认知水平。所以"听读识字法"可以把识字和发展幼儿的语言结合起来。

总之,经过谷老师数年的实验,"听读识字法"取得显著成果。实践证明,"听读识字法"是幼儿识字的一项好方法。

(原载《全国著名特级教师教学艺术与研究丛书——谷锦屏听读识字研究》,山东教育出版社1997年版)

[我与贾国均老师的交往]

20世纪90年代初期,从报刊上见到有关"字理识字方法"的报道。1994年8月,由中央教育科学研究所在安徽歙县召开的"首届小学汉语教学国际研讨会"上,我听到贾国均老师做的《"字理识字"教学法实验方案》报告。之后,我接到贾国均老师寄来的有关"字理识字教学法"的材料,我开始学习。这之间我们通过几次信,遗憾的是我没能参加在湖南岳阳召开的"字理识字法"研讨会,只写了《评贾国均"字理识字"教学法》一文。直到2000年,惊闻贾老师逝世的消息,我含着热泪与贾老师的爱女贾卉会面,她表示一定继承其父的"字理识字法"的研究、传播工作。

论贾国均老师的"字理识字法"

近年来,识字教学研究非常活跃,有许多新的识字教学方法涌现出来,积极推动汉字教学改革。贾国均老师多年实验的"字理识字",就是为减少识字中的困难,提高识字效果,使学生提早进入阅读的一种识字教学方法。

识字教学既要有识字量的指标,又要有识字质的要求。一种识字方法的优差,主要应从量与质上衡量。有的识字方法,识字效果巩固率很高,但识字效率不高;有的识字方法,虽然在一定时间内识字量很大,但巩固率很低,这两种识字方法都不够完善。"字理识字"既注意到合理的识字量,小学阶段识字总量为3000字左右,小学一、二年级识字量为2000字左右,更注重识字效果,识字的巩固率很高。所谓的识字效果好,主要是指识字后对字的音、形、义能牢固记忆;读准字音、认识字形、书写无误、理解字(词)义,不出现或少出现错别字。"字理识字"能达到这个标准。

所谓字理,即汉字的构形理据。"字理识字"主要根据汉字本身的字理,将字的音、形、义讲解充分,使学生从汉字构造意义上理解字的音、形、义。袁晓园先生曾明确提出:"世界上唯有汉字有字理。有些笔画少的字缺乏音义的启示,所以并不见得好认好记。"她举出如下字例,"丨、丿、巛、匕、厂、戈",这些字笔画虽少,但不能被人理解,大多都淘汰了,或作为部首、注音符号之用。可见有些字少写几笔,虽省力,但意义不明;多写几笔,字义明确,这是适合我们民族心理的,人们重视理解、爱好美观。以上是说明笔画少、简单的字并不是容易学的唯一条件,而笔画多,只要字理明确的字,同样好认好记。如"九"字和"明"字比较,"明"字比"九"字好认好写。因"明"字理明确,日月为明。汉字中的象形、指事、会意、形声四类字,都有示意功能,从而决定了汉字的形与义、声与义的密切联系。"字理识字"就是根据汉字构字表意性特点,抓住了音、形、义之间的联系进行字理分析。以字理为中心,从汉字字义上认识汉字各部分组合的内在联系及合理性,使学生理解每个字的构形、读音的道理;以字理为中心,寻求汉字与汉字的联系(合体字)。这样的识字教学,学生不仅会牢固地掌握字的音、形、义,而且会理解汉字的构形原理,并能学到一定的文字学知识,使学生更加牢固地掌握汉字,同时还可以学到汉字文化,培养对汉字的热爱情愫。

"字理识字"有利于学习汉语。儿童对字义的理解很重要,它是发展儿童语言的重要条件。若字义理解不清楚,不但会出现错别字,而且也影响字的巩固。更重要的是,儿童识字的目的在于发展书面语言。字只有组成词,也只有理解了字(词)义,才能在语言中运用,而字也只有在语言运用中才能巩固。儿童掌握的口头词汇是理解书面语言的基础,儿童刚入学时,学习的字词大都是其生活实践中已熟悉和掌握了的口头词汇,学生对字、词的音和义大都是熟悉的,这时字(词)义教学虽不太难,但是对汉字的构字原理还是不了解的。所以"字理识字"在开始阶段,就非常重视独体字(大多是象形字)的字形原理教学,使学生从汉字构造原理上记住字的音、形、义。随着识字量的增多,阅读范围扩大,书面词汇超出儿童已掌握的口头词汇时,教学难点逐渐转到字义上,因儿童掌握的汉字增多,导致易混易错。"字理识字"紧紧抓住字义难点,通过对字理的分析,使学生明白构字原理,从根本上记住字的音、形、义,不仅使学汉字转难为易,而且有利于发展学生对汉字意义的理解能力,有利于汉字的运用与书写,有利于汉语的发展。

"字理识字"还有利于减少错别字。当前,小学生识字后在写话、作文中出现错别字频率较高。出现错别字的原因很多,而最主要的是不明白汉字字理,在字(词)

义上理解错误,或在字形上理解错误。如"这""着"二字经常混用,原因就是没有真正理解这两个字的含义、用法;如"疲劳"的"疲"易写成"广"字旁内一个"皮"字;又如"棒、捧"不分等等错误,就是学生没明白字形原理。而"字理识字"正是从汉字本身表达的字理上分析字的音、形、义,因而大大地减少了错别字。

"字理识字"很重视独体字教学,对独体字的字理大都从构字原理上进行分析。如教学"山"字,可通过展示群山图"△△"、群山抽象图"△△"、古体"⼭"、楷体"山",表示出"山"字的大体演变过程。先让学生了解"山"字是群山的形象,这就是溯源。然后引导学生将"山"字与群山图各部分对照,明确"山"字是怎样形成的,这就是对照。以上为象形字教学的基本模式:溯源、对照。其他会意字、指事字,也要经过类似的步骤,明白了基本字的构字原理,再遇到合体字就会迁移了。

"字理识字"教学实验程序具体、操作性很强。教学程序本身既符合汉字音形义序列,又符合儿童识字的认知过程,从认到写、由易到难、由形象到概括、由理解到运用,形成"溯源、对照"的教学基本模式,有利于教师操作。尤其是编写了《字理识字教学参考》,更便于教师操作,同时也是提高教师汉字水平的一本小册子。教材上的每个字,在教参中都从汉字构字方法上进行了分析,是文字学的具体化,对教师来讲,是一种汉字基本功训练;对学生来讲,从汉字构字原理上加以学习掌握,无疑会大大提高他们的识字效果。

"字理识字"教学实验不仅操作性强,而且已形成独立的理论体系。《字理识字教学法》一书,就是"字理识字"教学实验的理论概括,从汉字的构字原理和儿童的认知规律上论述了"字理识字"的教学体系,其实用性很强。更为突出的一点,就是"字理识字"可适用于各种汉字教学流派,不论是集中识字还是分散识字。

我希望"字理识字"教学实验这朵花,在识字教学园地里,越开越鲜艳!

(原载《湖南教育报》,1997年4月11日)

交　流

改革开放后，我所进行的小学语文教改实验是以集中识字为基础的。辽宁省黑山北关实验学校和北京景山学校是以集中识字为基础，改革小学语文的先行者。因此我与这两校的教师交流甚多，学习他们的教改经验，以此丰富我对小学语文教学的研究。

［我与辽宁省黑山北关实验学校语文老师们的交流］

1958年辽宁省黑山北关实验学校进行了集中识字教改实验。在贾桂枝校长的领导下，李铎、杨树、王雅岩等老师们积极参加实验工作。他们为什么要进行这项教学改革，又进行了哪些探索？当时，我工作的河北大学教育系曾派教师去该校学习，回来听到他们的报告，曾给我留下很深的印象。

改革开放之后，我认为语文教学改革必须从汉字教学入手，而且"文革"前已有了黑山北关实验学校和景山学校集中识字教改经验。于是我开始学习"文革"前中央教育科学研究所总结的黑山北关实验学校实验集中识字教学的经验，访问了景山学校的马淑珍老师，听了马老师集中识字课堂教学。在此基础上，我写出第一篇关于集中识字教学的文章——《浅谈集中识字教学》。

该文主要谈了集中识字教学的发展以及集中识字教学的理论基础。由于当时我没有到黑山北关实验学校学习，对文章中提出的观点总感到把握不好。1978年，我在北京参加"教育科学研究规划"会议时，遇到黑山北关实验学校的校长贾桂枝。我将《浅谈集中识字教学》的初稿给他看，向他请教。他非常赞成我的看法，鼓励我发表这篇文章，我才于1979年将该文发表于《天津教育》。

《浅谈集中识字教学》一文发表后,中央教育科学研究所的张田若老师看到此文,他鼓励我进行集中识字教学实验。于是我从1979年开始,在天津两所小学进行了"以集中识字为基础的小学语文教学整体改革实验"工作。该项实验采用的是黑山北关实验学校和中央教科所合编的小学语文教材。其间,我曾三次到黑山北关实验学校,看望病重的贾桂枝校长,访问杨树校长和李铎老师,听王雅岩老师的语文课,和他们进行过多次交流,我也在该校讲过两次课。可以说,是辽宁省黑山北关实验学校和北京景山学校的集中识字教改实验经验将我引导到集中识字教学改革的实验与研究队伍之中,我非常感谢他们!

1988年,黑山北关实验学校的集中识字教改实验遇到一些困难,我写了《集中识字教学方法的发展与理论探索》这篇文章,一方面为纪念集中识字教学三十年,缅怀已故的贾桂枝、杨树校长和李铎老师;一方面想表达我对集中识字教学改革的理论探索。集中识字教学方法,既是我国识字教学的传统经验,又是从1958年开始坚持实验了三十年、具有创新意义的汉字教学方法及小学语文教学体系。此后,我曾多次参加由中央教科所和黑山北关实验学校合办的集中识字教学研讨会,每次会上我都有发言和讲学,并和参加实验的老师们进行教学交流,老师们的教学经验丰富了我的研究内容,开阔了我的研究思路。在此,向黑山北关实验学校的老师们致以谢意!

集中识字教学方法的发展与理论探索
——纪念集中识字教学实验三十年

集中识字教学方法,既是我国识字教学的传统经验,又是具有创新意义的汉字教学方法。集中识字教学已走过三十年曲折的道路,三十年走过的道路是极其艰难的,三十年的发展也确实取得了很大成绩。本文着重从该项实验的理论发展上,谈几点不成熟的看法。

一、集中识字教学方法和语文教学体系的探索与发展

集中识字教学经常给人以这样的印象:集中识字就是读字表,一堂课认读几十字,读得快,忘得也快;集中识字就是只认字不读书,对发展儿童的语言不利;集中识字就是只重识字，不重视儿童智力的发展，甚至妨碍儿童智力的发展。总之，认为集中识字的方法太古老、太传统了，不符合现代教学理论。但也不能责怪持有这种想法的同志，因为他们不一定了解集中识字教学的发展过程。

  从产生到发展，任何事物总是要经过不断完善的过程。对于集中识字教学，如果我们总是看它刚诞生时的模样，自然会看到很多毛病。但是经过三十年的实践和探索，和刚开始时已有许多变化。这变化主要体现在识字方法的改进、语文教学体系的建立、集中识字教学理论的发展。总之，三十年的发展，探索了一条适合汉字、汉语教学规律，适合儿童学习汉字、汉语规律的科学化的教学途径。

  （一）识字方法和汉字规律的探索

  自古以来，教学汉字一般都是把字编成文，学字读文。如《三字经》《千字文》《百家姓》都是语文形式的识字教材，虽然《百家姓》不是以文出现，但还是将姓氏连缀成四言韵语。这样的语文启蒙教材，容易诵读、记忆。但就识字来说，字与字之间并无任何构字上的联系。直到清末的文字学家王筠才提出汉字分类教学的主张，先教独体字，后教合体字，又根据六书将汉字分为象形、指事、会意、形声四类字进行教学。这可以说是汉字构字法在识字教学中的初步运用。但是王筠的经验并未将形声字的规律突出出来，未把形声字再分类组合，分组教学，虽然编出《文字蒙求》课本，但是没有广泛推广。而黑山北关实验学校的集中识字教学，不仅继承了王筠识字教学思想，而且在其基础上有了突破性的发展。

  黑山北关实验学校在识字教学运用汉字规律过程中，曾经过艰苦曲折的探索过程，主要体现在由同音归类向形声归类的转化。

  1. 由歌词同音字向"四声带字"的转化。黑山北关实验学校第一个实验班，是采用歌词同音字方法。但是歌词中的字数有限，要使儿童认识大量的字，歌词是远远不够的。受到歌词同音字的启发，就产生了"四声带字法"。利用汉字的音节及四声变化，将音、调相同或音同调异的字组成字组，认识一个音节，可以学习一串汉字。"四声带字法"就是字的"同音归类"，突出了字音规律，提高了认读效果。

  2. 由"同音归类"向"形声归类"的转化。"四声带字"认读效果好，入学儿童半年就能认读一千七百多字了；从识字方法上，是从个别识字向组合识字的初步转化。但是仍存在明显的问题。（1）书写和运用错误较多，尤其出现字形错误和别字较多。如"冬天"写成"东天"，"冰冻"写成"冰动"等。距"四会"要求较远。（2）学生负担过重，成绩不稳定。除半年内识字量过多外，其原因主要是在汉字归类中对字的音、形、义的统一规律缺乏认识,只重字音,忽视了字形和字义。当时进行实验教学的老师们发现:在同音字组中,若一组字都是形声字,如"清、蜻、情、晴、请",学后错误就少。因为在同音的形声字组中,字的音、形、义规律都得到运用,字的声符表音,字形相间,字的义符——偏旁部首表义;学生从声符掌握字音、字形,再从义符理解字义,既好学,又不易出错。这一事实启发了实验者去研究《说文解字》,探索汉字规律。发现形声字在汉字中占80%左右,认识到形声字造字方法的科学性,从而肯定了"形声归类识字"的有效性,于是以解决字形为主的"形声归类法"代替了"同音归类法"。

3. 由"形声字归类"到"基本字带字"的发展。这一发展实际上是扩大了形声归类。例如下面的三组字:

昔——醋、错、借、惜、猎、鹊

头——实、买、卖

豆——逗、痘、短、登

这三组字中有的是形声字,有的是非形声字,如按形声字归类,这三组字不能各自成组,也不好称为形声字归类。但是每组字在字形结构上又有共同之处,每组字中都有一个共同的部分,虽不能完全标音,但字形相同,黑山北关实验学校的教师将其命名为"基本字"。即一组合体字中,在字形结构上,除偏旁部首外,共同具备的相同的、最基本的那一部分。这种归类法就叫做"基本字带字法"。

"基本字带字法"还是以形声归类为主,但也可包容基本字相同的非形声字。今天我们不能小看这一变化,因为适应了汉字长期演变和汉字简化的历史情况,其方法既便于汉字归类,又便于儿童掌握。

总之,由"同音归类—形声归类—基本字带字"的发展,决定了集中识字教学的可行性,提高了集中识字教学的成功率。使集中识字教学有了科学的方法,使集中识字方法由经验的探索发展到汉字规律的指导。

(二)集中识字和发展语言的探索

本项实验是以识字教学为突破口,而识字的目的就是要发展学生的语言。只有识字之后,才能提高读写能力,发展书面语言,所以说,识字是阅读、写作的基础。语文教学过程中,低年级既要以识字教学为重点,又要发展儿童的语言,二者既是统一的,又是有区别的,如何处理好二者的关系?

集中识字实验在创始阶段,对识字教学和发展语言的关系是缺乏必要的研究的。由识字、识词到课文阅读,中间缺少了句、段过渡。在早期的教材中,虽然每个字都是通过词出现的,教学过程中教师也要求学生组词、造句,但教材中的词、句训练还未能充分体现出来。1989年,由黑山北关实验学校和中央教科所合编的教材,增加了语言训练因素。这其中经过如下的探索过程。

1.由字到词。教材中的字通过词出现,体现了字不离词的语言规律,通过词义理解字义。

在教学实践中,每个字不只组成一个词,有的要扩到三五个词,甚至十几个词;扩词的多少,决定于字(词、语素)的构词能力大小和教学目的。这样,在词语教学中伸缩性较大。从而提出一个问题,由字到词,扩词范围如何确定?教学如何要求?根据过去的经验,总结如下几点:(1)每组字除随字出现的词之外,能扩出的其他词最好分类要求,一类在教材中反映出来,如现行的实验教材,字组下边出现词组;一类可由教师掌握。应以前者为主。(2)扩词范围不能过大,一定要体现常用词构词能力强的字,体现在教材词组中的词,以三至五个为好,学生的口头练习可以稍多一些。(3)一个字所扩的词若反映在教材词组中,如果后边课文中不出现,最好在句子或练习中再现出来,使词语教学得到落实,使学生能够掌握。

2.由词到句。早期的教材中,除了字(词)之外,没有句组。在教学实践中,大多数教师注意到了句子练习。除了让学生进行口头造句之外,有的教师还自编了句子让学生练习,目的是使学生在语言环境中理解字(词)义,进行语言训练。为了进一步体现词不离句的语言规律,修改后的教材,在字组下又增加了词组和句组以及片断。凡字组中出现的词,一般能在句组中出现。这样,从教材上就体现出语言训练的序列。

总之,由字词到课文,发展到由字到词、由词到句、由句到片断、再到篇章。这一过程使识字与发展语言有机地统一起来。

二、以集中识字为基础的语文教学体系的理论探索

在识字教学中为什么采用集中识字?以集中识字为基础的小学语文教学体系是以什么教学思想建立起来的?识字、阅读、写作一系列教学方法又以什么为核心等。这些问题是需要进一步探索回答的。

(一)以汉字、汉语特点以及汉字构字规律为依据,建立识字教学体系

汉字、汉语有以下特点:1.汉字具有表意性,绝大部分汉字能够独立表意(虚词除外),既能表达一定的概念、情感、意象,也能使人产生联想。字有了意义就成

为词或语素。2.汉字具有较强的构词能力,一字可以组成多词;凡生词熟字,如"灵巧""花言巧语""细水长流"等,由熟字构成,一般依据语素和上下文即可判断词义。3.汉语为非形态语,在构词、造句方面不需要形态变化。根据以上三点,说明学好汉字对学习汉语具有决定性的作用。只要学了足够数量的汉字,就可以直接阅读篇章,即使不学词法、句法也不会妨碍阅读。传统的语文教学就是由字到篇,集中识字教学继承了这一传统经验,非常重视汉字教学在汉语教学中的作用。只要在低年级能认读2000左右汉字,就会为学习汉语铺平道路。

近几年来,有人批评集中识字只顾识字,不让孩子读书,阻碍了儿童语言的发展。这种批评的存在,有的是因为不了解集中识字教学三十年的发展变化;有的是因为对汉字、汉语的特点认识不足,把汉字等同于拼音文字,把学习拼音文字的方法照搬来学习汉字。拼音文字教学重视词法、句法作用是必然的,因为词法和句法是形态语的运用所必须把握的。而汉语是非形态语,在汉字、汉语教学中,不能片面强调词(词法)、句(句法)教学,而忽略了汉字、汉文特点。当然,我们也并不完全排斥词、句教学,前面已经谈过,在词、句教学方面是有很大改进的,不过,要特别注意的是,不要为突出词、句教学,而把集中识字的特点冲淡;要在突出集中识字教学特点的前提下,适当安排词、句教学。因为根据汉字特点,识字过程就是识词过程,字的积累也就是词的积累;识字多,积累的词也就多,运用词的机会也多,而且由字、词可以进入篇的阅读。篇是由词句构成的,能读篇就意味着会读词、句,词、句训练是由篇带动的。所以说,集中识字教学和发展语言始终是统一的。同时,也不能否认识字和发展语言的区别。二者具有不同的任务和特点,前者的目的在于读准字音、会认、会写、能理解字(词)义,为发展书面语言做好准备;后者的目的在于把孤立的字按语法规则连成语言。假如识字只重字音、字形教学,不把字构成词,不把词连成句,不将字词放在语言环境中加以训练,不要说集中识字,就是分散识字,也不会使儿童的语言得到很好的发展。

(二)以语文能力和语文知识结构为基础,建立小学语文教学体系

传统教学论是以知识传授为主体的,现代教学论是以智能发展为主体的。集中识字教学改革,既继承和发展了传统的识字方法,又是在现代教学论指导下,从开始就非常重视学生的智能发展,把培养学生的听、说、读、写的语文能力,作为小学语文教学的根本任务。

叶圣陶曾讲过,要使学生学会读写的本领,"就得引导他们在构思、选材、谋

篇、分段、造句、用词等方面下功夫,不断地练习,养成良好的习惯"。这段话主要指出章法知识在读、写训练中的作用。不同章法的听、说、读、写的系统知识,就是语文知识结构的主要组成部分,由它构成语文教学序列的学科知识,再经过反复练习,就会形成语文能力。以集中识字为基础的语文教学,在读写能力训练方面,是采用单元教学方法,教学的基本结构单元不是一篇文章,而是由数篇文章组成的一个单元,每一单元以某项能力训练为重点,以章法知识为核心,以精读带略读。把语文能力和语文知识有机地联系起来,构成以单项读写能力训练为主体的教学单元,把语文知识和范文结合起来,一项项进行严格训练;在分项训练基础上,进行综合性训练。逐步深化、积累,提高听、说、读、写能力。使语文能力训练由低到高,分阶段、分项、分单元地进行,有序地训练,形成严整的教学体系,使小学语文教学沿着科学化的途径向前发展。

(三)以掌握语文学习方法为核心,建立教学操作体系

在该项实验中,不论是识字教学,还是阅读和写作教学,都是以学生的学习为核心的。通过教师指导,建立学习操作体系。为建立学生的学习操作体系,实验者曾进行了两项研究:一是以语文知识结构(包括识字)为核心进行了教材研究,教材曾经过几次改编,逐步使语文知识结构体系,由浅入深、系统科学;二是语文教学方法、学习方法的研究。教材和教法是统一的,都是以学习方法训练为核心的。

要提高学生学习语文的能力,必须要有相应的学习方法。在我们的实验班里,语文学习方法的训练是以语文学习方法和思维方法相结合为重点的。因为不论识字方法、阅读方法、写作方法,都与思维方法密切相关。学生的学习活动是通过眼、耳、口、手将信息传入大脑,经过思维加工,分析与综合,抽象与概括,比较、判断、归纳、演绎,以及想象、联想等思维活动,达到理解与记忆。再由口或手反馈出认知结果。所以,在识字、阅读、写作过程中,既要积累知识,又要积累方法;在学习方法训练中,也就训练了思维方法,既提高语文能力,又提高了思维能力。

三、今后的探索与发展

(一)集中识字教学实验与推广问题

如今,集中识字教改已经得到了推广。表现之一,是由1958年创始时的一校一班,发展到现在四百五十多所学校和两千多个实验班;由一省、一县推广到全国二十七个省、市、自治区。表现之二,就是集中识字教学法——归类识字方法,如形声

字归类法、基本字带字法、形近字归类法等方法已被普遍采用,见于全国通用教材和由省、市自编教材。

今后怎样将集中识字教改实验进一步推广和发展呢?我认为推广应该采取示范的方式。集中识字实验三十年来,尤其是后十年的发展与推广,就是采用了示范的方式。靠集中识字经验本身的生命力和说服力,以示范方式显示其优越性。

(二)加强理论研究,提高集中识字教改实验的科学性

集中识字教改实验经过三十年的实践与研究,就是要探索一条比较科学化的途径。要提高语文学科教学的科学性,必须要研究汉字、汉语本身的规律和学生学习汉字、汉语的规律。从教学实验来说,应以后者为主。

我们的实验要提高,就必须在控制实验方面再下功夫,以提供更多改编教材和改进教法的依据。这些课题不是几个人能完成的,特别是要研究儿童学习汉字、汉语规律,就更不能离开教学实践,需要广大的一线教师、教研人员和理论工作者统一协作,才能使实验研究更好地开展起来。

(三)从实际出发,提高集中识字实验的可行性

我们进行的教改实验工作,必须从我国当前的经济基础、政治制度、文化传统、教育现状出发。只有这样,才能增强实验本身的可行性。首先,可信度要高,实验成果要使学校、教师、学生、家长、社会相信,成绩具体可靠。其次,使参加实验者不要负担过重。1987年修改后的《小学语文实验教学大纲》(由中央教科所集中识字实验组制定的),比1981年制定的大纲在识字量、阅读量上都有所调整。总识字量由3500个降到3200个;低年级识字量由2500个降到2300个。阅读篇目在1983年修改教材时就作了调整。这些都是为了减少实验难度,推行起来减少困难。

生活告诉我们,任何实验都是在创造新事物,经过实验,积累经验。然而,一旦经验成熟,就会形成模式,就会变成传统。也就是说,实验不能停下来,要不断实验,不断创新。集中识字教改实验正在旺盛发展时期,在不断积累经验。这经验既要有一定的体系,但又不要形成死模式;要在实验中不断丰富、创新,使之永有新意。

(该文为1988年在厦门参加由中央教育科学研究所集中识字实验组召开的研讨会上的发言。)

[我与北京景山学校小学语文老师们的交流]

我接触北京景山学校小学语文教材与教学已有三十多年了。从1978年听马淑珍老师的识字课开始，就学习研究以集中识字教学为基础的教材和教学。1980年，由中央教育科学研究所在辽宁省锦州市召开的集中识字教学研讨会上，我认识了景山学校原校长刘曼华同志。我们一见如故，从此，结下了深厚的友谊，她给我创造了无数次的学习机会。1984年、1985年，我参加了刘曼华及部分语文老师在四川北碚和广东湛江召开的教学研讨会。会上，我聆听了曼华校长介绍景山学校小学语文教材编写及教学的经验报告；听了周淑溪老师教学《卖火柴的小女孩》，收获甚丰。此后，我参加了数次景山学校在北京召开的会议。景山学校小学语文教材不断修改，不断创新。2010年，在北京景山学校庆祝建校五十周年之际，我又写了《坚持传统　不断创新——纪念北京景山学校小学语文教材编写五十年》的文章。

在这三十多年里，景山学校的小学语文老师们那种扎实、执着、不畏艰难、始终坚持独立风格的作风，一直感召着我，令我敬佩！我从他们的语文教材编写及教学中，采集到无数的鲜花、果实，充实、开拓了我对小学语文教学研究的理论视野。在此致以真诚的谢意！

下面除了我与刘曼华老师的对话外，我还和景山学校的几位青年教师进行了交流。

 我与刘曼华老师关于北京景山学校小学语文教材的对话

刘曼华是北京景山学校原副校长，五十年来专攻小学语文教材的编写工作。我对景山学校的小学语文教材情有独钟，以此为缘，我们二人结识了三十年。时值景山学校建校五十周年之际，我们畅谈景山学校小学语文教材的编写。

田：编写一套小学语文教科书是一件很不容易的事。而您从1960年景山学校成立开始,就投入这项工作,至今已五十年了,是什么力量支持您一直坚持这项工作?

刘:1953年我从北京师范大学毕业后,就留母校做教师。1960年3月,我和贺鸿琛、陈心五、苏式冬一起被中共中央宣传部借调去创办北京景山学校,后留校工作,岁月匆匆,到现在已经五十年了。五十年,我在小学部主任、副校长、教科所研究员的工作岗位上,做过许多工作,其中有一件工作是从景山学校开办之日起到现在一直没有间断过的,那就是小学语文教材的编写与教学改革的实验。语文教学改革是我终身从事的工作,是一项长期的教育科学研究,是我对祖国、对孩子们的一份责任,是我们景山人特有的教改情结。

田:看来,正如孔子所言"敏于事而慎于言"。您默默耕耘五十年,具有一种崇高的责任感、使命感,这也是做教师的高尚师德啊!

能否谈谈景山学校小学语文教材编写的指导思想是什么?您是怎样将其贯彻在教材编写之中的? 形成了怎样的教学体系? 这个教学体系有什么特点?

刘:我认为小学教育是基础教育,语文学科是基础学科,它要为学生学习其他学科、要为学生的终身学习打下良好的基础。语文是对学生人生教育的启蒙篇,语文教学既要教学生学语文,又要教学生学做人。学语文,主要教会学生识字、写字、读书、口语表达和书面语表达;学做人,主要是通过语文学科的内容和语文教学过程来完成的。我们紧紧抓住语文学科的这一本质,把它作为编写小学语文教材的指导思想。五十年来,尽管时代在前进,社会在发展,学生在变化,社会上对于语文学科的性质和任务有着各种各样的理解,但是这一指导思想在我们的教材编写和教改实验之中,始终占据着主导地位。

20世纪60年代,在识字、写字、读书和语言表达教学上存在一些问题,尤其是识字教学不过关。针对这些情况,我们进行了三项专题研究,即集中识字教学研究,试教名家名篇和古诗、古文的研究,作文教学的研究。在专题研究基础上,逐渐形成了具有景山特色的小学语文教学体系:就是以集中识字为起点;以阅读名家名篇为主体;以作文为中心,以写"放胆文"为主要方式;读写结合,学用一致,培养学生的听、说、读、写能力和创新精神。教材的工具性和人文性和谐统一,练习的基础性和发展性紧密结合,全面提高学生的语文素养。

田:紧紧抓住小学语文学科的本质和教学的任务,五十年不变,这一点非常不容易。景山学校的教改,是从集中识字教学改革开始的。以集中识字为起点,这是我们的传统经验,景山学校的集中识字具有哪些特点? 对于传统的集中识字有哪些发展?

刘:传统的集中识字教学,就是读《三字经》《百家姓》《千字文》集中识字,主要是依据韵文形式。辽宁省黑山北关实验学校,1958年开始进行集中识字教学改革,是按照汉字的构字规律识字。我们吸收了这两种集中识字方法的优势,吸收了"三百千"的"先识字后阅读"的经验;吸取了黑山实验学校汉字归类、探索规律的思想。我们改进了归类方法,形成了以突出汉字构字规律为特点的"看图识字""形声字归类"和"基本字识字"等方法,两年认识2500常用字,突破了识字关。

田:汉字教学采用"集中归类识字方法",发展了传统的集中识字,而在集中的具体方法上,景山学校和黑山北关实验学校又有所不同,黑山北关实验学校采用的是"基本字带字法",而景山学校是以"形声字归类法"为主。改革开放以后,景山学校的集中识字教学都发生了哪些变化呢?

刘:1983年后,我们着重研究了集中识字教学的现代化和科学化问题。

我们认为,集中识字需要在教材组织、教学内容、教学方法等方面进行全面改革,但是最重要的是要研究识字教学规律。研究汉字的构字规律,研究儿童的认知规律和儿童语言发展规律,把三者结合起来。具体做法是:运用汉字构字规律,把握儿童年龄特点,抓住儿童识字过程中各个阶段的主要矛盾,不失时机地、有步骤地解决汉字字形结构、常用词语的理解与积累、基础语句的学习和应用等问题,使认识汉字与阅读教学相对集中、交互进行,识一批汉字,读一组课文,使识字与写字、读书、表达结合起来,着重培养学生的识字能力和口语表达能力。这种识字方法富有儿童情趣,比"三百千"生动、活泼。

田:开始时景山学校在"识字量"上定的数量较高,五十年中有哪些变化?对这个变化如何评价?

刘:"识字量"的确定,五十年来,依据实验情况有个变化过程,可分为四个阶段:

1. 1960年定的是:一、二年级学2500个常用字。由于采用了集中识字方法,听、说、读、写"四会"分步走,教学任务单纯,经过1960至1965年的实验,学生可以认识2500字。

2. 1978年,恢复实验时期,根据1965年的实验情况,在五年制小学语文试用课本中确定的识字量是:一、二年级2465个,要求默写95%,五年总识字量3500个。这套课本在全国有24个省市498所学校使用,生源、教师都发生了变化,他们反映识字量、默字量多了。

3. 1989年，在九年义务教育五年制小学语文实验课本中确定识字量是：一、二年级2142个，默写71%，五年识字3500个。

4. 2006年，参照《语文课程标准》要求，确定识字量是：一、二年级2000个，默字量1413个，五年识字3000个。

田：中华人民共和国成立后，关于识字总量的确定，在2500至3500之间变化；低年级的识字量在1200至2500之间变化。经过五十年的教学实践，我同意您最后确定的识字量，这样才能体现低年级以识字教学为重点。

凡是认识的字都要求写，但是写和默写不同。我认为凡是要求学生认识的字，最少也要默写90%。因为只有默写了，才能巩固住。不知这看法是否对？

刘：我们现在的默写是以词语的形式出现的，这样，对学生积累常用词语是有好处的。不过学过的字词究竟默写多少是需要研究的。探索"词语教学"的科学规律是目前亟待解决的大问题。

田：您的新教材在"字用"上有了很大的发展，特别是结合识字，又增编了多篇诗歌，"在识字中学诗，在学诗中识字"。您能谈谈这些小诗在识字中的作用吗？

刘：在集中识字部分，我们选编了83首小诗。这些小诗大都是著名儿童文学家的优秀作品。这些诗，内容丰富多彩，深入浅出，有浓郁的儿童情趣和丰富的想象，是不可多得的儿童文学精品。这些诗语言规范，用词准确、形象、生动，音韵优美，节奏鲜明，朗朗上口，是培养儿童审美情趣和语感的佳作。

原来选这些小诗只是为巩固识字，可是在实践中大大超过巩固识字的作用。儿童特别喜欢读这些小诗，有的还边读边仿写。学生通过学写小诗，净化语言，提高了写作兴趣；特别是在发展学生的想象力方面起到了不可估量的作用。我们阅读名家名篇是从三年级开始的，现在从学生一入学就接受文学精品的陶冶、感染，潜移默化地提高了思想品质和审美情趣。

田：这些小诗具有一个很大的特点，就是不论采用哪种识字方法，诗中都会含有所学的生字。选择这些小诗是很困难吧？

刘：当然，我们在选编时阅读了大量的儿童诗歌，可以说每一首都是百里挑一。因为要把学的生字含在诗里。如学习"尧、烧、浇、晓、饶、绕、挠"一组字，配了一首《尧字歌》：

用火烧，用水浇。

东方日出天刚晓，

粮食丰收才富饶。
　　左边绞丝弯弯绕，
　　用手才能轻轻挠。
　　若在尧上加个点，
　　这些字儿全错了。

又如学习"熊猫"两个生字，结合生字学习了《熊猫》：

　　熊猫宝宝，
　　走路摇摇，
　　翻个筋斗，
　　让你瞧瞧。

诗里只有"熊猫"两个生字，其余的字大都是学生学过的。学生读起来简单亲切，兴趣盎然。

田：景山学校从开始就主张阅读名家名篇，这在20世纪60年代可以说是个创举，当时都有哪些不同意见？

刘：阅读名家名篇是针对当时语文教材存在的问题而采取的措施，如重时文，轻文学；重白话，轻文言，"范文不范"等等。为了培养学生的读写能力，就必须选读一批高质量的文章，熟读、背诵、积累规范、优美的语言。于是我们编选了《儿童学现代文》《儿童学诗》《儿童学文言文》进行试教。如朱自清的《春》《匆匆》，巴金的《繁星》《海上日出》，郭沫若的《山茶花》《天上的街市》等，试教后，效果很好，学生的读写水平有大幅度的提高。当然，在教法上要进行相应的改革，首先要破除讲课中"面面俱到""讲深讲透"的观点，我们主张"讲精华""多层次理解"；同时要找准名篇与当今社会生活、儿童生活的"结合点"，拉近这些作品和儿童的时代距离。这样，学生不但能学，而且学得很好，收益很大，逐渐形成了"以阅读名家名篇为主体"的阅读教学系列。

田：您这么做就没有人批评吗？您又是如何看待这些批评意见的？

刘：当然有。现在选名家名篇大家都赞成，20世纪60年代可不是这样。有人质问我们：你们想干什么？想培养作家吗？学生能读懂吗？乱弹琴！那时我们是"开顶风船的人"，是顶着风浪前进啊！

田：那让学生读古诗、古文呢？

刘：那就更不用说了，帽子更大了！一方面是我们实验的效果好，在小学阶段学古诗94首、古文18篇,学生都喜欢读;另一方面是反对声音:"景山想干什么?你们想复古吗?!"可是我们坚持下来了,不容易吧!因为我们坚信:允许实验,允许评论,实践出真知。

田:为什么学生喜欢读古诗词、古文?

刘:因为古诗、古文内容丰富,可打开学生的视野;古诗的意境优美深邃,文字具有韵律,读起来朗朗上口。如果教师引导得法,孩子们非常喜欢读。

田:有人主张,语文教学应该要求学生全读古代的经典文章,我不同意这个提法,您认为如何?

刘:当然,我也不同意。因为学生生活在当今社会,还是以读现代文为主。适当读一些古诗、古文,只是让他们接触一点古代文选,了解一点汉语言的源流,为初中阶段学习文言文打下良好的基础。

田:您提出"以作文为中心","读写结合","写放胆文",为什么这样提?怎样体现在教材之中的?

刘:"以作文为中心"是针对重阅读、轻作文的现象提出的。我们认为,作文是学生语文能力的综合体现,是学生思想、观点、知识、情感的集中表现,是培养学生创新意识的重要途径,是学生未来学习和工作不可缺失的能力。所以在语文教学中,我们始终重视作文能力的培养。小学语文教学,在读写能力的培养中,写的能力的培养更艰巨一些,并有其自身的发展规律,所以提出"以作文为中心"的思想。

在教学安排上,以表达能力(口头和书面)的培养为主线,从一年级开始,结合儿童的年龄特点,系统地、有层次地形成了作文训练系列。

田:这个作文训练系列是如何进行的呢?

刘:首先,教师必须确立"以作文为中心"的思想。牢牢地抓住学生表达能力的培养。在教材和教学中,我们采取了细水长流、综合学习、集中训练相结合的办法,形成了这三条线相互融合的作文训练系列。

1. 结合课文和学生的生活开展经常性的、课内课外的小练笔;
2. 结合课文的单元学习,进行习作的综合指导和练习;
3. 定期开展作文集中训练,促进学生作文能力的提高。

田:"以作文为中心"的提法,是否会忽视学生阅读能力的培养?关于读写结合又是如何解决的呢?

刘:有人误以为我们重视写而不重视读,那怎么可能呢?我们一贯主张读写结合。读和写是密不可分的,是相辅相成的,读促进了写,写带动了读,读写结合才能促进学生读写能力的提高。只是写的能力培养比读更难一些,又因为写的能力的培养往往被老师忽视,所以才提出"以作文为中心"。"读写结合",从我们的教材所选的名家名篇篇数之多,质量之高,足以说明"读"这个问题的重要性。

无论是练笔、习作,还是作文的集中训练,都要贯彻写"放胆文"的思想;放题材,放内容,放思想,放形式,不给学生画框框,不约束学生的思想,充分发挥学生的个性特点,以促进创新思维的发展。

田:五十年来,您对编写一套适合儿童使用的小学语文教材,有哪些心得体会?

刘:经过五十年的教改实践,体会很多,主要有两点:

1. 编写小学语文教材是一项重要而艰苦的工作。说它重要,因为它是小学生要学习的第一本教科书,无论是学语文,还是学做人,都是学生的第一启蒙读物,它关系到学生的健康成长,不可掉以轻心。

2. 对于编写者来说,编写教材的过程是一个"苦、累、甜"的过程,对编写者学识、能力的要求都很高。编写者必须边工作、边学习、边总结;大量地读书、查资料;要不断地分析、研究、判断,选择最佳文本,真的很苦。教材编好出版后,要组织教学实验,要培训教师,要指导教师改革教学方法,要对教学效果分析研究,进行反思,做这些工作确实很累。教材使用后实验效果很好,看到学生喜欢读语文课本,从语文读本中受益;看到教师们在使用教材中提高了教学水平,我们感到欣慰,心中甜丝丝的,真是没有白辛苦。

田:五十年,您一直在和景山语文教材结伴而行,从没有听您说苦说累。可以说,您是把一生献给了景山学校的小学语文教育,可歌、可颂。

刘:其实,我个人算不了什么。我认为,编写小学语文教材需要一支过硬的编写团队;团队的水平标志着教材的水平,团队的建设是教材编写成败的关键。

我们的团队是一支由"领导、专家、教师"三结合的团队。领导睿智,专家学识渊博,教师在第一线,经验鲜活、敏锐,这个编写团队,保证了我们教材编写的质量。

田:五十年,您共编了几套小学语文教材?

刘:从1962年到2010年,随着历史的前进,社会的发展,共编辑出版了五套小学语文教材(包括课本、课外阅读、练习册、寒暑假作业、写字本、教学参考)。

田:编写五套小学语文教材,听起来简单,但是经过您这么详细说明,我感到这里倾注了那么多领导、教师、专家和您的心血。为了我国的基础教育,为了祖国的花朵，为了母语的发展，景山学校做出了巨大的贡献！您在编写这五套教材的过程中，献出了青春，是值得的。景山学校的教材编写和教学改革工作，已成为您事业的基础、精神的寄托、灵魂的结晶。

刘：五十年来，我们的领导、专家、教师为景山学校的小学语文教学改革、教材编写、教学实验所做的贡献已经载入景山学校的史册。

田：也会载入我国小学语文教学改革的发展史中。

刘：是啊！五十年，我们辛勤耕耘，扎根景山；五十年，我们锐意改革，心系景山；五十年，我们奉献青春，情满景山。

刘、田：景山啊！明天会更美好！

坚持传统　不断创新
——纪念北京景山学校小学语文教材编写五十年

课程改革的核心是教材改革，任何一门学科要有一套编写精良的好课本，才能推动教学改革前进，语文教材也不例外。在中外教育史上，好的语文课本对本国、本民族语言的发展都起过巨大作用和深远的影响。例如我国封建社会的《三字经》《百家姓》《千字文》（简称"三百千"），从南北朝到两宋，沿用至明、清，甚至辛亥革命后，农村私塾还在使用，流传后世千余年，可谓妇孺皆知，家喻户晓。一本启蒙识字课本流传这么长时间，影响那么广泛，这在中外教育史上是少见的。

又如由叶圣陶先生编写和主持的语文课本多达二三十种，其中最主要的是《开明国语读本》。这套课本是叶圣陶先生亲自编写的，内容以儿童生活为中心，取材自儿童生活，从家庭、学校逐步扩展到社会。由于课文注意儿童的兴趣，难易适当，编排体系完整，为儿童喜闻乐见，一扫过去教材的死板、陈腐、枯燥的八股气，体现了教材编写的科学性和规律性，开辟了教材编写的新蹊径。这套教材出版以后深受师生欢迎，十余年内印了四十多次，学校普遍采用，其编辑思想对我国的教材编写影响甚大。

再如捷克教育家夸美纽斯为儿童编写的《世界图解》和《语言入门》，也是符合儿童心理的语言启蒙教材。德国诗人歌德曾高度评价这本书，他说："除了夸美纽斯的《世界图解》以外,我们的手中还没有接触过这一类的书。"这本教材在欧洲流行了一百五十多年。

可见,不论古今中外,教育家、教育工作者都十分重视小学语文教材建设。因为一套好的语文教科书,关系着语文教学的改革,关系着一代新人的成长,更关系着民族语言的发展。此外,小学语文课本的编写,不是任何人都可以做的,编写者需要具有汉字、汉语知识,语文能力,文学及美学修养,更需要懂得儿童心理,儿童学习汉字、汉语的认知规律。我认为景山小学语文教材的编写者们是具备这些条件的。同时,他们还具有一种精益求精的精神,从20世纪60年代开始,辗转五十年,将一套小学语文教科书共修改了五次。不论在识字教学、阅读教学,还是作文教学上,既坚持我国语文教学的优良传统,又不断地创新和发展,形成这套教材及教学独具的体系和风格。尤其是进入21世纪后,他们编写的教材被教育部基础教育课程教材专家工作委员会审查通过(该教材以下简称"课标小语教材"),是教育部通过的唯一一套由一所学校编写的小学语文实验教材。

"课标小语教材"编写的指导思想:以奠定学生的德、智、体、美全面发展和个性发展的基础为总目标,坚持教学改革的正确方向,遵循语文教育规律和儿童的认知规律。以"集中归类识字"为起点,以阅读名家名篇为主体,以作文为中心,以写"放胆文"为主要方式,读写结合,学用同步,培养学生的阅读能力和语言表达能力以及创造精神,逐步形成具有景山学校特色的小学语文教材、教学体系。

一、识字:集中归类

北京景山学校小学语文教材识字内容的编排,坚持低年级以识字教学为重点,采用"集中归类识字方法",认识一批汉字,学习数篇课文。一、二年级的识字量占了义务教育阶段总识字量的(3500字)的一半,以奠定阅读和作文的基础。识字教材的编写一直坚持三个原则:遵循汉字构字规律;遵循语言规律;遵循儿童学习汉字、汉语的认知规律。既坚持了我国传统语文的教学方向,又不断求变求新,着重进行了字量、字种、字序、字用四方面探索、实践、研究。

(一)字量研究

在识字量上,1985年定量为3500个常用字,一、二年级控制在2200至2400个字。其依据是:1963年制定并颁布实施的《小学语文教学大纲》(草案);景山学校的"集中归类识字方法"及学生的识字能力。识字量虽然较高,但是由于识字方法科学,识字和语言有机结合,在教学实践中,识字效果是良好的,识字的巩固率大都在

95%以上,而且错别字大量减少。

20世纪80年代中期后,随着小学语文主流教材识字量的减少,1987年景山学校教材修改后,识字量也略有减少。进入21世纪,随着《全日制义务教育语文课程标准》(以下简称《课标》)颁布执行,"课标小语教材"识字量依据《课标》要求,总识字量确定为3000个常用字,一、二年级为2000个常用字(第一册400个,第二册600个,第三册600个,第四册400个),仍坚持了低年级以识字教学为重点的传统教学思路。确定这个识字量的依据:1.教育部、国家语言文字工作委员会于2009年8月13日,公布了《通用规范汉字表》征求意见。这次公布的字量,分为三级:一级字表收字3500个,为使用频度最高的常用字,主要满足基础教育和文化普及层面用字需要。一级字对于编写小学语文教材具有指导意义。小学阶段认识3000个常用字,一、二年级认识1500至2000个常用字是适当的。2.《课标》确定总识字量为3000个,一、二年级为1600至1800个。3.我国传统的识字量早有约定俗成的要求,即总识字量为3000个常用字,一、二年级为2000个左右的常用字。我认为景山学校确定的识字量是科学的。

(二)字种研究

字种,就是要确定教材应选的3000个常用字。这个问题比较复杂。一般来说,选的字都是常用字。在《通用规范汉字表》中虽有规定,但是现在还没有一个专为小学生设定的常用字表。景山学校教材中的识字内容是采用"文从字"和"字从文"相结合的方法编写的。学完汉语拼音后,先采取"文从字"的方法,通过看图识字,学习一部分象形字、指事字、会意字等,结合这些汉字选取一些短小精悍的诗文阅读;此后,采用"字从文"方法,将一组课文中的汉字提出来,依据汉字构字规律分类教学,先识字,再读书,识字和阅读相结合。特别是在集中识字阶段,所选的字种一般都符合以下条件:高频字;易学字,如独体字,笔画简单的字;构字、构词能力强的字,大部分是部首字,重现率高,易于记忆;儿童口语中的常现字。教学实践证明,这样的字种选择方向是正确的,方法也是比较科学的。

(三)字序研究

字序,就是汉字在课本中出现的顺序。景山学校的识字课本的字序,主要遵循三个原则:第一,遵循汉字构字规律;第二,先学习儿童生活中熟悉的字;第三,遵循儿童学习汉字的规律,由易到难,由简到繁。一般是先学独体字,再学合体字;先学笔画少的字,再学笔画多的字;先学象形字、指事字,再学形声字、会意字等。

景山学校传统的识字方法主要是：依据汉字构字规律采取"形声字归类法"，并以表格呈现。"课标小语教材"仍以"形声字归类法"的集中识字方法为主，但在识字方法上又有很大的创新。主要体现了以汉字构字方法为序，方法比以前增多。

1. 象形字、指事字识字。例如教材在识字的开始，采用的是"看图识字"的方法，编入的汉字主要是独体字，其中大都是象形字和指事字。第一、二单元是数字："一、二、三……十"和"个、十、百、千、万"。这些数字包括了汉字的基本笔画，学习这些数字，就自然熟悉了汉字的基本笔画，同时也为建立数字概念做了铺垫，也与其他学科建立了自然的联系。其次，体现了"以人为本"的思想，先学的汉字有"人、子、儿、女"，体现了家庭中的人伦关系；再次，认识人体自身的器官"头、手、足、耳、目、口、舌、牙"，从整体到部分；最后，认识自然现象和自然资源"日、月、水、火、风、云、雨、雪、电、山、石、田、土、井"。人生来就和日月共存，每日可以看到风云的变化，人是离不开土地、山水的。从人到自然现象、自然资源，还有"木、竹、禾、草"；"米、豆、瓜、果"；"马、牛、羊、毛"；"虫、鱼、鸟、爪"等。这些字所反映的内容都是儿童日常生活中常见的，其字音、字义也是儿童熟悉的，所以很容易学会。

2. "形声字归类方法"识字。例如一年级上册形声字归类，如下表：

号\调	ー	／	∨	＼
shen	申 申请 伸 伸手	神 神气		
wan	弯 弯弯的 湾 台湾	完 完成 玩 玩具	子 子孙	字 写字
you			友 朋友	又 又一次

教材以此方法列字1067个，占了一、二年级识字量的53.4%。其优点：形声字在汉字中占80%左右，合体字大部分是形声字，所以学习合体字用形声字方法是最科学的。

3. 会意字识字。如：小一大→尖，小一土→尘，火一火→炎；二人→从，三人→众，三木→森，三口→品，三日→晶等。这是用会意造字方法识字。此外，还有基本字组字：言一午→许，禾一乃→秀。基本字带字：若（假若）—惹（惹事），冬—图（图画）。偏旁识字：走—超（超过）、趁（趁早）、越（越过）。比一比识字：裁（裁剪）—戴（戴帽子）—栽（栽树）—载（装载），大都是形近字比较。以及反义词识字等。

综上，不难看出，识字方法充分体现了汉字的四种构字方法（象形、指事、会意、形声），形成了识字教学的字序。这个序列基本反映了汉字造字的顺序。由独体字到合体字，由象形字、指事字、会意字到形声字。学生在识字的同时，也就了解了汉字的造字过程和汉字的基本规律。因为造字过程是由易到难的，所以学生按此顺序学习，由易到难，由简到繁，恰是符合儿童的认知规律的。

（四）字用研究

用字，主要是在识字教学中体现语言的使用规律。"集中归类识字"方法在开始实验时，就曾受责难，主要指责此种识字方法只识字不学语言，影响儿童语言的发展。其实，"集中归类识字"从开始就很注意识字和发展语言的结合。

1. 词汇的掌握。儿童语言的发展主要的标志为掌握词汇量的多少。景山的识字教材，从开始就很注意字和词的结合，所采用的识字方法，每个字都是和词一起出现的，有的字词还要求学生造句，较好地处理了识字和学习语言的结合。

关于词汇的掌握是否应该有一定的要求？小学生应该掌握多少词汇？应该掌握哪些词汇？这些问题比识字量的确定更为复杂，还需要进行研究。在古汉语中，单音词占绝对优势，所以汉字也形成了以一个音节为单位，一字一音的方块字，而且字词是统一的。随着社会的进步，交往增多，汉语中逐渐出现了双音词和多音词。有人统计，"在现代汉语的书面语中，政治、科技类的文献是单音词约占49%，双音词约占47%，多音词约占4%；而文艺、生活类的作品中，单音词多达61%，双音词约占37%，多音词只占2%，平均起来单音词仍占一半以上，而双音词、多音词又绝大部分是由单音词组合而成"。这段话一方面说明，汉字单音词多，识字就是识词，识字多，掌握的词就增多，而且汉字具有较强的构词能力，汉语主要靠汉字的二次构词，在一定时间内使儿童掌握用以构词的常用字，就会有利于掌握常用词。儿童掌握的词多（书面），自然会促进书面语言的发展。另一方面也说明，由于双音词和多音词的出现，只识了字，还不能明白词义，如认识了"法"字、"律"字，不一定懂得"法律"的含义。所以词汇的掌握是非常重要的。

景山学校的"课标小语教材"在各册中都附有"词语表"：

一年级（上）76个　　一年级（下）200个

二年级（上）203个　　二年级（下）237个

三年级（上）291个　　三年级（下）267个

四年级（上）288个　　四年级（下）295个

五年级(上)294个　　五年级(下)302个

每册的词语都有随课文听写的要求。这些是最基本的、要求牢固掌握的词语，要能写、会用。此外，学生在课文中能理解、在口语中能运用的词汇量，远远超过这个数量。只有学生掌握了一定数量的词语，才能为学生的语言(书面)发展打下牢固的基础。

2. 句子的掌握。"课标小语教材"不仅重视字和词的结合，而且还将字、词与句子作了较好的关联。例如：

成——完成——小学生要按时完成作业。

城——城市——北京是个美丽的大城市。

诚——诚实——我们要做诚实的孩子。

有的是将字的学习与词组、短语的学习结合。如学完了"感"字后，又组成了若干短语。

感觉良好　　　衷心感谢

感到很冷　　　非常感激

感想很多→　感　←十分感人

感受很深　　　特别感动

这个练习不但巩固了"感"字的学习，丰富了学生的词汇，而且使学生掌握了"感"字的用法，非常有利于儿童语言的丰富和发展。

3. 短文的学习。在识字和语言的结合上，提出在"识字中学诗，学诗中学字"。在学字、学词、学句基础上，结合识字，选了83篇优美的、短小的诗文。这些与识字同时出现的诗文、儿歌和后面的课文学习是有区别的。其主要特点是：能将刚学的生字，尽可能地包含于诗文中，这在选择上是很有难度的。而景山学校的"课标小语教材"在这方面做得非常出色，所选诗文，短小精悍，古今兼顾，生动活泼，富有情趣，每一首都很精彩，很适合儿童朗读，易唤起儿童的阅读兴趣。

二、阅读：精选名家名篇，开展文学教育，启迪童心童趣

(一)阅读量

阅读教材数量表

类别	课文	课后附录	集中识字附录	练习中选文	古诗古文	课外阅读	总数
篇数	250	35	90	21	101	357	854

景山学校"课标小语教材"的阅读量较大，品类较多，除了讲读课文以外，有随

同识字进行的阅读,课后附录的阅读材料,练习中的阅读,课外阅读等。1.精读课文为250篇,是基础,目的在于培养学生的读写能力,积累语言,教学读写方法,培养语感、情操;2.由课文延伸到附录的阅读材料,目的在培养学生独立阅读能力,激发阅读兴趣;3.课外阅读,目的在于博览群书,丰富知识,开阔视野,加深文化底蕴,提高读写能力。由于学生于有了识字基础,在读文方面并不困难。

(二)选文以名家名篇为主体

语文课本的编写,首先要解决选文问题。景山学校"课标小语教材"中阅读部分的选文依据了三个标准:一是选择经典作品,突出名家名篇;二是选择符合儿童年龄特点的精品,突出儿童情趣;三是选择内容具有人文性、科学性及思想纯正的作品,突出文学审美教育及人文精神和科学精神的培养。

阅读名家名篇是景山学校的阅读教材一直坚持的优良传统。景山学校的第一版小学语文教材就提出了"集中识字,阅读名家名篇,读写结合"的观点。强调范文要规范,学生要会读会写。在"课标小语教材"中又进一步坚持了阅读教学以名家名篇为主的观点与做法。

(三)精选古诗古文,培养儿童对古典诗词的兴趣

低年级结合识字以学习现代儿歌为主,中高年级以古诗为主,还选了古文。1至4册共选古诗16首;从三年级开始,每册选古诗10至12首,古文3篇。1至10册共选古诗94首,古文18篇。

为什么要学生学习古诗、古文呢?对于这个问题,现在不会有什么异议,但是在20世纪80年代初期,对此问题是有不同看法的。我认为,让儿童学习古诗、古文是必要的。

现代汉语的一个特点,即言文一致。学习文言文,有人担心和现实生活不合拍,学了之后在现代汉语中用不上。这种看法是有一定道理的,所以小学语文教材必须以现代汉语为主,不主张多学古诗、古文。但是一种语言的发展是有连续性的。我认为学习古诗文有几点意义:1.古诗文概括性强,可以训练学生简练的语言。2.古诗文韵律强,读起来朗朗上口,儿童喜欢读,易记、易背、易积累。3.有助于儿童开阔视野,丰富知识。4.可以使学生了解、认识祖国语言的丰富、优美。5.古诗文可以培养儿童的文学素养。

(四)选文的组织结构特点

1.集中编选某一作家的作品。如四年级(下册)集中选了五篇老舍的作品;四

年级(上册)选了季羡林的两篇文章;五年级(下册)集中选了季羡林的一组文章。教学效果很好。

一个单元集中选某一位作家的作品,其意义在于:学生阅读作品就是和作家进行心灵的交流,对于某一作家作品的集中阅读,可以深入地理解作者的思想感情和写作风格,更能够从作品中体悟到作家的人格魅力,并诱发学生进一步去读该作家其他作品的兴趣。这是景山学校语文教材的一大创新。

2.选文的类别多样化。除了讲读课文以外,还有随识字的阅读、课后附录、练习中的选文、课外阅读选文。特别是课后附录和课后练习中的选文很有特色。这些课文的作用,大体可以分为四种:(1)激发儿童的学习兴趣。(2)原文扩展。如三年级上册的《鲁鲁和菲菲》、三年级下册的《快乐王子》等课文都是节选,而学生在课后练习中就可以学习到原作的全文。(3)同一作家的作品扩展。(4)知识的扩展。如四年级上册中的《它会飞,但绝不是鸟》的内容,是学习了课文《蝙蝠和雷达》之后的知识扩展。(5)对所学课文主题的深入理解。(6)加深对人物的认识。如四年级上册在学习了课文《爱因斯坦和小女孩》后,进一步阅读《爱因斯坦小时候》。(7)对学习方法的指导。如五年级上册的《一堂阅读课》是指导阅读的;五年级下册《写作文要有科学态度》是指导写作的。(8)启发智慧,学习用词。如四年级下册的《该填哪两个字》。总之,这些选文的目的,主要是巩固知识、加深理解、扩展认识,使阅读教学进入一个广阔的天空,给学生自由的阅读空间。

三、练习:强调打好基础,体现读写结合,培养创新能力

编写教科书,一要考虑教师怎样教学,二要考虑学生如何学习。课后练习和单元练习是提高语文能力的助学系统,其功能主要是帮助学生深入领会课文内涵,巩固知识和训练听、说、读、写的语文能力,启发学生去思考和探索,培养学生良好的学习习惯,掌握正确的学习方法。所以练习的设计是很重要的。

景山学校"课标小语教材"的练习设计有两大项:"课后学习"和每单元后的"综合学习"。从练习的内容来看,一是帮助理解课文内容的,一是训练语文能力的,同时又都渗透着一定的思想和情感。

"课后学习"的项目有:1.自学思考。主要是预习:自查字典,结合课文理解字义和词义;初读课文,思考问题。2.理解体会。主要是熟读课文。3.学习运用。主要是训练语文能力。"综合学习"中,除了巩固性的练习以外,主要是运用性的练习和扩展性的练习。练习中充分体现以学生自学为主的理念。

(一)重视基础训练和综合训练相结合

"课标小语教材"的练习既重视语言基础的训练,又加强了语言综合训练;既重视字、词、句、段的理解、思考、记忆,又很重视听、说、读、写、背的语文能力训练。如在"自学思考"和"理解体会"中,一般都设计了"查字典",给带点的字注音,初步理解词义,把生字、词先掌握好;在"学习运用"中,设计了"读读写写",特别重视词语、句子的读和写,把该课需要掌握的词语能够读熟、默写下来,用词造句等。同时,在"学习运用"和"综合学习"中,设计了方式多样的语言运用的综合练习项目。如重视对篇章内容、思想、情感的理解和感悟,突出读书训练,设计了很多全篇的朗读、背诵、表演。尤其强调说和写的训练,从一年级开始说、写句子;二年级开始说、写片段;三年级进行放胆文训练,写学生自己想写、愿写、能写的文章;四、五年级更把写作放在重要地位,由片段训练到篇章训练,特别重视平时的小练笔。

(二)突出语文学习的实践性

学生语文能力的获得,主要靠学生的语文实践。"课标小语教材"的练习,非常重视语文的学习运用,语文的实践活动是全面的,既有读、听的语文实践,又有说、写的语文实践,说的训练很重视口语交际;既有基础训练,又有发展性的综合训练。尤其是名家名篇,都要求学生熟读、背诵。有的练习还将读、画、唱、写结合起来,激发学生的学习兴趣。从三年级开始就要求开诗歌朗诵会。其中更突出了读写结合的训练,他们把识字作为读写的基础,又把阅读作为作文的基础。除了大量阅读以外,非常重视平时阅读后的小练笔,绝大多数学生都解除了对作文的为难情绪。

(三)注重练习的创造性和开放性

景山学校"课标小语教材"中的练习,非常重视学习与生活的联系,课文和课外相关语文资源的联系。在练习中充分发挥学生的自主性,如口语交际的练习,名篇朗诵会,作文交流会,搜集成语、谚语、警句,出班级小报,诗歌朗诵会,童话故事会,讲演会,办展览,写读后感等。要求学生独立或合作完成,有力地促进学生自主学习能力和创造能力的提高。如三年级上册第二单元学习后,"习作"要求提出:"你有什么希望?'以小小的希望'为题,写一篇小文。""活动"要求提出:"请你为小鸟、小树、小草、花朵写一句宣传语,提醒大家要爱护它们,并组织一次'爱鸟护绿'宣传活动。"这两项练习都要发挥学生的创造性,同时也渗透着思想情感教育。类似这样的练习每册书中都有,到了高年级更多一些。这样的练习既扩大了语文学习的范围,合理地利用了语文资源,又充分发挥了学生的自主性、积极性,有利于培养学生收集信息的能力和创造能力,使语文学习生动活泼,大大激发了学生学习语文的兴趣。

总之,景山学校小学语文课本在小学语文教材的编写史上具有多项创新。第一,以"形声字归类方法"集中识字,并以汉字造字的顺序作为识字的顺序;第二,重视词语的理解和积累,每册教材后,都附有常用词语表;第三,识字和学习诗歌相结合,"识字中学诗,学诗中识字";第四,阅读名家名篇,阅读古诗、古文;第五,写放胆文,集中训练作文,平时练笔等等。这在20世纪80年代,都是具有开创意义的,尽管有的做法在当时也受到过非议,但是后来的教学实践证明,这些方法是正确的。五十年过去了,我们今天应该感到欣慰的是:景山学校语文教材编写中的一些理念和做法正在被越来越多的主流教材和一线教师所吸收与认同。这种吸收与认同还不是原样的照搬,而是有了一定的改变与创新。景山学校的教材也在学习各种教材优点的基础上,坚持传统,不断创新。希望景山学校的小学语文教材越编越好,道路越走越宽广。

(原载《课程·教材·教法》,2010年第9期)

关于汉字教学
——记我与徐蕾老师的交流

徐蕾,北京景山学校小学语文教师。

田:徐老师教学低年级的语文课多年,一定积累了丰富的经验。您对汉字教学有何看法?

徐:学好汉字是低年级语文教学最重要的一部分内容。学好汉字是学好阅读和作文的基础,只有尽早识字,才能尽早开始阅读。作为老师就要好好研究,精选最适合学生们的学习方法,激发学生学习汉字的兴趣,教给学生识字的金钥匙;在汉字教学过程中,注重发展学生的语言,使识字、写字、阅读、说话、写作结合起来。

田:徐老师的认识非常正确。低年级的语文教学必须以学好汉字为重点,这是我们的传统经验。而汉字教学不是孤立的,徐老师将识字、写字、阅读、说话、写作紧密地结合起来，非常重要。

徐老师提出"巧学汉字，促进学生语言发展"这个课题，非常好！请谈谈您的具体做法和经验好吗？

徐： 我校低年级采用集中识字教材。二年级每天的识字量为11至12个，形声字归类识字居多，下面我以二年级上学期第三单元的一课识字为例，谈谈在教学设计上是如何安排的。

一、两个课时统筹安排，前后连接

学生们在低年级段学习汉字，最怕的是枯燥，识字量大，内容多，学多了还容易混淆。因此考虑到学生的具体学习情况，我针对本课学习内容，在课时上做了新的安排，尝试着让学生在轻松的环境中完成学习。

本课要学的生字是十一个，"户、护、乎、呼、环、竟、境、镜、垃、圾、吸"。教学目标：一是指导学生掌握这些汉字的音、形、义，能用这些汉字组成词语，并能在具体的语言环境中比较准确地用上这些汉字；二是指导学生掌握这些汉字的书写，能在田字格中正确规范地书写；三是学习课后的小诗《环保歌》，巩固本节课学习过的生字。

根据本课的教学内容及二年级上学期学生的学习能力、接受能力等因素，我对本课书的两课时做了统筹安排：第一课时学习五个字，"户、护、乎、呼、吸"；第二课时学习六个字，"环、竟、镜、境、垃、圾"。这样安排的目的有三个：

1. 降低每节课的学习难度，使学生在轻松愉快的氛围中学习；

2. 调整书中识字顺序，便于学生进行语言训练；

3. 重在渗透识字方法。

第一课时中要学习的"户、护、乎、呼、吸"五个字中，前四个字正好是两组字，都是先学习了基本字（户、乎），然后添加部首学习合体字。而"吸"字，学生已学过"及"字，正好也是"吸"字的基本字。值得提醒学生注意的是，"及"和"吸"两个字的读音不同，同时不难发现"呼"和"吸"还能组成词语。这样的提示也有利于学生识记。

田： 第一节课学习的五个字，能够组词，并能运用词语进行说话练习。这与教学目标吻合。还特别提醒"及"和"吸"二字读音不同。下面请徐老师继续介绍。

二、抓住特点突破难点，精心设计教学环节

以第二课时的教学过程为例，我是如何抓特点突破难点进行教学设计的。本节课要学习的是"环、竟、镜、境、垃、圾"这六个字，因此我把这六个字分成了三组，这三组字的教学侧重点不同，要有的放矢地进行教学。

(一)从旧知入手,渗透汉字文化

学习"环"之前,教材中特意安排学生学习"还"字的第二个读音"huán",为新知"环"打下基础。学生已经掌握了"还"的字形,因此教学重点放在引导学生学习多音字"还"。识记多音字最好的办法是在语言环境中进行辨别识记。因此,我出示了两个句子:

  车上装的货物并不重,可是车子还(hái　huán)是停在老地方,一动不动。

  我向李红借了一本书,看完了,我要还(hái　huán)给她。

学生们在读句子选读音的过程中,自然明白了"还(hái)"是"还是"的意思,而"还(huán)"是"归还"的意思。由此学生们可以自由组词,加深对"还(huán)"字的理解。在这一过程中,学生明白"还(huán)"字的基本字是"不",把"走字底"换成"斜玉旁"就是"环",解决了读音的问题,降低了学生认字的难度。

说到"环"字,我采用的教学方法是,从古字开始说起,用课件演示该字的演变过程,使学生一目了然,不但记忆牢固,而且学到了"环"字的起源,在这个过程中渗透了汉字文化。接下来,我们的教学不能就此止步,而是要学生给"环"组词,组词的过程是我帮助学生梳理字义的过程,丰富了学生对"环"字的理解。

(二)先学基本字,再查字典自学,激发学生学习汉字的兴趣

学习"竟、镜、境"一组字的时候,我根据每个字的难点精心设计了教学环节。基本字"竟"字形易记,理解字义是难点,因此我引导学生用"竟"组词,让他们说出生活中最常用的词语,然后把词语送回到句子中来理解,就降低了学习理解字义的难度。

  究竟——这件事,你究竟答应不答应?

  方法:换词理解。"究竟"就是"到底"的意思。

  竟然——这么厚的一本书,你竟然只用一个晚上就看完了?

  方法:引导学生读句子后,说说这个句子表达的意思是"出于意料之外"。

学生通过读句子,理解词语在句中表达的意思,让学生记住了常用的词语,丰富了学生的认知,为学生以后在作文中运用奠定基础。

在学习了"竟"字的基础上,用添加部首的方法学习"境、镜"两个字。指导学生先对要学习的两个字进行比较分析,比较后学生们发现:这两个字的不同点是"部首不同",因此判断出这两个字表达的"意思不同"。学生们利用字典自学了这两个

字,然后自告奋勇上台来讲给大家听。并且安排学生看幻灯片,调出学生在生活中的记忆,边看图边读词语,既是生活知识的丰富,又在读词语的过程中识字。适时地运用现代媒体课件,可以帮助学生以一个字为出发点,走进社会,走进生活,了解科技,了解我们生活的发展,开阔学生的视野。

(三)从词语入手,整体识记,结合生活经验巩固识字

学生们在生活中常见到"垃圾"这两个字,对这个词语的意思也能准确地理解,因此我指导学生观察"垃圾"两个字有什么特点。学生们很快发现两个字都有"提土旁"。这是为什么呢?"垃圾"原义指脏土,后来才泛指扔掉的破烂东西。我帮助学生突出"部首表义"的特点来识记这两个字。

怎么记住这两个字的字形呢?学生们根据已有旧知"拉、及、级、极",用上"加一加或换一换"等方法记住这两个字。

拓展提高:我曾经给学生上过一次"口语交际"课,题目是"我们身边的垃圾"。于是在认识了"垃圾"这两个字后,我问学生们是不是还记得回收垃圾可以分几类?学生们都还记得。在简单回顾中,学生们既巩固汉字,并且又一次受到教育,在生活中将垃圾分类,可以"变废为宝,绿色环保"。

三、两节课统一进行语言训练

两课时的衔接很重要,我将两节课学到的词语统一设计成说话练习,引导学生用上刚学过的汉字组成的关联词语,如"爱护、垃圾、呼吸、环境",进行说话练习。刚开始,学生可以选一个词语来说一句话,最后有的学生能用上这四个词语完整地说上一段话。在这一过程中,学生们不仅巩固了两节课学习的汉字内容,还进一步理解了词语的意思。更重要的是,学生能用上这些词语把自己要表达的意思完整地说出来。

四、课中休息因课而定,渗透积极的生活方式和态度

在低年级段,每节课的课中休息都要精心安排。如果千篇一律,再好的课中操练也无法调动全体学生的积极性,只要老师用心设计,让学生对语文课保持新鲜感,他们就会投入精力学习语文。

本课课中休息的教学方法:刚才,同学们发现"垃圾"两个字的部首是一样的,你们再观察一下我们学习过的字,还有部首一样的两个字组成的词语吗?对,就是"呼吸"这个词。和老师一起做深呼吸,调整学习状态(播放轻柔的音乐),使学生在紧张的学习中放松下来。与此同时,老师告诉学生在自己紧张的时候,如考试前或

者睡不着觉的时候,都可以用深呼吸的方法调整自己的状态。

通过汉字的学习,渗透积极的生活方式,教给学生如何阳光地生活。

五、阅读小诗巩固识字,激发课外阅读兴趣

学生在低年级学习汉字,就是为了提早独立阅读,早阅读能使学生变得聪明,变得爱思考。教材中,在每一课集中识字后都精心编排了小诗歌,内容丰富而有情趣,读起来朗朗上口,学生们非常喜欢。本课识字后有一首小诗《环保歌》,学生们看到小诗,总是先用笔画出本节课新学的汉字,特别有成就感。然后再读诗,通过读诗,学生们自然地又获得了阅读享受和体验。学生们很快知道《环保歌》中唱了两种车:清洁车和洒水车。读过诗歌,我们班喜欢创作的小诗人们还会拿起笔仿写小诗。在创作中感受着语言的魅力和生活的美好。

六、重在指导观察,培养学生良好的写字姿势和习惯

书写对于学生来说是学习汉字过程中的一个重要的任务。在我们的教学中,不能指导学生为写而写,而是帮助学生如何写好字,写得少却要精。因此,我在指导学生完成书写的时候,不能一个一个地教,而是要把有规律的字放到一起,引导学生观察,比较出不同,抓住每个字的特点,再进行写字练习就心中有数了。

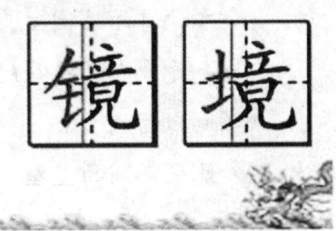

以"竟、镜、境"一组字为例,我先指导学生观察这个基本字的占格,最重要的两笔是"曰"的横折在田字格的横中线上起笔,最后一笔竖弯勾压在竖中线上,知道了这两笔,学生们就不会把字写偏。在此基础上,学生们再通过观察"镜、境"这两个字,就很容易写好了。

指导学生写字过程中,我坚持随时指导学生的写字姿势。

"巧学汉字"是因为我在教学前依据教材,进行了精心设计,选择了适合学生们的教学方法,才会让学生巧学,换句话说就是老师要"巧教汉字"。我希望自己的教学能在"精心设计,无痕教学"中得到提升。

田:徐老师教学的这两节课是成功的,主要具有以下特点:一是重点突出。二是降低学习难度。三是重视汉字的运用。四是重视培养学生的自学能力。五是非常重视识字中的语言训练。

"集中归类识字"的特点,关键在于教学策略和方法的科学设计。徐老师的汉字教学确实体现了"精心设计",每一教学环节,都体现出教师"用心之巧"。

徐老师,我还有一个问题:你们学校的识字教材是识字、阅读配合识字小诗,听说学生学了这些小诗后,也诗兴大发,还作了许多小诗。您能介绍介绍您的学生写的小诗吗?

徐:可以。我们班的学生在学习了2000个汉字后,就开始模仿书中的小诗,试着自己作诗,学生们思维活跃,用笔表达着自己的所见所闻,表达着自己最真实的感受。下面以几首小诗为例:

原作:

采星星

在夏天的夜晚,

我喜欢满天的星星。

天上的星星——

是摘不着的橘子。

在秋日的果园里,

我更爱布满星星的橘林。

地上的橘子——

是采得到的星星。

仿写一:

采月亮

在夏天的晚上,

我喜欢看月亮。

天上的月亮——

是摘不着的香蕉

在秋日的果园,

我更爱布满月光的香蕉林。

地上的香蕉——

是采得到的月亮。

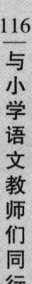

仿写二：

采棉花糖

在春天的晴日，
我喜欢空中的云彩，
天上的云彩——
是吃不到的棉花糖。
在春节的庙会，
我更爱好吃的棉花糖。
地上的棉花糖——
是能吃的云彩。

仿写三：

采星星

在春天的夜晚，
我喜欢一盏盏路灯。
地上的路灯——
是够得着的星星。
在夏天的夜晚，
我更爱天上的星星。
天上的星星——
是够不到的路灯。

读了这三首诗，我们不禁会笑出来。孩子们把自己内心中最美好的想法都表达出来了，香蕉和月亮确实很像，棉花糖是小孩子们最爱吃的零食，星星和路灯确实也有相似之处，我们不得不佩服孩子们的观察力和想象力。

小结：每当看到孩子们的作品，我都心潮澎湃。与七八年前我带的一、二年级的学生相比，现在的学生思维更活跃，关注的生活更丰富多彩，语言表达更自由。早识字、早阅读，是学生们一辈子的幸事。

田：徐老师是懂得孩子们的心灵之美的。儿童读诗、写诗，虽然是模仿，仿中就会有创。如果我们的孩子们从小就生活在诗歌的海洋中，他们的心灵就会是美好的，他们的思维就会是生动活泼的，他们的语言就会是优美的，这是一种多么优雅的素质教育啊！

关于名家名篇教学
——记我与刘长明老师的交流

刘长明,北京景山学校小学语文教师,特级教师。

田:我曾为长明老师的《我教名家名篇》这本书写过"序言",从这本书中看到刘老师在教学名家名篇方面积累了丰富的经验。今就如何引导学生学好名家名篇这个问题,和刘老师交流一些看法。

为什么要引导小学生阅读名家名篇?

刘:1991年7月,我从师专毕业踏进景山学校的大门,成为一名小学语文教师。作为一名教师,自己读书,可以开阔视野,丰厚学养,进而激发并推动学生读书。

学习名家名篇能够引起学生学习语文的兴趣。名家名篇有一定的深度和难度,但是景山学校的教学实践证明,恰是这样的篇目,学生读起来才感到有滋有味,有嚼头,不像喝白水,淡而无味。

田:您通过自己的读书体会,提出阅读经典名篇的意义,特别提出阅读经典名篇"可以使学生在生命与学习的起点上占据精神与认识的制高点",这认识非常深刻。

您又是如何激发学生阅读名家名篇的兴趣的?

刘:兴趣是最好的老师。学生对阅读有了浓厚的兴趣才会产生阅读的愿望与动力,才能提高阅读的主动性、积极性和创造性。在引导学生学习名家名篇的过程中,我非常重视激发和培养学生的阅读兴趣,以兴趣这把钥匙去开启儿童的心扉,让更多的孩子热爱阅读,热爱书籍,让更多的孩子亲近经典。激发兴趣的方法有很多,我做了以下尝试。

1. 创设课堂活动,让文字动起来。语文学习具有很强的实践性,培养和提高学生语文能力的关键不仅仅是传授、讲解,更重要的是练习、实践。在以名家名篇为主体的阅读教学中,我通过创设课堂活动来引导学生感悟语言文字及思想内容,使文字更加生动形象,也收到了较好的教学效果。在学习我国著名女作家王安忆的《我们家的男子汉》(四年级上册)一课时,学生对第一部分"他对独立的要求"很感兴趣,课文的描写生动,既有情节变化,又有画面的转移。在读通课文后,我组织学生就这一部分内容分组进行小剧表演。学生的积极性很高,为了演得生动、吸引人,他们认真品味语言文字,反复琢磨男孩子的语言、动作和神态,力图表现出他内心的感受。六个小组的表演都非常投入,看的同学也十分认真。表演之后,我组织学生对各组表演进行点评。学生点评时的积极性很高。一组一组的表演,给我和每一个学生留下了深刻的印象,很好地理解了"我们家的男子汉"的性格特点。

2. 以身边的现象唤起阅读兴趣。在与学生长期的接触交流中,我越来越感到:学生最熟悉的是自己的生活,他们有自己的喜怒哀乐,他们渴望得到别人的理解,渴望有人与他们产生共鸣。同时,他们又渴望新知,对未知事物充满强烈的好奇心。在很大程度上,名家名篇能够满足他们的愿望,能够让他们在阅读中找到自己想要的东西。我们可以在学生身边的生活和名家名篇之间架设一座桥梁,将它们联系起来。

在学习朱自清先生的《匆匆》之前,我和学生交流了这样的话题:在日常的学习生活中,你觉得生活节奏紧张吗?你有没有感觉到时间的流逝?你们又是怎样利用时间的呢?

这个话题一下子打开了学生的话匣子,虽然是三年级的孩子,但他们的生活却很紧张,匆匆忙忙的学习与生活节奏,带给他们太多的感受。从早上急着上学怕迟到,到学校内学一门又一门的课程,一节节地上课,再到周六、日一些活动课程的安排,孩子们觉得时间在匆匆中不知不觉就过去了,根本没有去留意。有的学生说,时间是看不见的,不知道它怎么溜走的。

面对一些学生的茫然,我说:"虽然时间是看不见的,但有一位作家却实实在在地感觉到时间在自己的身边一分一秒地溜走,甚至看到了时间的影子。他把自己的这些感受都写在一篇文章中,题目就叫'匆匆'。今天我们就一起来读读这篇课文,看看学完之后,你能不能感觉到时间在溜走。"我的话还没说完,有的学生已经迫不及待地打开书,想看看作者是怎样写出时间匆匆过去的,是不是和自己的感觉一样。学生阅读的兴趣马上被激发出来。

3. 树立身边的榜样。每个班级都有爱看书的学生,有的学生很早就开始阅读名家名著了。教师要在班上大张旗鼓地表扬这些爱读书的"典型",让他们在经过充分准备之后,利用语文课时间给同学们介绍自己读过的书,畅谈自己阅读的收获,介绍自己了解到的古今中外的著名作家,让同学们感受他因为阅读而收获的快乐。

另外，我还请这些阅读榜样在家长会上给家长介绍自己的阅读经验和阅读方法，这样带动别的家长督促自己的孩子也能够喜爱阅读，读经典，读名家名篇。这样，学校和家庭相互配合，营造良好的阅读名家名篇的氛围，收到了很好的效果。

总之，教学中我们要开动脑筋，采取多样的方法激发学生阅读名家名篇的兴趣。学生有了阅读的兴趣，就会努力寻求阅读机会，从而自觉自愿地跨进浩瀚的书海。

田：为了引起学生阅读名家名篇的兴趣，刘老师设计了多种活动，在各种活动中，理解文章内容，体味语言表达，感受情感等，从而使学生感到名家名篇并不难理解，而且越读越有兴趣。可见刘老师在备课上的用心。

景山教材所选的名家名篇中有很多是以写人为主的，有的课文内容有一定的深度，教学中您是如何引导学生学习理解的？

刘：教材中这类作品的教学应以人物为核心，以理解人物形象为教学重点，抓住重点词句细细琢磨，品味作者对人物的描写，并以此为依据设计教学过程。

（一）紧扣人物，再现形象画面

在以描写介绍人物为主的作品中，作者通常会围绕主要人物进行细致描写，构成一个个感人的画面。教学中，我引导学生抓住主要人物，再现生动形象的画面。

（二）展开想象，走入人物内心世界

名家名篇意境深邃，情感真挚。这在以写人为主的作品中表现得尤为突出。由于很多作品言简意赅，创设了韵味深刻的意境，我尝试引导学生展开丰富的想象，尝试补充行文中的空白点，进而走进人物的内心世界，加深对人物或者作者情感的理解。在教学实践中，可以组织学生通过小练笔的方式，全体参与到教学中来。

田：刘老师运用再现画面和启发学生想象力的方式，帮助学生深入人物的内心世界，使学生从情感上理解人物的精神世界。文学是语言的艺术。您是如何引导学生在阅读名家名篇的过程中品味语言之美的呢？

刘：名家名篇中作家运用形象化的语言，将事物的性质、形象、意境或事情的发展过程、人物的性格特点鲜明具体地展现在读者面前，使读者如临其境，如见其人，如闻其声。教学中，我鼓励、引导学生结合课文，细细品味这些语言，将抽象的文字变为形象的画面，从而更好地理解课文内容，体会作者要表达的思想感情。

田：长明老师很注意对语言的品读。学生对作者的语言理解深刻，才能学到如何运用语言。您是如何引导学生由课内阅读名家名篇向课外阅读延伸的？

刘：教材中有一些课文是从名家名篇中节选出来的，为了使学生能够了解全文的主要内容，我注重激发学生阅读名作的兴趣，由节选带全文，开展延伸阅读，从而让学生体验到阅读的快乐。

如一节课上，《少年闰土》的学习接近尾声，学生通过阅读学习课文，"经历"并感受了"我"和闰土从相识到相知到离别的过程，透过"雪地捕鸟""看瓜刺猹""海边拾贝"和"沙地跳鱼儿"等一件件稀奇事，一个见识广、勤劳勇敢、质朴可爱的少年形象浮现在他们的眼前。当读到"他后来还托他的父亲带给我一包贝壳和几片好看的鸟毛，我也曾送他一两次东西，但从此没有再见面"时，全班一片安静。我能感觉到，闰土和"我"的分别令孩子们伤感。一个学生小声叹息着说："真可惜。不会再见了。"见此情景，我马上给孩子们介绍了这篇课文的写作背景，告诉他们课文节选自鲁迅先生的小说《故乡》，在原作中，"我"回到故乡三四天后，闰土又来到了"我"家，"我"和闰土又相见了。学生听到这里，兴奋极了。而分别三十年后二人再见面，又是一番怎样的情景呢？请同学们课下阅读《故乡》全文，去寻找答案。此时此刻，学生非常关心"我"和闰土见面会说些什么，做些什么，他们还是那样熟识亲近吗，会不会一起回忆曾经的往事……强烈的好奇心、对人物命运的关注，使学生急切地希望看到全文，阅读积极性非常高。后来，学生纷纷把自己买到的、借来的《故乡》带到班里阅读，交流自己的感受。

田：看来课外阅读要有教师的引导，学生才有阅读的需要和兴趣。引导学生阅读名家名篇的过程对您自身的成长有怎样的帮助？

刘：在名家名篇的教学中，我和学生共同成长。名家名篇与经典作品滋养着孩子们的心灵，作为他们的老师，我是一名引路者，这是一份何等重要的责任啊！同时，在解读作品与教学课文时，我自己也在汲取着其中的精华，丰厚自己的学养，建造着自己的精神家园，明确自己的人生价值。

田：刘老师以自己的教学实践实现了"教学相长"这条教学规律。您作为景山小学语文教材的编写者，最深切的感受是什么？

刘：1999年9月，北京景山学校21世纪小学语文实验教材的编写工作开始启动，我被聘为教材编委。要编写出新时期以名家名篇为主体的语文教材，责任重大。这一重任推动了我的阅读，我的案头、床边摞满了名著选集，既有现代的经典，又有当代的名作。编写教材同时提高了我的阅读深度。如果说以前阅读经典更多是充盈自己、认识生活、思考人生、体验阅读的快乐，而现在则要慎重考虑以下问题：

这篇文章是否适合小学生读,是否符合学生的认知规律;

如果选了某一作家的这篇文章,应该从哪个角度引导学生去阅读理解,而不求教师讲深讲透;

这位作家的这篇美文是放在四年级阅读,还是在五年级阅读;

这篇名作的内容丰富感人,但由于时代距今较远,为便于学生理解,语言文字是否要稍作改动……

十几年来,教材两次修订,我阅读了大量文章,查阅了很多资料,经常工作到深夜。虽然辛苦,但我很快乐,因为我看到了一批又一批学生爱上了阅读、学习名家名篇!

田:北京景山学校自编教材的特点之一,选材以名家名篇为主,这是该校坚持五十多年的成果。过去有人曾怀疑:名家名篇思想深邃,学生理解困难。通过刘老师对名家名篇教学的经验来看,学生学习名家名篇不但不感到困难,反而会提升学习语文的兴趣;同时也说明,要使学生从名家名篇中受益,关键在于教师自身要不断提高文化修养。

关于作文教学
——记我与孙秀峰老师的交流

孙秀峰,北京景山学校小学语文教师。

田:孙老师,您教学高年级语文多年,特别在学生作文方面经验丰富,请您谈谈,在批改学生作文中,采取的方法是什么,有哪些经验?

孙:为了提升学生的作文水平,我采用了以下做法,经过多年的实践,证明对提升学生作文兴趣、提高学生作文水平效果显著。

方法一:用生动的讲解,介绍教师的"批改语言"

每当我与新教学班接触时,在学生完成第一篇作文之后,我都要做一次讲评。而这一次讲评的主要目的就是介绍老师的"批改语言"——批改符号。

教师在平时批改作文时常用的批改符号有:波浪线、添加符号、删改符号、直线、分段符号。我是这样向学生介绍的:"孩子们,你们每一次写完作文,我都会用文字和密码两种语言与你们交流。文字你们一读就懂,而密码是我们之间特有的沟通语言。你们想知道这些密码的含义吗?"每到这时,学生们就兴趣盎然,然后我一一向学生介绍这些符号。

"波浪线"就是老师在夸你:"宝贝儿,这些句子写得太生动了,真棒!"

"添加符号"的意思是:"宝贝儿,这里丢东西啦,赶快找回来,补上!"

"删改符号"就是老师在提醒你:"宝贝儿,这个字(词)用错啦,换一个!"

"直线"就是老师在对你说:"宝贝儿,这个句子有毛病,要改一改!"

"分段符号"是老师发出的警报:"宝贝儿,内容太多了,不分开写就'爆炸'了!"

每次听完老师的讲解后,孩子们都是欢天喜地的,接着就认真看自己的作文,高兴地与同学交流自己作文本上有多少条波浪线,当看到分段符号时,会自言自语地说:"快分开!要不就爆炸了!"家长们对这个做法也非常好奇,他们说孩子举着作文本回家时非常兴奋。

我的这个做法,有两个目的:一个是让学生了解批改符号,懂得符号的含义和要求,鼓励学生去独立解决作文中存在的问题,我称之为密码效应;第二个目的就是营造轻松快乐的写作氛围,使写作的每一个过程都有情趣,有童趣,使孩子们高兴地写,享受写作带来的快乐。

方法二:坚持面批,针对学生作文中的问题,给予具体、细致的指导

学生经过三年级作文启蒙,进行了一段习作训练后,大多数同学基本解决了"写什么"的问题,接下来遇到的问题就是"怎么写"。解决这个问题是写作上的一项艰巨任务。为了使每个孩子看到自己作文上的进步,保持对于写作的自信心,在这个阶段(四年级段),我花最大精力进行面批,认真阅读、研究每一个学生的作文,并且在眉批处提出问题,引发学生思考,然后再一起交流。往往这个时候,我会请学生到我的办公室,我们面对面坐下,近距离一起回顾作文所记叙的事件,该事件发生的具体情境,还原学生在经历事件时的内心活动和情感变化,在此基础上学生就能够顺利回答我提出的问题,把关键内容补充具体,重点部分自然就凸显出来了。把修改前与修改后的作文进行对比,学生看到自己作文的进步,对下一次作文就更加充满了信心。举例说明:

写作文与写博客

北京景山学校　五(4)班　王兆琪

　　写作文与写博客,两件事的区别只是一个在纸上写,一个在电脑上写,对很多人来说并无两样,但是对我而言,这两件事的意义却大有不同。

　　我从二年级便开始作文,在写作的路上,我很少遇到麻烦,就更别说为一篇作文而冥思苦想,被老师批评了。每当要作文时,想出一个恰当的题目对我来说几乎是轻而易举。大部分时间都是思绪如飞,一个个黑色字迹迅速地被印在纸上,偶尔思想"中断"时,稍加思索后便能恢复到正常状态。

　　然而,我对二、三年级时的作文并不满意。在一篇几百字的作文中,修辞手法寥寥无几,还经常是一些老掉牙的形容词。比如:形容跑步速度快的"像离弦的箭";形容老师进班的"××老师迈着轻快的步伐走进了教室"。这些被多少人"嚼"过多少遍的"馒头"已经没什么人"嚼"了,而我却捡起"食糜"接着"嚼"。当时不觉得可笑,现在一看,一种屈辱感蹿上心头。

　　以前写作时,我经常把课文中那些华丽的辞藻,如《美丽的小兴安岭》中形容流水的"潺潺";《三棵银杏树》中形容炊烟的"袅袅"等,硬生生、别别扭扭地"钉"在作文中。从表面看似乎完美无瑕,但多读几遍,心里却像无数条线在死缠烂打,感觉十分蹩脚。当时,我的作文毫无独创性可言,就更别说令读者漫游文中的修辞手法了。当时的感觉就是那些散落在文章中的文字,游离在我的灵感之外,若即若离,我无力把它们聚拢在一起,文章显得毫无感染力。

　　四年级暑假,我有了自己的博客,为了使我的读者更多,为了使更多人目睹我的文章,我以每天一篇的速度更新着我的博客。起初,我的作文笔法不改,依旧用着平平淡淡的语言勾勒着我的博文。但写着写着,我在博客上充满激情地抒发感情。逐渐,那些尘封于头脑深处的四字词语开始急不可待地跳出来请

我使用,我文思泉涌。我将它们合理恰当地安排在文章中,四字词语的加入使我的文章活灵活现,将一个个故事演绎在读者面前。终于我明白了,文章不是文字的堆砌,而是思想的表达,是灵魂的闪耀。为了写出更好的文章,我便更细腻地去观察生活,观察人们的喜怒哀乐,自然的千姿百态,事件的起伏转折,同时也对各种事物有了更多的见解。

平时一晃而过的小事被我牢牢地扣在了脑海里。通过游玩三峡大坝,我写出了《水与土》这篇议论文章,阐述了我对三峡大坝与水土关系的思考。通过养殖水精灵,我写出了《分裂自我》这篇文章,通过联想表达了我对战争的想法。

博客点燃了我的写作热情,并一发不可收拾。大量的写博提高了我的写作水平,旖旎的四字词语也从我的脑海中迸发出来。在我作文的天空,云开雾散,露出了五彩霞光,折射出了耀眼光芒。

写博使我的作文上了一个大的台阶,但在写作这条没有尽头的路上,这绝不是终点。王之涣这样写道:"欲穷千里目,更上一层楼。"要想使自己在作文这条路上不断前进,我还需要继续吸收他人作文的精华,提升自己的实力,使作文切实地成为我生活的一部分!

这篇习作所呈现出来的是该同学修改的第三稿,从中可以看到他在进行文字的修改、内容的添加时,思考在一点点深入,思想也一次比一次深刻。当看到这个结果,老师满意,家长欣喜,孩子更是充满了成就感,增强了自信心。这就是面批的独特魅力,这种力量在学生身上产生了明显的效果。

当学生尝到面批的甜头时,他们会非常主动地约老师给他们看作文,当面听取老师的意见,这时学生想要提升自己作文水平的愿望就格外迫切,他们变得主动而勤奋。我就适时启发引导,告诉学生在作文上不仅可以向老师请教,还可以虚心地向同学、家长、朋友请教。号召同学间彼此学习,用钢笔工整地在同学作文本上留下鼓励性的评语和评改建议,这个方法使得同学间得以相互学习、相互欣赏、相互提高。

方法三：写评语时坚持平等、尊重、鼓励且充满情趣的原则

在平日的作文教学与习作评改中，我一直坚持的原则就是：平等、尊重和鼓励，每一篇评语力争充满情趣。平等、尊重会使学生乐于听取老师的建议，在平等、尊重的前提下才可展开充分的研究与讨论，使得学生能放开思想，消除顾虑，与老师携手向着作文的更高目标前进。鼓励性的语言就是给学生以希望，给学生战胜困难的勇气与信心，鼓励性的评价语言在10岁左右孩子的眼中就是老师对他的信任与希望，会激发他努力向上的强烈愿望。

使用充满儿童情趣的鼓励性语言则拉近了与孩子之间的距离，生动的语言不仅使学生感兴趣，还易于接受，同时对学生而言也是一次很好的语言示范。

例如当我的学生李叶写出了非常生动的习作《迟到的小雪花》时，我满怀激情地评议："这篇习作不仅反映出你细致的观察能力，还体现出你特有的生动而丰富的想象能力。在你的世界里，一切都变得那么生动，那么形象，那么有趣。迟到的小雪花在你眼里就像是上学要迟到的你的同学，一副慌慌张张、匆匆忙忙的样子；雪球从树枝上坠落，像是摔疼屁股"噗噗"叫的小娃娃；挂满雪花的柳条像是条条闪光的丝带……这些鲜活的形象，让我读来觉得那么亲切又充满情趣，一下子就被你的习作吸引住了。读了你的这篇习作让我看到你眼中的雪世界有多么美好！"

我的学生王兆琪回顾自己的写作之路，完成了习作《写作文与写博客》。他四年的写作历程虽不算艰辛，但是充满了自我否定，与不断进步，我给他写下了这样的评语："兆琪，我看了你的这篇习作甚喜。这个可喜的成果应该是你四年写作实践的最好总结。你善于观察，爱思考，因此在你写作之初，当别人为找不到合适的写作内容而冥思苦想的时候，你早已经竹筒倒豆子，一吐为快了，这自然会让你得意。当别人为找不到准确的词汇叙述事件、描写事物、表达内心的时候，你已经悟出了学以致用的道理了。当名家使用的词汇能为你所用时，你有妙笔生花之感，也属自然。当同学们为突破习作中立意方面的瓶颈而上下求索时，你从课本中文质兼美的名家名篇里找到了突破的路径，你悟出了'文章不是文字的堆砌，而是思想的表达，是灵魂的闪耀'，你为此欣喜若狂，实属对写作的投入。你不断琢磨，使得你吸收得又快又多，积累越来越丰富；广泛阅读、勤于动笔，不断地自我否定，树立更高目标，才使得你进步显著，使你成为同学们追逐的目标。愿你在写作上不断总结，不断提高，目穷千里，更上层楼！"

我的学生崔晨，身患不治之病，他拖着病体努力学习，一次当他完成作文《我

的智力插块》时,我是这样评价的:"崔晨,读了你的作文,我从字里行间感受到的是一种昂扬向上的生命力,一种顽强不屈的乐观精神。你的作文取材于生活,文中总是流露出你对生活的赞美,体现出你身上的创造力。一套简单的智力插块在你手中是千变万化,把你的大胆想象变成现实。你骑在爸爸脖子上发射'火箭',把'卫星'送上天,让它围绕月球——电灯泡旋转……多么有趣啊!你的语言也很风趣,你说'有时我像个工程师,有时又成为宇航设计师',你的内心世界是多么丰富啊!让我看到你以惊人的毅力紧紧拥抱生活的强烈激情!"

就是这样,我用满含感情、充满欣赏、激励性强的语言在孩子初学写作的小学阶段给他们加油鼓劲、呐喊助威,帮他们克服困难,爱上写作,寻找到提高作文的途径,作为老师真的特别开心!

田:孙老师的作文教学经验是丰富的,特别是在批改作文上,方法具有独到之处。看来很简单的"修改符号",在孙老师的使用中发挥了"密码效应",说明孙老师很了解孩子们的心理。"面批作文"是传统的作文批改方法,虽然费时,但是效果是很好的。孙老师对学生的作文有重点地使用面批方法,使学生的作文进步很快,而且使学生感到很亲切,师生相处和谐。对学生作文的评语,孙老师是很下功夫的,她不但因文而评,而且因人而评。评语中有对学生的尊重,有对学生的鼓励;评语中体现出孙老师文笔之精彩。这样的作文指导,不但使学生的作文会不断地进步,而且使学生的思想不断提高,自信力不断增强。从对学生的作文批改中,体现出孙老师是一位具有高水平语文修养的、对学生非常负责任的教师。

关于课外阅读指导和作文教学
——记我与叶晓静老师的交流

叶晓静,北京景山学校小学语文教师。

田:当前学生的课外阅读存在什么问题?您是如何指导学生的课外阅读的?有哪些好的做法?

叶:当前学生的课外阅读很难得到保障,形式多样的课外补习班占去了学生大部分课余时间,刺激的电子游戏比书籍更加吸引儿童,所以学生静心阅读的时间少之又少。另外,学生的课外阅读缺乏系统,他们凭兴趣选择的书籍不一定对他们都有利。作为教师,引导学生开展课外阅读有义不容辞的责任。我的做法是:

- 结合语文课本所学篇目,为学生推荐适合阅读的书籍或篇目

如四年级第二学期学习作家林海音的《冬阳 童年 骆驼队》,我推荐学生看林海音的《城南旧事》,并安排读书交流,让学生们找出最感动、最吸引人的部分,或读、或说、或写,他们自然地把自己和英子、妞儿联系起来,进行童年的对比;学习《猫》《养花》《草原》《塞上的一颗珍珠》这一组老舍的作品,我带领学生走进老舍故居,了解作者生平,他们觉得大作家离自己并不遥远。我们学到冯骥才的作品《泥人张》,我为他们朗读了《俗世奇人》中的《刷子李》《张大力》《华大夫》等多篇文章,一些爱读书的学生马上找到冯骥才的书来阅读。我借助课本中的名家名篇向学生推荐相关的书籍,作家作品的魅力、教师的威信、学生读书的兴趣,三者结合,营造出浓浓的读书氛围。

- 填写读书报告,让学生"读"有所得

学生读书往往停留在表面,虽然读了,但收获不大。我要求学生在读书过后填写读书报告单,向同学介绍书的主要内容、自己最深的感受、书中精彩的语段,然后将"读书报告"贴在教室的墙壁上,向同学宣传。很多学生都会从同学的报告单中发现自己喜欢的课外书,并进一步阅读。

读书报告

书名:
作者:
主要内容:
读书感受(收获):
精彩之处:

- **定期召开好书推荐交流会**

学生交流的形式由学生分组设定,有的声情并茂地朗读,有的叙述主要内容,有的选取书中的一个片断,边讲故事边表演,还有的以图书推销员的身份向大家推荐。只要能把自己喜欢的书清楚明白、有条理地介绍给大家,努力用语言打动别人,多种推荐形式可以任选。读书交流会简直是学生进行好书分享的盛会,他们选择的读物十分丰富,有的喜欢读"哈利·波特"系列书籍,成立了"哈迷"小队;有的喜欢读沈石溪的动物小说,组成了动物小说欣赏组;有的爱看侦探类小说;有的爱看杨红樱的"马小跳系列";还有同学爱看人物传记、古今中外的名著等。学生从老师的推荐、伙伴的推荐、父母的推荐中不断获得好书的资源。

田:读了晓静老师对当前学生课外阅读的看法和做法,很受启发。此外还可以介绍不同作家的同一题材作品。如课本中选了老舍的《猫》,还可以介绍菡子的《八只小猫》;如课文中选了郭沫若的《山茶花》,可以让学生读读邓拓的《可贵的山茶花》,这样可以做比较性阅读。总之,给学生选择课外读物:第一,课外读物尽可能地和课本选文相联系;第二,介绍儿童感兴趣的书;第三,课外读物内容要适合儿童的接受能力。

选好课外读物很重要,同时如何指导阅读更重要。我也很赞同晓静老师要求学生读后填写读书报告的做法。这样可以检查学生的阅读水平,帮助学生记忆,练习写读书心得。"定期召开好书推荐交流会"也是一项很好的方法。有好书大家共享,培养孩子们的合作精神!

总之,晓静老师依据景山学校设计的"三个阅读圈"实践阅读教学,取得了很好的教学效果。尤其在指导课外阅读中,已积累了丰富的经验,希望继续下去,在实践中创造更丰富的经验。

晓静老师,下面可否介绍一下您是如何指导学生作文的。

叶:我在指导学生作文中做了以下的工作:

- **在学生学习写作之初为他们打开广阔空间**

我们努力从学生习作的起步阶段就让他们放松心态,选材和表达不受约束,想写什么就写什么,想怎么写就怎么写,不强调种种规矩,让学生放胆去写,就像初学走路的孩子,让他们具备迈开步子自己走路、不用人扶的勇气。这也是"新课标"所倡导的。在足够广阔的空间里,学生必然会生发一对翅膀,并蓄势待发。以一节三年级上册的作文指导课为例。整堂课的环节主要分三步:名家名篇打基础;学生作文来引路;自由创作显纷呈。

(一)名家名篇打基础

背诵名家名篇的精彩篇章、段落。教材所选名家名篇内容丰富,用词准确;语言规范、凝练;结构精巧,布局谋篇独具匠心;思想深邃,情感炽热饱满。它们往往以一种无法抗拒的力量,潜移默化地丰富学生的语言,影响学生的思想,陶冶学生的情操。可以说,教材为学生提供了优质的语言阅读内容,为他们感悟、积累并运用母语打下了坚实的基础。

(二)学生作文来引路

我从学生的练笔中挑选不同题材的作文,请小作者亲自为大家朗读。学生们在聆听同伴的习作时,自然会唤起自己对相同或类似生活的记忆,引起对生活的无限遐想。运用学生的作文来引路,目的在于引出更多学生要反映的生活,引出他们的写作兴趣,引出他们写作的积极性。

(三)自由创作显纷呈

不受条框约束,自由选择想写的内容,想写什么就写什么,让学生天马行空、自由表达、异彩纷呈,只要有所感都可以收于笔下。请看学生自拟的作文题目:"秋天的果实""我的胆子太小了""可恶的瓶子""独立日""如果能回到过去""一头栽到蜘蛛网上"等等。仅看作文题目,我们就能感受到学生选材的广泛,思想的活跃。也正因为有了教师给学生放胆去写、自由表达的空间,学生才有了创新的可能。

- **在学生尝试写作之始,给他们指引正确方向**

学生在尝试写作的过程中会遇到一些困难,他们往往知道要写什么,但不知道该怎么写好,这就需要教师在关键时刻给予必要的指导,就像鸟儿有了会飞的翅膀还要教一点儿飞行的要领一样。

在指导学生写《学本领》一文时,我把"引导学生由不会到学会的过程写具体",作为教学指导的重点,也是教学的难点。我选取科学课"学划火柴"为例,这是全体学生都亲身参与过的,是他们共同的经历。利用照片帮助学生回忆,在学生说的基础上再帮助他们初步理清写的层次:别人教、尝试做、有收获。这是早期逻辑思维的培养,现阶段的孩子形象思维很丰富,逻辑思维的培养要慢慢来。在这个环节中,重点引导学生从动作、语言、心理感受等方面把过程按照一定的顺序说具体。

"学划火柴"是一个特别小的本领,两三下就能学会,学生比较容易说。后边学生选择写学游泳、学弹琴、学唱歌等,都需要较长时间才能学有所成,那么长时间、那么多环节,学生回想起来会比较泛泛,说得会比较笼统,怎么让孩子说具体呢?这就需要引导学生再次选材,引导他们注意细节,在学生需要的地方给予指导和点拨,将教学的环节不断向前推进。这样引导,既让学生得到了放胆写文的机会,同时又能使能力较弱的学生学到基本的方法,下有保底,上不封顶。

在习作指导中可尝试采用以下方法:口头表达与书面表达相结合,阅读积累与习作表达相结合,依样模仿与自由表达相结合,作文教学与心理辅导相结合,集体指导与个别辅导相结合。

- **让学生展示他们的习作成果**

我原以为习作指导课能为学生的写作开路,其地位无以取代,而习作讲评课则可有可无,课时紧张就不做安排了。这种认识真是可笑至极,无形中剥夺了孩子们展示成果、接受赏识的机会。现在我意识到了习作指导与习作讲评并重,尽可能在讲评课上多一些平等的交流,让孩子们共同分享劳动的喜悦。以一节三年级的作文讲评课为例:

(一)交流题目

师引导:请同学们读作文题目,听听大家都写了什么。听完后,请你说出谁的作文题目最能引起你的注意。

师引导:你们能从自己的生活中广泛选材,真了不起!"鱼'飞'了""动耳神功""柠檬澡"……这些作文题目简洁、新颖,反映了文章的主要内容。

(二)交流欣赏,学习优点

1. 片段欣赏

(1)动作描写

> 我拿起一个蛤蜊,突然从蛤蜊里钻出一个黑色的像虫子一样的东西,吓得我一下子就把手里的蛤蜊扔了,赶快用小木棒挖了个小洞,胆战心惊地把那怪怪的东西扒拉到小洞里,又往里填了沙子。做完这些,我扑通一下坐在地上,那颗猛烈跳动的心终于从嗓子眼落了下来。
>
> ——袁千涵《贝壳里的"肉虫子"》

引导:这段话哪儿写得好?引导学生找描写动作的词语,体会动作描写的重要性。

总结:像袁千涵这样,用上几个动词,把自己当时的动作细致地描写出来,这样写不仅过程具体,趣味也更浓厚了。

(2)语言描写

　　我看见墙上贴着一张通知,就嚷着说:"妈妈,妈妈,出姐,出姐!"妈妈问:"是'出姐'吗?姐姐的姐左边是什么?这个呢?"我说:"哦,姐姐的姐左边是个女,这个……这个……"我着急地问妈妈:"这个字到底读什么呢?"妈妈笑着说:"是出租的租!"

　　　　　　　　　　　　　　　　　——刘若琪《识字的快乐》

总结:刘若琪把自己和妈妈的语言如实地记录下来,让我们从母女二人的对话中感受到识字的快乐。

(3)心理活动

　　突然,我觉得竿子很重,好像有东西在拉它,我猜想:一定有鱼上钩了。我用力一提,呀,鱼浮出水面来了!就在我激动万分的时刻,意外的事情发生了,我用的力太大了,鱼"飞"到了一个满是鱼食的桶里。哎,鱼身上都是鱼食,我可不想吃一条一身鱼食味的鱼!

　　　　　　　　　　　　　　　　　——李逸凡《鱼"飞"了》

师评价:小作者把自己的心理感受描写得很细腻。"飞"用得太妙了!

(4)修辞手法——比喻句

　　我一心想抓蝌蚪,于是坐在水里抓。"哎哟!"水里的鹅卵石硌得我的屁股生疼。冰凉的水像冰塔一样包住了我,水草像羽毛在挠我痒痒。我只好站在水里慢慢向前走。

　　　　　　　　　　　　　　　　　——梁雨晨《"落汤鸡"》

师引导:我们都知道梁雨晨平时的作文语言十分活泼,你们感受到了吗?这里的比喻句让我们感受到她当时又冷又痒的感觉,即便如此也挡不住她摸鱼抓蝌蚪的兴致。

(5)真情实感

　　我高兴地上了船,在海面漂浮的感觉好爽啊!无数圆溜溜的小水珠溅在我身上,在炎热的三亚有这样的享受真舒服呀!

　　　　　　　　　　　　　　　　　——陈彦旭《坐香蕉船》

　　我用手捧着,喝了一大口海水。哇,好咸啊!这种咸味就像吃了一大把盐,我觉得很难受,真想一下子把那口海水吐出来。

这个世界怎么会有这么难喝的水呀!

——刘雨虬《海水的味道》

2. 全文欣赏

(1)师:在咱们班这四十多篇作文中,王骁写的趣事给我留下了很深的印象,让我们来一起欣赏。大家边听边想这篇习作哪儿写得最精彩。

评:事情的过程描写得具体完整。作者想捞几条小金鱼给姥姥、姥爷做伴儿,接着写钓不上来很发愁,然后又想出新点子——跳到水池中的石墩上钓鱼,结果脚下一滑落入水中。(掌声鼓励)

(2)接下来我们再欣赏《动耳神功》,小作者是樊羽桐。大家边听边想她的习作哪儿写得最精彩。

评:她的这篇作文选材新颖独特,在描述整个事情的过程中充满了情趣,读起来很有意思。书写也规范工整,从各个方面来说,这都是一篇优秀的作文,是我们大家学习的榜样。

(三)总结提升,布置作业

三年级小学生写作文的重要目标之一,就是能够把一件事的过程写具体,并表达出自己的真情实感。怎么才能把过程写具体?这就要求在生活中留心观察,用心感受,善于学习,坚持下去,就会有惊喜!

田:晓静老师介绍的三年级学生的作文课是很成功的。教师的作文指导,做得很细致,很到位,很适合这个年龄段儿童的接受能力。

• **从三年级开始要求学生写放胆文,很适合这个年龄段儿童的接受能力**

儿童学作文,开始写放胆文是我国作文教学的传统经验,也是北京景山学校坚持多年的做法。从学生的作文题来看,不仅文题多种多样,而且反映出学生思维的活跃。学生为什么能提出那么多的问题呢?正如晓静老师讲的,"名家名篇打基础",同时学生的实际生活也很丰富,再以同龄人的文章启发,同学间相互交流,所以能提出那些文题。要学生写自己看到的、听到的、想到的事和人等,孩子们不会感到作文难。

• **学生有了文题并不等于会写了**

怎么写?晓静老师的指导要求就是,把事情的过程写具体。这是对三年级学生习作最重要的指导,而且是从写一件小事的过程开始训练,这体现出由易到难的训练要求。

- **使学生感受到被认可的喜悦,作文讲评课是很重要的**

如果只是老师改文,学生看了老师改的,有时也不思考就扔掉了。如果是课堂讲评,大家共同欣赏佳作和研究问题,就会开启学生的思路。晓静老师采取了共享作文成果的做法,使学生共同欣赏了同伴儿们在语言描写、修辞手法、心理活动、情感表达方面的佳句、佳段和全文。这个欣赏美文的过程,是学生提高写作的过程,也使部分学生感受到被认可的喜悦。

探　索

> 从1978年至2000年的二十多年间,我有幸结缘小学语文集中识字教学,和几位同行一起进行了"以集中识字为基础的小学语文教学整体改革实验"工作,这项工作令我至今难以忘怀!

 以集中识字为基础的小学语文教学整体改革实验情况介绍

1978以来,我经过反思,开始总结过去的经验教训。过去,我国的教育科学研究重宏观,轻微观;重理论,轻实践。我认为今后教育科学研究,不能再走学院派的老路,一定要坚持理论和实际相结合。虽然教育科学研究方法很多,但我认为最缺少的是教育实验研究。在反思的基础上,我决定对小学语文教学进行系统、全面的实验研究。

为了继承传统,我系统地学习了张志公先生的《传统语文教育初探》和王筠的《教童子法》《文字蒙求》等书。认识到研究小学语文教学,必须从研究汉字教学开始。集中识字是我国汉字教学的传统方法,而且从20世纪60年代就有了辽宁黑山北关实验学校和北京景山学校的集中识字教学的实验,于是我首先进行了集中识字的教学研究。1978年,我访问了北京景山学校的马淑珍老师,听了她的识字课,丰富了我的看法。1979年,我发表了《浅谈集中识字教学》一文,这篇文章体现了我对于集中识字教学的几个理论问题的基本观点。

《浅谈集中识字教学》发表后,中央教育科学研究所的张田若先生和我联系,鼓励我进行实验。于是从1979年开始在两所小学(天津市鞍山道小学和原成都道小学)进行了"以集中识字为基础的小学语文教学整体改革实验研究",使用辽宁黑山北关实验学校和中央教育科学研究所合编的语文课本。

我和高恒利等几位老师组成实验小组,每周共同备课、听课、研究课。语文实验教材是五年制,因为数学没有实验,学生仍六年毕业。

实验的指导思想:这是一项以学生德、智、体、美全面发展为总目标,以集中识字为基础,以语言规律为指导,大量阅读,读写结合,从整体出发,分段突出重点训练的小学语文教改实验。

1982年以后,这项实验遇到一些麻烦。先是鞍山道小学于1982年停止实验;1983年,成都道小学的毛婷校长调到宜昌道小学工作,一至三年级的实验班自动停止实验,但是负责四年级三班语文教学的高萍老师不愿意放弃实验,认为实验效果很好,学生已经到四年级了,放弃太可惜,应该看看结果如何。我也有同感。我决定向和平区教育局的杨世儒副局长求救,她原是天津市实验小学的一位老校长,是一位德高望重的小学教育专家。她认为我们的实验是有价值的,半途而废是非常可惜的。在她的帮助下,高萍老师和实验班全班学生随毛婷校长一道调到宜昌道小学,这样才让这个实验坚持下去。我非常感谢杨世儒老师,当我们的实验面临夭折之时,是她的大力挽救,才使实验能够继续下去。

实验是成功的。第一个实验班在五年级结束时,学生的语文、数学、外语三门学科测试成绩都超过普通班,学生毕业时的语文考试平均分比普通班高出10分,而且学生在发展上表现出一些特点,更值得重视。特点是,学生识字多,读书多,认识的事物多,知识面比较广阔,学生理解和表达的能力较强,思维能力发展很好,思维活跃、敏捷,自学、自制能力较强。学生不但学习语文的兴趣较浓,而且兴趣广泛。由于语文学习负担不重,学生有余力学习其他学科,也为开展课外阅读和文体活动创造了条件。总之,学生的学习是主动的,学生的才智得到比较充分的发挥,身心得到健康发展,为培养德、智、体、美全面发展的一代新人,奠定了较好的基础。学生毕业后,大都进入市、区重点中学。

由于有了比较好的实验效果,高萍和其他老师又开始了第二轮的实验,实验效果也很好。后来,这项实验仅在一、二年级进行,直至2002年宜昌道小学合并到西康路小学,该项实验完全结束。

这项实验工作开展于20世纪80年代初期,那时人们的思想活跃,干劲儿十足。我们实验小组合作得非常愉快!特别是成都道小学的毛婷校长、张祖环主任和实验教师高萍对教学工作的热情,令我记忆犹新。例如实验班的识字量、阅读量、作文次数都高于普通班,那时并没有特别的经济补助,但是学校领导大力支持,教师们从未谈过一个"累"字。在实验过程中,我和学校领导相约:我们进学校不向领导打招呼;我们进教室也不事先征求老师的意见,进门就听课。记得有两三次,我要检测学生学过的知识,连老师也没有提前通知,只是在测验之前20分钟告诉老师,当时高萍老师与我们合作得非常好。我们有时要连续听一个单元的课,进行整体单元教学研究,而张祖环主任和高萍老师总是热情地配合。因此我们获得的材料是非常真实的。现在看来,当时的做法好像对教师不够尊重、不够信任。可是我们有共同的目标——千方百计地提高学生的语文水平,所以我们合作得非常愉快!

我永难忘记的是张祖环主任,她参加我们每周的共同备课,每次都是她准备得最充分。由于没有实验教材的教学参考书,每次课前她都给实验老师写出上课的略案,并经常给实验老师提供参考资料,有时资料中的刊物是借来的,她就抄写下来,如今在高萍老师处还存有张主任手抄的厚厚一本资料。尤其是张主任在退休后,于1988年又写出了一万多字的总结性文章《探索小学语文兴趣教学》,详细地记录和论述了高萍老师实验班的教学经验和成果。

高萍老师一心投入到教改实验中。在她的教学中,总是将学生放在心中,处处为学生着想,善于调动学生的主动性、积极性,因此她和学生的关系非常和谐。她用心学习教学理论,学习汉字知识,学习文学作品。经过两轮的实验后,她总结的教改经验很实际,也很有说服力。高萍老师常说:"集中识字教学实验提高了我的语文教学水平。当我进行第二轮实验时,感到教学很轻松,因为我已积累了一定的经验。"高萍老师在两轮实验班的教学中,刻苦勤奋,在教学、科研和培养青年教师等工作上都取得了很大的成绩。

这项实验工作对我和高恒利老师来讲,收获是丰富的,影响是深远的,坚定了我们研究小学语文教学的思想,为我们撰写《小学语文教学论》奠定了小学语文教学的理论和实践的基础。该书出版前,也就是1984年,我们在本市举办了一次"小学语文教师学习班"。参加学习班的大都是有经验的语文教师;1987年该书出版后,天津、辽宁等地将此书列为小学语文教师的常用书,同时将其作为培训小学语文教师的教材。这本书受到小学语文教师的欢迎。当时将"小学语文教学法"改为"小学语文教学论",这在全国还是第一次将"法"提升为"论"。更重要的是,也为我们后来研究小学语文教学奠定了坚实的基础。

1985年,第一轮实验结束后,我们全面总结了这次实验,写出了《小学语文教学改革实验的理论初探》一文。该文在社会上产生了一定的影响。当稿件发表后，曾收到山东、湖南等地的来函，要求介绍该项实验的详细情况，并愿在当地开展这项实验。

这项实验在香港也有一些影响。香港语文教育学院于1986年、1987年、1988年，连续三年邀我参加该院举办的第二、三、四届语文教学研讨会。1987年12月，我应邀参加了第三届研讨会，带去论文《以集中识字为基础的小学语文教学实验研究》，受到会议的重视，被列为大会宣讲的论文。会后，又获邀参加座谈，介绍实验的详细情况。我曾问他们："为什么邀我参加他们的研讨会？"他们的回答是："我们读到您的文章，不仅有理论水平，而且有自己的实验。所以两年来大家都盼望您能来港介绍集中识字教学的实验经验，以改进和推动我们的汉语教学。"1991年，他们又邀我作为大会嘉宾参加研讨会。

由于这项教改实验工作提高了我们的理论水平，因此获得三项奖励：1990年《小学语文教学论》一书获得"全国首届教育科学优秀成果二等奖"；1996年获得"1996年度全国师范院校基础教育改革实验研究项目优秀成果三等奖"；2014年获得"国家级基础教育教学成果一等奖"。我还获得中央教育科学研究所授予的"从事小学语文集中识字教学改革有重大贡献者"的荣誉称号。

通过二十多年的小学语文教学的实验研究工作，我获得的启示很多，这里只谈三点：

第一，作为教育理论工作者，必须深入教育实践，向一线的教师们学习。当然，如果能亲自在基础教育中实践更好。

第二，教育实验研究工作，既要有一定的理论指导，又要对实验成果进行总结和理论概括。没有一定的理论指导，盲目的教学实验是不会取得研究成果的；如果对于实验成果不能进行一定的理论概括，实验就不会产生指导意义。这是我们在实验中的切身体会。在实验前，虽然我们做了一定的理论准备，实验中也做了一些总结和概括，但是现在回忆起来有许多教学的成果没有及时积累和总结，这也反映了我们对实验工作的经验不足和理论水平不高。

第三，要使教学实验工作取得一定的成效，教育理论工作者和教育实际工作者必须紧密合作。首先，教育理论工作者要虚心向实际工作者学习，听课、研究课；其次，教育理论工作者必须对实际工作者的教育、教学提出改进意见，从理论高度总结经验。

实验过程中,我和实验组的老师们边做、边总结,陆陆续续地总结了一些材料。下面这组文章主要选自我在实验前写的文章以及我和实验班老师们的实验总结。

浅谈集中识字教学

识字教学是小学语文教学的起点。它不仅关系着小学语文教学质量的高低和速度的快慢,而且关系着整个中小学教育阶段基础知识的巩固和发展。要提高中小学的教育质量,一个很重要的条件是必须解决小学识字教学的速度问题,而集中识字是提高小学识字效率的有效方法。以下对集中识字谈几点看法:

一、集中识字发展了传统的识字教学经验

汉字难学,要提高识字效率,这是一对矛盾。要解决这对矛盾,就必须充分研究汉字和汉语的规律。汉字不是拼音文字,字形和字音间没有必然的联系,学习汉字必须一个字一个字地认和读。在阅读之前必须认识一定数量的汉字,否则就无法整句整段地阅读;如果不经过阅读,不把汉字和语言联系起来,所认识的字就不会运用,也难以巩固,所以识字和阅读是矛盾的统一。是先认识一批字以后再开始阅读,还是边认字边阅读呢? 我们的前人曾探索过不同的方法。

封建社会的启蒙教育是采用集中识字的方法,先认字后阅读;开始用一定时间教儿童认识两千多字,如读《三字经》《百家姓》《千字文》等启蒙读物,然后再逐步教读"四书五经"等。其实,在读"三百千"时,也是在读中识字,以识字为主。清人王筠在其《教童子法》一书中,提出他对集中识字的主张。他说:"蒙养之时,识字为先,不必遽读书。先取象形、指事之纯体教之。识'日''月'字,即以天上日、月告之;识'上''下'字,即以在上在下之物告之,乃为切实。纯体既识,乃教以合体字。又须先易讲者,而后及难讲者……能识两千字,乃可读书。"他又根据"六书",将汉字按象形、指事、会意、形声四类字进行教学。他所著《文字蒙求》一书,就是按以上四类造字方法编写的启蒙教材。根据他自己的经验,用此法"以教童子,一月间而有用之字尽识"。王筠不仅提出集中识字的主张,而且提出集中识字还必须依据汉字构字规律去教。先教纯体字(独体字或单体字),后教合体字;要按象形、指事、会意、形声的构字方法去教;还提出从儿童的认识规律出发,由具体到抽象,先易后难;在识字量上提出认识2000字,而后读书。以上这些识字教学的原则和方法,是对传统的识字教学经验的总结和发展。但可惜当时并没有完全被社会所采纳和推广,只是首先教儿童认识2000字,而后读书,乃成为传统识字教学的一条经验。传统的集中识字,并未能根据汉字规律去编写教材和教识字,只是采取韵文形式编写教材,如"三百千",便于学生诵读和记忆,实际上还是靠死记硬背。因此,识字效率并不高。

中华人民共和国成立后,直到现在,小学的识字教学基本上仍是分散识字法,忽视了我国传统的识字教学经验,识字量减少。虽然在教学实践中,经过不断改进,如识字之前先学汉语拼音,重视汉字的基本笔画、笔顺和字的结构方式的教学,提高学生的识字能力等等,识字量也有所提高。但一般讲来,一、二年级的识字量一直在1200字左右,并没有较大的突破。

1958年,辽宁省黑山县北关小学(后改为"黑山北关实验学校"),吸取我国传统的识字教学经验,并根据汉字构字规律,实验集中归类识字方法,创造了集中归类识字(简称"集中识字")教学经验。根据他们1960年的实验,两年内识字可达2500个。之后,北京景山学校从1960年开始到现在一直坚持集中识字,同样达到两年学会2500字的效果。

集中识字的具体做法,就是根据汉字规律先教学独体字,后教学合体字;采用形声归类法,如"清、晴、情、请、蜻"一组形声字,只要认识了"青"字,其他字就容易认识。景山学校是用这样的表格来展示怎样学习"相、乡、详、想、响、象、橡、向"一组字的:

音节 声调	—	/	∨	\
xiang	相(互相)	祥(吉祥) 详(详细)	想(理想)	象(大象) 橡(橡皮)
	乡(乡村)		响(响亮)	向(向阳花)

黑山北关实验学校采用基本字带字法进行教学。何为基本字呢?由于有的字不是形声字,如:头——买、卖、实,豆——逗、痘、短、登,这两组字有的不是形声

字,但是每一组中都有一个相同的字,也可以组成一串字一起学习,于是黑山北关实验学校的教师就给这类字起了一个名称——基本字。基本字即一组字中,在字形结构上,除偏旁部首外,共同具备的、相同的又是最基本的那一部分。这种归类法就叫"基本字带字法"。实际上基本字带字法扩大了形声归类法。以这两种归类方法为主,此外,还可以用偏旁部首带字,如"口"带出"吃、唱、吼、问"等字。

一册书集中识字的次数,一般是一学期集中两三次教学识字,教完一批生字,再教学包括这批生字的课文。由于先学习了生字,读课文既顺利又节省时间,起到了巩固识字的作用。一般一节课能教学15至18个生字(开始慢些)。按汉字结构分组进行教学,如景山学校马淑珍老师的一节课,教了16个字(算上多音字为17个)。分四组进行:第一组——旦、担、担、胆、但、疸;第二组——呵、河、可;第三组——非、啡、匪、痱;第四组——煎、剪、箭。在教学过程中,由于学生基本掌握了形声字的规律,学起来毫不吃力,好像一节复习课,很快就学会了。而且每个字都要组三四个词,并进行造句练习。学生在较短时间内认识了大量的字,必然要求阅读,并且一年级就开始写话。通过阅读(课内外)和写话,不仅巩固了识字,而且还可以认识新字,并扩大知识范围。所以集中识字既可以解决识字和阅读的矛盾,也可以解决汉字难学和提高识字效率之间的矛盾。

利用汉字规律集中识字,这是识字教学的客观规律。这规律虽然王筠已发现,但他并未将形声字的规律突出出来,未把形声字分类组合、分组教学。而黑山北关实验学校和北京景山学校的集中归类识字,不仅继承了传统识字教学经验,接受了王筠运用汉字规律指导识字教学的思想,而且在其基础上有了突破性的发展,这一发展主要是突出了形声规律的运用。尤其经过两校近二十年的教学实践,又有所发展和提高,形成了一整套比较完整的集中识字教学方法。这是我国识字教学的创举,为我国识字教学开辟了一条新的途径。集中识字方法不仅为加速和提高小学语文教学质量做出贡献,而且对改变我国中小学教育的现状,将会有极为深远的影响。

二、集中识字体现了汉字规律,提高了识字效率

集中识字为什么可以提高识字效率呢?其根本在于集中识字方法充分地体现了汉语语法特点和汉字规律。汉语语法,字的形态变化很少,不论是名词、动词还是形容词,都没有什么形态变化,字的安排不受语法限制,完全可以按识字需要编排,这为集中识字提供了可能性。从汉字本身和教学要求来看,每个汉字都包含

音、形、义三因素。教学一个字以后,使学生对字的音、形、义在大脑中建立起牢固的联系,看到字形,能读出字音,讲出字义;知道音和义,就能写出字形,达到音、形、义全面掌握。

　　小学生入学前,通过生活实践,已经熟悉和掌握了一些汉字的音和义,而对字形是比较生疏的,还由于方块字字形和字音没有必然联系,因此在识字教学中,如何使字的音、形、义统一起来,字形教学就成为难点。汉字字形虽然复杂,但仍有规律可循,集中识字就是运用了汉字构字规律,突出解决字形问题,并使字的音、形、义统一起来。汉字构字有"六书"——象形、指事、会意、形声、转注、假借,经过历史的演变,有的已无现实意义了,现在仍有意义的有:象形、指事、会意、形声四书。集中识字重视"四书"的运用。

　　第一,先教学独体字,后教学合体字,并运用汉字规律教学合体字。独体字在汉字中只占一小部分,据《说文解字》记载,独体字只有393个,其中象形字264个,指事字129个。独体字教学一般运用看图识字方法。合体字在汉字中占了绝大部分,其中形声字占了80%至85%。集中识字非常重视形声字的运用。形声字的特点一般是形旁标义,声旁标音。在字形结构上大都有基本字,把基本字加上偏旁部首,就构成新的合体字。教学实践证明,凡符合形声归类的字,学生不仅记住了字音和字义,还可以比较牢固地记住字形,但是同音归类的字形易混,所以形声归类法和基本字带字法教学效果最好。当然,实践中要根据具体字的结构、读音及不同的教学目的采取不同的方法。教师按汉字规律去教学,并将汉字构字规律教给学生,学生一旦掌握了汉字规律,就可以用类比方法,通过一个基本字或一个偏旁部首,可以学习一串字,触类旁通,举一反三。再加上汉语拼音的帮助,识字效率可以极大地提高。

　　第二,除了按形声字规律识字,还可以按象形字识字,集中识字的教材在学习完汉语拼音后,先学习一组象形字——看图识字,如日、月、山、石、水、火、田、土、井、耳、目、口、旦等。此外,还可以按会意字编写教材,如:二人——从,三人——众,三木——森,三口——品,三日——晶,大小——尖,小土——尘,不正——歪等。

　　第三,要教好字形,还必须使学生学会字的笔画、笔顺规则和字形结构。集中识字,先教学独体字,独体字中包含了基本笔画名称、八项笔顺规则。在独体字教学时,一定要一笔一画地教学,扎扎实实地练,这是识字教学的基本功,一定要打下良好的基础,速度可适当放慢,要求学得扎实。在教会笔画、笔顺的基础上,开始教学合体字。教学合体字时,就不必一笔一画地教学字形了,可按字的组成结构分析字形。

总之,汉字有规律,在识字和写字过程中必须充分运用汉字构字规律,把汉字构字规律教给学生,就会帮助学生更好地理解和记忆生字。根据黑山北关实验学校和北京景山学校的经验,当学生学会千八百字之后,到第二、三学期识字量可增多。因为此时学生已基本掌握了汉语拼音、基本笔画和笔顺、一部分字的偏旁部首和独体字,以及汉字的结构方式,形成了一定的识字能力,可半独立或独立识字,提高了识字效率。

三、集中识字遵循语言规律,促进儿童语言的发展

集中识字在一定时期内要脱离课文学生字,这样能否体现语言规律,能否发展学生的语言表达能力呢?其实,集中识字同样要根据语言规律进行教学。集中识字是要求字的音、形、义三结合的,在教学字音、字形时,必然要讲解字义。要讲字义,就离不开词,要讲解字词就要说话。所以不论是看图识字、形声字归类、基本字带字、偏旁部首带字,都是通过词的出现教学生字的。

看图识字。识字就是认识新词。因为每幅图画都反映一定的事物或一定的活动,用文字标明这幅图画,不用词或词组是不可能的;儿童看到图画,不用词或词组也是说不出来的,所以看图识字和认新词是同时进行的。

用形声归类法、基本字带字法、偏旁部首带字法教学识字,同样字和词是同时进行的。为了便于学生理解和掌握,把生字组成通俗易懂、便于解释的词语,通过词语进行识字教学。如"牛、羊、马、手、足、山、水"等是单音词,认了字,也就识了词。有的字,不能独立成词,必须和其他字结合构成合成词,就要组成词进行教学,如"勇(勇敢)、用(用心)、拥(拥护)"等,使学生从理解词义中掌握字,而不是死记硬背,这样才能学得快、记得牢。把字组成词教学,目的是使学生易于理解词义,学会用词语表达意思,而字词义教学,在集中识字阶段只是要求初步理解,在阅读课文时,在具体的语言环境中再要求较深入理解。集中识字阶段的词语教学,应照顾到课文中出现的词语。同时,一般生字词的提出并不是孤立的,一般还要让学生做些造句练习,特别是虚词,更要通过造句来理解。阅读课文时,还要把字、词、句放在具体的语言环境中,帮助学生理解和体会。正由于学生在较短时间内学习了大量生字,因而能较快地提高阅读能力;课外阅读跟上去,还能较快地组织学生进行写话练习。所以集中识字不但不违反语言规律,而且同样必须遵循语言规律进行教学,才能更好地发展学生的语言表达能力和思维能力。

四、集中识字符合儿童的认知规律,促进儿童的智能发展

汉字本身有规律,根据汉字规律教学识字可以提高识字效率,这是问题的一方面;汉字规律在教学中能否被学生接受和掌握,这是问题的另一方面。要解决这个问题,必须遵循儿童的认知规律和正确对待儿童的思维特点。儿童的认知过程是从感性到理性,从具体到抽象,由浅入深的过程,儿童的思维具有形象性和具体性的特点。传统教育过分强调这一点,认为儿童的思维只是形象的、具体的,不可能进行推理和概括。因此,教学中片面强调"可接受性"和"直观性";对低年级儿童只能教学具体事物和个别现象,不可能教给规律性的知识。过去的识字教材多少受到这种思想的影响,每课书中出现的生字数量不多,只注意语句的联系,而忽视了字形之间、字音之间、形声之间的联系,只能孤立地一个字、一个字地教学,这样学生不能学到汉字的构字规律。集中识字认为儿童的思维主要具有形象性、直观性特点,在教学中应该充分利用这一特点,使教学具体形象,但不能停留在认知的这个阶段上,还要在感性认识的基础上,形成概念,培养学生的分析概括能力。集中识字就是根据汉字规律和字的音、形、义特点,分别集中归类,概括出特点,使儿童掌握汉字的构字规律。

儿童能否掌握规律性的知识呢? 集中识字的教学实践证明:儿童完全可以接受初步的概括性的、规律性的知识。当然,在使儿童掌握规律性的知识时,是要遵循儿童的认知规律的。例如,集中识字教材将独体字编在前面,就是因为一般的独体字笔画少,结构简单,字义(词义)易懂(实词多),符合儿童由简到繁、由易到难、由浅入深的认知规律。

集中识字要使学生掌握形声字的特点(形旁标义,声旁标音),并不是在开始教学形声字时,就把这个特点揭示出来,而是在学了一批形声字之后,引导学生将形声字的特点总结概括出来。从学习过程来看,集中识字教学遵循了从个别到一般、又从一般到个别的认知过程。这个过程也是儿童掌握识字方法、形成识字能力、发展智力的过程。在这个过程中,需要儿童进行一系列的思维活动。因为集中识字方法的基础是科学的思维方法。科学的思维方法就是分析、综合、抽象、概括、比较的方法。运用这些方法把观察到的现象,由表及里,去伪存真,概括出事物的本质规律。集中识字的形声归类法、基本字带字法,都要用比较的方法,经过分析与综合、抽象与概括、判断与推理的过程,找出一组汉字的异同。

在教学过程中,尽管注意把汉字规律教给学生,也注意学生的认知规律和思维特点,但是如果忽视了学生在学习过程中的主动性和积极性,把学生看成被动的接受对象,同样不能收到学习的好效果。教学实践证明:只有学习内容难度适当,才能调动儿童学习的主动性和积极性。儿童的识字过程是由不知到知、由知之不多到知之较多的过程,是在教师指导下,学生自己不断克服困难解决矛盾的过程。如果不考虑儿童的接受能力,无限加大识字量,使学生望而生畏,就不会引起学生学习的要求和兴趣;如果一节课仅学习三五个字,对于今天的儿童来说,是没有什么难度的,是不能满足学生学习要求的。因此,作为教师就要善于挖掘儿童的智能潜力。识字教学中,有些字义(词义)学生已有生活经验,容易理解,又有汉语拼音的帮助学习字音,只有字形是生疏的,若按汉字规律教学汉字,识字也不是太难的事。如果识字量不多,学习起来没有兴趣,当然就不能调动学生学习的主动性和积极性。学生的思维不能积极活动,学习效率又怎能提高呢?集中识字可以充分调动学生学习的主动性和积极性,可以把学生的智能潜力调动起来。因为:第一,识字量增多,学生的思维要不停地活动,积极思考和记忆;第二,按汉字规律教学,把汉字归类,不是死记,要分析、类比、概括,思维必然要积极活动起来;第三,学生掌握了汉字规律,就是掌握了识字的钥匙,让学生自己打开识字的大门。当学生基本掌握了汉字规律之后,教师只重点教学一两个字,其余的字学生通过自学就能掌握;当学生自己能运用汉字规律识字时,会进一步激发学生的求知欲望,主动积极地去学习。学生在较短时间内认识了大批汉字,就会激起读书欲望,通过课内外阅读,又可以学到一些新字,使识字和阅读互相促进,不断提高,同时也发展了学生的语言能力和智力。

五、集中识字必须体现"四会"分步走

过去识字教学的识字量不能迅速提高的原因之一,就是处理不好识字教学的"四会"要求。传统的集中识字,读"三百千",开始只认读,不要求写和用,写字另有系统,甚至不讲字义,因而巩固率不高。后改分散识字,又要求每个字必须同时达到"读、讲、写、用"四会,这必然会放慢识字速度。集中识字和同时要求"四会"是有矛盾的,怎样解决这个矛盾呢?集中识字教学要求字的音、形、义相结合。其实,掌握字音就是会读,理解字义就是会讲,掌握字形就是会写,字的音、形、义全部掌握,再加上会"用"(口头表达和书面表达),即达到"四会"。不过在集中识字教学中,对音、形、义和会用四项任务,是要求分散难点,体现"四会"分步走的辩证观点。

识字教学过程，有集中识字阶段和阅读课文阶段，稍后还要穿插写话练习。一般讲，集中识字阶段，应以解决"认""读""写"为主，可以不强调"用"，同时达到初步理解字(词)义和部分解决"写"的问题。认读生字，开始可以慢些，字形是难点，因为儿童对一些独体字、实词的音和义并不陌生，只是字形是全新的。到第二学期，认读可以加快速度，以"写"为主。第三学期以后，认读速度就不会那么快了，因为不是最常用字，不容易巩固；同时，随着识字量的增多，阅读范围扩大，儿童的书面词汇已超出口头词汇时，字(词)义教学任务就会逐步加重，教学的重点就要由字形转入字义。字词的用法，开头慢些，到认识一定数量的字之后，课外阅读跟上，学生读的东西多些，思想逐步开窍，理解和运用就可以加快速度。

认字和写字应该结合，认得的字，对字形结构熟悉，写起来就容易。通过写字练习还可以巩固对字形的记忆，二者可以相辅相成，相互巩固。关键在于课本的编写，先认读基本字，就必须先练习写基本字。根据汉字难写的特点，开始慢些，当基本字掌握了，教学合体字时，按字的结构组成去教学写字，写字就会快起来了。总之，集中识字阶段，重点应放在认和读上，讲和写逐步跟上，到阅读教学时，读、讲、写、用就会统一起来。

教学实践和理论都说明，集中识字是提高小学识字教学效率的有效方法。要扩大实验和推广集中识字教学方法，必须解决两个问题。首先，必须编出一套既体现汉字规律又符合儿童年龄特点的集中识字教材。其次，要训练一批教师，使教师能够做到：对集中识字教学方法的理论和实践应有所了解；要具有初步的文字学和汉语方面的知识；要学点心理学和教学论的知识；要熟悉教材。有了以上两方面的准备，集中识字教学就可以较大面积地推广。争取在较短时间内使小学识字教学有一个较大的突破。

（原载《天津教育》，1978年第3、4期）

小学语文教学改革实验的理论初探

小学语文教学是初等教育的基础，要提高小学教育、教学质量，必须首先提高语文教学质量。因为小学语文教学关系着小学各科教学，关系着小学全面发展的基础教育的实施，关系着我国民族文化素质的提高。为此，我们从1979年开始，进行"以集中识字为基础的小学语文教学改革实验"研究。第一轮一个班已于1985年毕业（因数学没有实验，六年毕业）。第二轮1983年开始，现有六个实验班。

经过几年的实验研究，我们认为要提高小学语文教学质量，首先必须从识字、阅读、作文的内部规律求得明确认识，处理好这三者的关系；其次要处理好发展语言和发展思维的关系；第三，解决好低、中、高各阶段的关系。我们的做法：低年级以集中识字为基础；中年级大量阅读，读写结合，突出训练重点；高年级以综合训练为主。这样做的理论依据如下：

一、以汉字构字规律为指导，以集中识字为基础，正确处理识字、读书、作文的关系

识字是阅读和作文的基础。识了字才能读书和作文，这是由汉字、汉文的特点所决定的。改革小学语文教学，首先要研究识字问题。识字教学的改革是促进小学语文教学改革的突破口，是为阅读和作文教学改革奠定基础。

怎样更快识字呢？除了充分利用汉语拼音识字外，主要根据汉字构字特点。在低年级，不但继承了以识字教学为重点，采用集中识字的传统经验，而且对集中识字进行了科学的改进。我们是以汉字构字规律及学习心理的迁移规律为指导，将汉字归类，同类相聚，适量集中，分批教学；教一批生字，阅读数篇课文，识字、阅读间隔进行；识字和识词、学句、读文、写话相结合。这样使识字既有规律可循，又和发展语言紧密结合。因此，学生在低年级掌握2500个常用字，巩固率在95%以上，教师教课不感到困难，学生学习也不费气力。阅读量增加，一年级学生就开始写日记、看图写话，二年级学生能写片断和短文。这样低年级的识字不仅为中高年级的阅读、作文打下基础，还由于三年级以后识字量较少，中高年级就可以重点进行阅读和作文教学。

低年级以识字教学为重点，以集中识字为基础，并不等于孤立地识字，必须把识字和识词、造句结合起来，识字和听、说、读、写训练结合起来，以识字带动听、说、读、写训练。

二、以语感为基础，以语言规律为指导，正确处理语感与语言规律的关系

所谓语感，就是通过听人讲话和阅读直接感知语言。语言规律，也可称为语言法则，或称语言组织规律，也就是组织语言的规律和法则。传统的语文教学，重视语言感受,不大注意运用语言规律。如"熟读唐诗三百首,不会作诗也会吟""熟读成章""劳于读书,逸于作文"等等,都是传统的学习语文的经验谈。幼儿学习语言,掌握语法结构,就是通过语言实践。如鲁迅先生所讲:"孩子们常给我好教训,其一是说话。他们学话的时候,没有教师,没有语法教科书,没有字典,只是不断听取、记住、分析、比较,终于懂得每个词的意义,到得两三岁,普遍的简单的话就大概能够懂,而且能够说了,也不大有错误。"这个不断听取、记住、分析、比较的过程,人人都经过的。鲁迅由讲学话转到学语文。他说:"我们先前的学古文也用同样的方法,教师并不讲解,只要你死读,自己去记住、分析、比较去。弄得好,是终于能够有些懂,并且竟也可以写出几句来的,然而到底弄不通的也多得很。"就是说,传统的语文教学,就是用多读、多写的方法,也可称为语感教学法。这是传统的语文教学方法,是非常宝贵的经验,但是这种方法费时间较多,能够学出来的人不多。少数人之所以学出来,一是靠读得多,感知得多;二是要经过自己不断地分析、比较。大多数人之所以没有学出来,恐怕是只靠语感,死记语言,而没有能够从中经过自己的分析、比较而悟出一定的道理——规律、方法。从正反两方面总结传统的语文教学经验,要使学生真正掌握听、说、读、写能力,既要让学生多听、多说、多读、多写,有直接感知语言的实践,还要把前人摸索到的语言规律教给学生。也就是说,一要多读,二要有指导地去读。所谓指导,主要是语言规律的指导。学生以掌握的语言规律为指导,比较自觉地去读、去写,这样,不仅会提高读、写效率,也会使语文教学走向科学化的途径。

各年级究竟应该教给哪些语文规律知识和方法呢?这还需要进一步研究,应该体现在教学大纲和教科书中。在我们的实验班里,给了以下几方面的语文基础知识和方法。所谓语文规律和方法,即分析理解文章的语言和结构的规律与方法,也就是分析理解词句的方法,分析文章段落结构的方法,归纳、概括文章主题思想的方法等。教读书方法,就是要给学生一定的读写基础知识,使学生掌握读、写规律:1.教给学生一定的语言规律。除教学生解词、品词、用词方法之外,还要结合课文教给学生一定的词类知识、词组知识及词的构成知识,以提高学生理解和运用词语的能力。在说话、造句基础上,结合课文教给学生句子成分、句式、句层关系等方面的知识,提高学生理解、分析句子和造句的能力。2.教给学生一定的文章结构规律,如文章的分段和概括段意的方法,文章主题思想的概括和文章的表达方法,文章开头、结尾的方法,文章标题和审题方法,文章的详、略写法,记叙文的要素、记叙方式、写景、状物、写人方法等等。3.教给学生初读、细读、深读、熟读的精读方法，以及画重点、写标题、做读书笔记、写读书心得的方法等。

过去的语文教学也曾教过语法知识，但多因脱离阅读、作文的语言实践，孤立地讲语法而告失败。尤其对小学生来说，更不能抽象地脱离课文讲语法知识。问题的关键是如何处理好语感和语言规律的关系。根据我们近几年来的教学实验，认为必须以语感教学为基础，以语言规律为指导，使语感和语言规律的教学结合起来。

学生掌握语言规律的过程一般要体现学生认知过程的两次飞跃，要在大量阅读的基础上，结合具体课文，适时地教给学生规律知识，这是从个别到一般；当学生基本掌握了一些语言规律、方法之后，再去阅读、作文，这是从一般到个别。例如，一、二年级的儿童还不能理解词和词的语法关系，到三年级以后，在积累了一定词汇的基础上，学生可以学习名词、动词、形容词的概念，这就是由感性到理性的认识；当学生基本掌握了这些概念之后，才能逐步掌握词所包含的物体、动作、形态或特征的实际意义以及词的语法范畴，这时儿童就会比较自觉地对词的语法范畴进行分析，如哪些词是名词、动词，哪些词是形容词，而且在自己的说话、造句、作文中，就会比较准确地用词。句子的理解和运用也是这样，先要通过感知积累大量的句子，再教给句子的基本成分、简单句式、句型知识以及理解句子的方法。在此基础上，学生就可以自觉地分析句子，作文中就会写出比较完整、准确的句子，减少病句。关于文章的段落及文章主题思想的训练、文章表达方式的训练等，都要经过由感性知识到掌握语言规律，再以规律性的知识指导运用语言的过程。当教给学生的基础知识经过在课文中的多次出现、印证、理解之后，学生就会逐步掌握规律和方法。这样，才能把知识转化为能力。

实验班正是采用了这样的训练过程和方法，才使增大阅读量有了可能。这个班从二年级就开始了在语言规律指导下的语言训练，到四年级时有三分之一的学生能够独立在阅读和作文中运用已掌握的语言规律知识，五年级时有50%以上的学生达到这个水平，读、写能力有显著提高。有的学生对一篇文章会从文题、内容、结构几方面理解，也可以对数篇文章用一种方法理解；有的数名学生对一篇文章可以从不同角度分析，也可以对数篇文章从一个角度去认识。总之，学生阅读、作文既有法遵循，又比较灵活。凡每学期教给学生的语文规律知识，到期末，学生都要在教师指导下进行总结，整理成笔记，如"怎样给文章分段""怎样概括文章的主题思想""怎样掌握记叙顺序"以及某单元课文的写作特点比较等。经过整理,学生将平时结合课文学到的一些语言规律知识建立起知识体系,使阅读和作文学习更加自觉。由于不是依靠老师直接灌输,而是在平时结合课文学习,师生共同研讨,经过学生反复练习,最后又是在教师指导下学生独立思考、整理的,学生不但掌握得牢固,同时逻辑思维能力也得到了训练。

三、以学习迁移规律为指导,突出重点训练项目,正确处理读与写的关系

在阅读教学中,我们重视读写结合,在读写结合中,运用迁移规律。认知心理学认为,新知识只有和学生认知结构中已有的观念发生联系和同化,才是获得新知识。怎样才能使学生新旧知识发生同化呢?从教材上要重视知识结构,从掌握知识的过程上要重视学习迁移规律的运用。

知识结构是形成认知结构的基础。学生只有掌握了学科的知识结构,才能形成认知结构,形成学习迁移。以语言规律知识为指导,就是为学生建立语文认知结构,通过学习迁移形成学生读写认知结构。

迁移是指学习知识、技能甚至方法和态度之间的积极影响。形成学生的学习迁移需要具备两个基本条件:一是客体的共同因素,二是主体的概括能力。凡有共同因素的内容,就会产生迁移。如基本字带字和形声字归类法,一组字中的"基本字"或"声符"就是该组字的共同因素,因此容易产生迁移。又如读与读之间、读与写之间存在着共同的"联系点"。要根据读与写的"联系点"建立训练项目,就是利用读与读、写与写、读与写之间的共同因素。建立读写"联系点"就是给学生建立读写的认知结构。当每个"联系点"开始建立以后,再学习相近的新知识时,就会与原有的知识联系起来,经过同化纳入已掌握的读写知识结构之中,即围绕读写"联系点"组织有关知识,丰富和加深原有的知识。在这个过程中,学习迁移起一定作用。例如记叙文的记叙方式——"记叙顺序"的训练,通过精读和略读某些范文,要求学生初步理解按照事情发生、发展、结果的先后顺序记叙;通过精读和略读另一些范文,认识记叙的事情是怎样一步一步、一层一层把经过写清楚的,进一步印证和掌握按照事情发生、发展、结果的先后顺序记叙的方式。当学生建立起这种认知结构之后,再读同类记叙文的时候,就会比较快地确定这一课的记叙顺序,这就是读与读之间的迁移。这样迁移还可以像滚雪球一样,不断地扩展知识结构。通过阅读建立起的认知结构,也会迁移到作文方面。

就读与写来说,凡教给学生的应该是最基本的语言规律知识。在阅读课上要求理解,在作文中就要会用。阅读课要求会分段、分层次,会概括段意及写小标题;作文就应要求编拟作文提纲,依据作文提纲具体写出文章,每段要反映一个比较完整的意思,各段之间要有连贯性,要求写得条理清楚、层次分明。阅读课上要求理解文章主题思想,学会概括文章主题思想的方法;作文课就应要求立意明确,先要求作文有主题,进而要求主题明确,再要求突出文章的主题思想。阅读课上教会学生理解文题的表示方法,理解文题和文章主题思想的关系,文题和分段的关系;作文就应要求文与题吻合,文题能体现主题思想等。阅读课要求掌握记叙文的要素和记叙的顺序;如果是练习写记叙文,就应要求体现记叙文的要素,文章有一定的顺序,把事情写清楚,层次分明、言之有物、言之有序。阅读课要求深入体会词句的准确含义;作文时就应要求遣词造句准确通顺,词句力求生动,并吸取阅读课上学到的词句。读与写的训练项目不宜过多,要精,要实,由几条主要项目不断深入下去。如关于记叙要素及顺序、文章的段落、文章的主题、文章的具体内容等,每个训练项目,都不是练一两次就能掌握的,要反复训练,使语文能力的形成呈螺旋式上升。这样的训练,可以建立读与读之间、读与写之间的认知结构,可使知识结构(语言规律知识)促进认知结构的形成。这样学生掌握的知识就不是零散的了,而是有体系、有规律的,经过严格训练,使知识转化为能力。因此,在语言规律指导下,运用迁移规律学习语言,就会较快地提高学生语言的吸收和表达能力。

四、从语言训练出发,以发展思维为基础,正确处理语言训练和发展思维能力的关系

在实验班里,我们发现,同是一篇文章,用同样长时间阅读,有的学生能很快抓住文章要点及主题思想,有的则经过努力才能达到这个水平,有的经过努力还不能达到;有的学生在三年级就能达到这个水平,有的到五年级还达不到这个水平。在作文中,有的学生写得条理清楚,语言清晰,有的学生写得层次不清,重复啰唆;有的学生写得具体、生动,有的学生写得空洞。以上情况,不仅说明这些学生在读、写能力方面的差别,也说明思维能力的不同。在教学中,我们始终注意贯彻语言训练和发展思维能力统一性原则。

语言和思维既是统一的,又是有区别的。我们既防止出现只抓语言训练,不重视儿童思维能力的发展,也防止脱离语言专搞思维训练。我们从语言训练出发,以发展思维能力为基础,使发展语言和思维统一起来。

（一）发展形象思维是使语言具体、形象、鲜明、生动的基础

概括地讲，用具体形象进行思考，就是形象思维。形象思维是理解文章，特别是理解文学作品和进行写作的重要基础。

在实验班里，教师创造各种条件，启发学生的形象思维，如注意运用直观教具、幻灯等现代化的教学手段；充分运用教材提供的生动、优美的语言描述；还要靠教师生动的语言讲授。教师要善于把学生头脑中积蓄的表象再现出来，善于给学生描绘、设计一些情境，使学生创造出丰富多彩的形象。此外，可进行创造性复述、扩写片断，补写某一情境的练习。这样的练习，必须要靠形象思维，要想象出文中的情境，才能用语言表达出来。

（二）发展逻辑思维是使语言准确、概括和有条理的基础

一般地说，用抽象的语言概括进行思维，就是逻辑思维。思维的概括性、准确性和条理性是使语言表达准确、有条理的基础。

学生的阅读离不开逻辑思维。读一篇文章，要理解别人的语言，首先，通过阅读要把文章内容所反映的事物弄明白，理清作者的思路，才能理解语言所表达的深层含义；通过对语言的深入理解，会进一步理解思想内容。

在实验班里，教师为学生创造各种训练逻辑思维的练习，例如词与词的比较、句与句的比较、篇章比较（记述顺序、内容重点、观察顺序、写作特点等）；概括文章主要内容及主题思想的训练；编写读书提纲等。

学生的作文更离不开逻辑思维。学生的逻辑思维能力强，反映在作文上，既可使作文言之有序，条理清楚，又可使语言准确、简练。在实验班里，有的学生作文内容比较充实，情景也还具体，但缺乏条理、重复、啰唆。针对这种情况，教师从训练思维入手，抓构思过程的训练，把学生的思路理顺，如帮助学生把所写的事件开头、经过、结果理顺，把所写景物分类理顺，把所写人物外貌、语言、思想理顺……再列出提纲去写。要求学生列作文提纲之前，先思考清楚，构思要严密，思想上明白了先写什么、再写什么、最后写什么，才能列出作文提纲。这种训练是从三年级开始的。

（三）学习方法和思维方法相结合

学习语文的方法，即识字方法、读书方法、作文方法。在实验班里，需着重教会学生这三种方法。不论识字、读书、作文，都和认识客观世界分不开，所以不论学习哪种方法，都要以认识客观世界的思维方法为指导。在教学中尽可能地把教识字

方法、阅读方法、作文方法和认识客观世界的思维方法结合在一起。

教师的任务之一,就是要教学生学会运用分析、综合、抽象、概括、比较等科学的思维方法。实验班要求教师从一年级开始就把这个科学的思维方法逐步教给学生。例如识字教学中的分析、综合、抽象、概括和比较方法的运用;阅读教学中的分析与综合,抽象、概括和比较以及逻辑思维的运用;作文教学中对材料的分析、综合,对认识的概括、比较以及逻辑思维的运用等。

总之,在教学过程中,通过识字、读书、作文,把学习语文的方法和思维方法教给学生,提高了学生的自学能力,为读书、作文打下良好的基础。

(原载《课程·教材·教法》,1987年第3期)

探索小学语文兴趣教学
——对集中识字教学实验的全面总结

张祖环

培养学生学习语文的兴趣,其目的是从语文教学的目的要求和教学内容出发,照顾到语文教学的整体性,确立教学目标,分远期目标(小学语文教学的总目标)、中期目标(学年教学目标)和近期目标(每课时的教学目标)三个层次。为了达到远期目标,层层铺路,步步迈进,同时认真培养学生的情趣和理趣。学生的学习兴趣受各种因素影响,它跟学生的理想、求知欲、知识的深度广度等有着密切关系,必须从实际出发,科学地组织教学活动,努力唤起学生的学习兴趣。

一、培养学生学习兴趣,师生关系要融洽,要给学生自主权,使学生学有所得

(一)老师要爱学生

高萍老师初次担任实验班老师,她凭着一个"爱"字克服了种种困难,不断地改进教学方法,开启了学生心灵的窗口。每堂课都在师生融洽的活跃气氛之中度过,学生在浓郁的兴趣中学习,高老师将醇厚的爱给予学生,学生爱戴她、尊敬她,和她建立了深厚的感情。直到学生上高中,仍对高老师保持着怀念之情,经常看望高老师,汇报自己的一切,以表达对老师的感激之情。

(二)老师要给学生学习的自主权

要给学生学习自主权,必须把学习方法教给学生,要给学生创造听、说、读、写的实践机会。高老师教学的着眼点就是,使学生掌握一套终身受用的学习方法,她紧紧把握住"教会—学会—会学"这三个教学层次,一次比一次提高要求。依据教学大纲和教材的要求,从以下几方面进行了自学能力的培养。

1. 培养识字能力。因为是集中识字,首先教学识字工具——汉语拼音,独体字,笔画、笔顺,偏旁部首。学生们体会到这四项识字工具是打开学习汉字宝库的金钥匙,谁能先掌握它,谁就能自己识字了。其次,运用形声字的构字方法——声旁(基本字)标音,形旁(偏旁部首)标义,教学一个字,大部分是独体字,可以学习一串字。教学时,不断给学生指出字音和声旁的联系,字义和形旁的联系,利用形声字以形旁求义的特点,辨析声旁相同的形近字。

学生从多方面掌握了识字方法,认识了汉字的构字规律,一次可以学到一串字,学得快,学得多,很自然地提高了学习兴趣。

2. 培养理解词句的能力。(1)查阅——查阅字词典,直接了解词义,按照课文内容选义;(2)分合——如果是合成词,将词分为语素,先理解语素含义,再综合语素的意思;(3)联义——将词放在课文的具体语言环境中理解,采用解意、换词,找同义词、反义词等方法进一步理解词义。

3. 培养学段的能力。先学自然段,抓句与句之间的联系,抓段式不同的类型;再教学结构段,抓重点句,抓段的层次。

教会学生分段。给分段方法——按时间顺序分段;按地点转移分段;按事情发展分段;按事物性质分段;按人物的活动分段;按文章的逻辑关系分段等。在此基础上,将学过的课文按内容、结构大体分类,寻找出各类文章分段的一些规律。

教会学生概括段意。概括段意有五种方法:综合法——围绕文章主题概括;摘引法——摘用课文中的重点词句(总起句、总结句、中心句)概括;取主法——一段中有几层意思,取主要一层为段意;标题法——用加小标题的方法概括段意;合并法——将一段中的几层意思合并起来作为段意。概括段意主要是训练学生的逻辑思维能力。

4. 培养学篇的能力。教会学生审题。有的课题是一个完整的句子,如"董存瑞舍身炸碉堡",要抓住谓语中的动词"炸";有的课题是由名词与动词构成的短语,如"火烧赤壁",要抓住"火烧"。然后,再分三步层层理解:为什么"炸""火烧";怎样

"炸""火烧";结果怎样?有的课题是一个联合词语,如"蝙蝠和雷达""东郭先生和狼",应理解甲、乙双方是通过什么事情联系起来的,这个联系说明了什么问题……

教会学生概括文章的主要内容。文章主要内容的概括方法有:连级段意法,重点段意归纳法,课后问题归纳法,找中心句法,审题归纳法等。

教会学生概括文章主题思想。文章主题思想的归纳方法有:根据段意概括主题;根据课文的开头或结尾概括主题;根据时代背景、生活环境概括主题;根据课题引出文章主题;依据人物或作者的议论概括主题等。

5. 培养学生朗读、默读和背诵的能力。朗读能力训练主要在低年级,一年级上学期要求读得准确,不丢字,不加字,不读错字,吐字要清楚,字音要准确;一年级下学期要求读得流利,不读破词句,句逗分明;二年级要求读得有感情,要进入意境,随着作者的思路和感情,读出轻重缓急,抑扬顿挫,要培养边读、边想的习惯。

默读能力训练主要在三年级以后。前面谈到的学习方法,也是默读能力训练方法。三年级继续提高朗读能力,开始训练分段和概括段意能力;四年级继续提高朗读能力,开始要求学生会概括文章主要内容和主题思想,并开始训练默读速度。五、六年级主要提高朗读、默读能力。

6. 培养复述能力。复述应遵循作者的思路,用自己的话将文章的主要内容叙述出来。目的在于训练学生的口语表达能力和思维能力。一、二年级要求学生复述得具体;三、四年级要求复述得有条理;五、六年级要求创造性复述。

上述六种能力的培养,不是让学生机械记忆学习方法,而是经历了一个"阅读—认识—再阅读—再认识"的循环往复的实践过程。每学期教给学生的语文基础知识和学习方法,学期末时,在教师引导下进行总结,整理笔记,如对有关分段的方法进行分类,逐步将学生学到的零散的、感性的知识提升为系统的、规律性的认识。学习某一种方法时,是经历了"感知—理解—记忆—应用"的认识过程;经历了"分析—比较—综合—推理"的思维过程。这样的做法,不但巩固了知识,也训练了学生的逻辑思维能力和总结能力,使学生在学习语文实践中,加速自学方法和自学习惯的形成,促进智能的发展。

高萍老师从学生一年级就着手培养其自学能力。一年级(上)学会集中识字教材的753个生字,48篇课文,增学了统编教材的19篇课文,共67篇课文。一年级(下)学会737个生字,38篇课文,补充阅读30篇,共68篇课文,学会古诗十几首。不少学生课外能阅读整本书,如《中国古代神话故事》《中国古代故事》《曹操》《中国动物集》《安徒生童话集》等,说明学生们具有了阅读兴趣,掌握了一定的自学方法。还有人把《古诗一百首》一书的生字全部注上拼音,自学背诵。二年级(上)结束时,有的学生在家里看到墙上的一幅画,引起写文的兴趣,写了一篇《可爱的小花猫》,有的写出《除夕之夜》《过春节》等。二年级(下)写观察日记,开始写物、写景、写人。以上是不到两年的成果。这个实验班不是老师牵着学生走,而是学生推着老师走,学生真正有了学习自主权。

二、培养学生的学习兴趣,教学必须循序渐进

实现小学语文教学的总目标,不能一步到位,必须循序渐进,螺旋式上升,适当增加难度,适当提高程度,给学生一些系统的语文基础知识,并相应地训练语文能力。一般要注意三点:

(一)从已知到未知

先学的要为后学的打基础,后学的应为先学的巩固提高,即瞻前顾后。

(二)要适应学生的生理和心理水平

(三)要处理好重点和非重点的关系

作为纵向联系,应考虑每一项知识和能力从起始年级到最后年级贯彻始终,否则,总目标难以达到。

实验班的作文教学就是按照循序渐进的原则进行的。探索的路子是,从作文的内容入手,以"三层分步"训练序列进行,全面培养学生的语文表达能力。

第一层:说话、写话训练。说是写的先导,说与写的训练从一年级开始,贯穿于小学语文教学始终。除结合识字、阅读教学训练外,还采取了多种形式进行训练,如看图说话、讲述故事、回答问题、观察事物说话等,学生在说话实践中,口头表达能力和兴趣逐步提高。在说话基础上,说写结合,将口头语言转化为书面语言,对学生的作文是一次飞跃。

第二层:单项训练。特别突出写段的训练。此阶段担负着承前启后的任务。从说话、写话到高年级作文,中间有个过渡。这个过渡训练,主要由观察画面向观察生活过渡,由片断训练向篇章训练过渡。通过训练,学生能根据自己的见闻写人、记事、状物。

第三层:篇章结构和命题作文训练。

1. 重点训练。主要是作文的基本功训练,每组课文有一个训练重点。训练重点如审题、立意、选材、构思、写提纲;又如记叙顺序、主次与详略、文章条理、文章

的思想感情;再如状物文章特点、叙事文章特点、写人的文章特点以及如何改文等。逐项训练,逐项掌握,循环往复,逐步提高。先是仿写,再放手让学生自己拟题写作。

2. 综合练习。在重点训练基础上进行综合性作文训练,注意习作能力的全面提高。在综合训练中,采取抓住重点、读写结合、集中训练的策略。

3. 改文训练。修改作文是习作过程中不可缺少的环节。改文训练从单项习作开始,读写结合,依照单元教学训练重点,对照习作,逐条检查修改。

自改和互改结合。学生自己找问题,查原因,改草稿,使学生处于主动地位。再分组评改,互相交流,互相启发,意见不一,进行争论。既提高了习作水平,又提高了品评文章的能力。

三、培养学习兴趣与传授知识、训练能力、发展智力相结合

(一)培养观察能力,养成观察习惯,让孩子们眼睛明一点

在识字中对于字的笔画要看仔细,区别形近字。要指导学生细心观察。在阅读中要求学生读准字音、词句连贯、读得有感情,首先要仔细观察课文的字句及标点符号,看准了,才能读得准确、流畅。作文中如果是状物、写景的,更要观察仔细。

指导学生观察方法。一般是从整体入手到部分再到整体。可由上到下、由远及近或由近及远地观察。结合课文观察社会,观察大自然,并要求写下来。通过各项观察活动,学生要说的话多了,提的问题多了,知识丰富了,逐步产生了观察的兴趣,养成了观察的习惯。

(二)培养学生的注意力,上课专心听讲,让孩子们耳朵灵一点

为了培养学生专心听讲的习惯,教师采取了多种多样的教学方法吸引学生,启发学习兴趣。将课堂教学组织得密度大,一环扣一环,使学生既紧张又活泼。

(三)培养学生的思维能力,形成良好的思维品质,让孩子们的思维活一点

启发学生多思、好问。从三年级开始,就训练学生预习,先是教师提出预习问题,到三年级第二学期,学生就自己提出问题,根据自提的问题进行预习,课上讨论,学生大多争相发言,思维非常活跃。

(四)培养学生的记忆能力,让孩子们记得牢一点

良好的记忆是学习、掌握文化科学知识的必要条件。教学中要求学生记忆的内容明确,少而精。如将不同类型的几个词写在一起,看一分钟后,要求学生准确地写下来,再依次归类,帮助记忆;听写字、词、句,写后读两三遍,再默写下来;老师提出一连串的问题,要求学生听懂后按顺序回答;背诵古诗;对低年级学生多用

无意识记忆,通过讲故事、看图等形象的教学手段记忆字词。为了让学生长久地保持记忆,一要使学生的多种感官参与活动;二要调动学生的思维活动。

四、培养学习兴趣,打破教学过程模式化,教法灵活多样

打破"注入式""满堂灌"的教学方法,引导学生从被动学习转为主动学习,教学方法多样而富于变化。有的方法重在树立学生高尚的情操,培养自学能力;有的方法重在训练学生的思维能力;有的方法重在发展学生的创造能力。

(一)形象教学法

教学《狼和小羊》,按课文内容制作幻灯片,运用生动形象的语言,凭借图像,再现课文中的情境,给学生以强烈的真实感,较快地将学生带入"最近发展区"。在唤起形象思维的基础上学习知识,使学生在美感的享受中获得情感陶冶。

(二)陶冶法

运用情感因素,分角色朗读。边读边看幻灯,引导学生入境融情,爱作者所爱,憎作者所憎,使学生的感情受到陶冶。

(三)带读法

学完《狼和小羊》后,同学们很气愤。老师因势利导,指导学生阅读《公鸡和狼》,又明白了一个道理:只要动脑筋想办法,就能对付敌人。但最后狼逃走了,同学们不解心头之恨,觉得要彻底消灭敌人才痛快。于是指导学生阅读《东郭先生和狼》,使学生又进一步提高认识,对敌人不能讲仁慈,应彻底消灭敌人。这样精读一篇,带多篇,两节课学了三篇课文。

(四)思路导读法

1.审题教学,预测思路。将学生的思路引导到文章的思路中,设置悬念,激起学生的阅读兴趣。2.感知课文,理清思路。看看课文与自己所想的有无区别?3.理解作者的思路。

(五)以段带篇法

以教学《科学的大门》为例:第一、二自然段是总分式句群,先总后分。第一段重点教学,第二段放手让学生自己学习,理解句子之间的关系,使之知道如何使句子连贯,层次清楚,从而也进行了逻辑思维的训练。

(六)迁移法

利用新旧知识之间某些相似或相对的联系性,在学习新课时,充分引导学生迁移有关课文的相似或相对之处,启发学生比较对照,以达到以旧带新、温故知新的目的,提高阅读效果。

(七)提要法

提要法可以训练学生的逻辑思维能力。通过"提要"理解课文内容,是一种重要的读书方法。

(八)数序引导法

运用数序引导学生探索问题,理解课文,可以培养学生的概括能力,提高逻辑思维水平。课文内容经数序梳理后,就会显示出内蕴的条理性,易于记忆。

(九)创造教学法

如教学《穷人》一课后,出一道练习题:"桑娜拉开帐子以后……"要求学生补写拉开帐子以后,桑娜家里发生的事情。学生首先要展开想象,才能写出来。许多学生写得很好。

(十)单元教学法

单元教学法,不仅抓住重点,节省时间,而且极大限度地丰富了学生的阅读实践,提高了自学能力。

教学实践证明,学生有了学习兴趣,才能唤起学习的自觉性、积极性和主动性,使学生专心致志地学习,以顽强的意志克服困难,进而形成良好的学习习惯。

(张祖环,原天津市成都道小学的教导主任。她毕业于北京师范大学音乐系,从20世纪40年代开始就在小学工作。她具有小学各科教学的丰富经验。她对集中识字教学实验的指导非常认真细致,由于没有教学参考,每课前她都给老师写出教学要点,随堂听课,课后评议,不但实验老师受益,我们也学到很多东西。所以在前三年的教学实验中是很顺利的。张主任不但对于实验老师认真指导,而且对于集中识字教学的理论进行了深入的研究。她随教学指导,不断总结经验。由于她在实验进行的第四年,忽患肺结核病,因而退休。她病好以后,虽然退休,仍然不忘实验工作,于1988年(实验班学生已毕业)写出了近两万字的实验总结——《探索小学语文兴趣教学》。由于字数较多,不能一一录下,我仅选录了主要部分,从中可以看到,这篇论文对实验的指导性和实用性。)

遵循规律,提高学生的语言表达能力

高恒利、高萍

小学语文教学,包括识字、阅读、写作三个部分。以集中识字为基础的小学语文教学改革实验,主张集中识字、大量阅读、读写结合,综合训练学生的语言表达能力。

发展语言,包括发展口头语言和书面语言,以及处理好口语向书面语的过渡;发展语言,就是培养学生的听说能力和读写能力。尽管说、写是外化的表达,但训练儿童表达能力,是不能也不可能脱离"会听是会说"的前提,不能离开"读是写的基础"。

五年来,我们的实验班,在作文训练时,是本着上述的指导思想进行的。有以下几点体会:

一、遵循语言规律,识字、学词、练句紧密结合

儿童识字,既是目的(就学会一个汉字来说)又是手段,识字的终极目的是发展儿童的书面语言,所以识字是发展儿童书面语言的手段。不能认为由于集中识字,识字和课文在一定时间内脱离,就认为集中识字不体现语言规律了,这是一种偏见。正如分散识字主张在发展儿童语言中识字一样,集中识字是在识字过程中发展儿童的语言。集中识字肯定要求儿童对字的音、形、义统一掌握,要讲字义,就离不开词,讲字、词就必须结合句子,字也是通过学词、学句来理解的。语言的一条基本规律,就是字离不开词,词离不开句,句离不开文。我们在识字教学中,把字、词、句紧密结合起来,这是按语言规律教学识字。只有这样,才能发展儿童的语言,才能使儿童在识字的同时,掌握词和句的书面形式,这些都是学生们写作的基础。

二、理解语言规律,搞好读写结合

语言规律是客观存在的,语文教学走向科学化,必须用语言规律(当然还有一些其他规律)做指导。运用语言规律指导教学,就必须对语言规律有明确的理解。语言规律,也有的称之为语言法则,或称语文组织规律。不论是阅读(理解语言文字)还是写作(运用语言文字表达),都涉及语文的组织问题。语言法则(文法)包括词法和句法。汉语主要倾向于研究句法,从句法起研究用字、组词,离开句法讲词法,往往会钻牛角尖。语言是由词和句子组成的。词是语言中能独立运用的最小单

位,它是反映事物概念的;句子是语言的结构,是语言运用的基本单位。要理解语言就要先理解词和句的含义;要表达语言,就要把所表达的事物、概念弄清楚,弄清楚以后才能说、才能写。理解字、词、句对于用字、词、句表达是有意义的(这里不多赘述)。可见,想在写作训练上收到成效,就要在阅读上下功夫,所以应当搞好读写结合。

读和写是两个不同的过程,但都是学习语文的目的。它们之间是对等的关系,同时两者之间又彼此相联系,两者之间有着共同的"联系点"。联系点包括,对这一篇文章的构思、选材、谋篇、分段、造句、用词等。"读懂别人的文章"是指围绕这些"联系点"从具体的语言文字理解概括的思想内容;"写文章的道理"则是指从概括的思想内容又回到具体的语言文字的表达。这样,从具体到抽象,又从抽象到具体,这一辩证统一的过程就是我们搞读写结合的心理依据。

读写结合,读中学写,对于整个小学作文训练是不可缺少的。我们在阅读课上,结合阅读课的内容,从三年级上学期开始,就有意识地教给学生一些有关读写方面的规律性知识。例如什么是文题,什么是文章主题,文章内容和文章题目有什么关系,解文题的方法等等。同时还结合教材,对文章开头、结尾的作用,文题与划分段落的关系,归纳文章主题的方法,重点词句对文章主题的作用等等进行了训练。这些训练力求由易到难、由简单到复杂,充分相信学生的理解能力,每一次训练结束,都要求学生自己整理心得。

三、运用语言规律,指导习作实践

按照语言规律,字词句教学紧密结合,发展学生的语言,进行了造句、听写、口语等项训练;与此同时,对语言规律加深理解,搞清楚字、词、句在理解语言和运用语言中的作用以及理解和表达之间的联系。这些都不能代替学生的习作。学生成篇文章的完成,要经过大量的习作实践。而习作实践,则要求教师指导学生,正确运用语言规律。对于小学生习作,我们认为,只要学生用自己的笔头把学生心中所想表达出来,文章通顺,有条理,有主题,能达到"理真、情切、意达",就基本合乎要求了。要把一件事叙述清楚,做到"文通理顺",就必须要正确选择词语,使之运用得当,还要安排好句子,使句子与句子、句群与句群之间的联系合理,衔接自然,围绕一个意思(主题)展开,使成句、组词、用字与全篇和谐地统一起来,也就是要运用语言规律来指导学生的习作实践。

学生习作,不能指望一下笔就写好了,成年人写东西,还需要反复修改,何况小学生呢。而且小学生习作是一种训练，更需要不断地实践，才能逐步达到训练的要求。阅读教学要求读写结合是正确的，但阅读是学生从他人的材料中，从理论、方法上掌握了一些知识，还不能说明学生能够运用知识，还要进行大量的习作实践。

习作实践，我们侧重于从两方面进行训练。一是培养学生编写作文提纲的能力。二是对习作实践的量做好合理的安排。

小学作文训练是语文教学有机的组成部分，作文训练和识字、阅读都有着密切的关系。不论识字、阅读还是习作，都是为了发展儿童的语言。所以，进行语文教学一定要从发展语言入手，作文训练也不能例外。这一点，我们在教学过程中要给予充分的重视。

（原载《小学语文教改通讯》，1985年第4期）

集中识字中的"读、比、议"识字方法

高　萍

1979年秋季，我校在天津师范大学教育系田本娜、高恒利两位教师的帮助下，进行语文教育实验。我担任实验班的教学，从一年级开始使用黑山北关实验学校的教材。

实验教材要求，一、二年级采用集中识字教学方法，学生识字量达2500个。要学得快、记得牢，必须要改进课堂教学。改进教学，首先要从学习教材入手，只有理解教材编写意图，才能在教学方法上进行研究。天津师范大学的田老师、高老师给予了我细致耐心的指导。

认识过程一：形声字归类和基本字带字识字法

汉字尽管数量很多，但就一个字来说，包括音、形、义三要素。识字的任务就是使学生在头脑中建立音、形、义三要素之间的联系。识字课本正是以字形规律为主而编排的。先学汉语拼音，打下识音的基础。学汉字时，先学独体字，再学合体字。独体字教学要一笔一画地教和学，随教学独体字，使学生掌握笔画名称和笔顺规则。教学合体字时，随之教学生认识偏旁部首及合体字的构字方法，使学生学到汉

字构造方法。从汉字的构字方法来说，形声字在汉字中占80%左右。集中识字是按汉字形声字规律编辑的教材，教学汉字，既不是零敲碎打地教识字，也不是孤零零地教学一个个互不联系的汉字，而是要一串一串地比较着辨认，也就是教学生学习汉字的构字方法。如由一个基本字"艮"带出一组生字，"根、跟、很、狠、恨"，学生们用声符标音、形符标义的规律，很快找出它们的差别。对字的音、形、义之间的联系进行分析，从而加深对字的理解和掌握，这样就把复杂而众多的汉字大大地简化了。又如，"昔——惜、借、醋、鹊"，一组字不全是形声字，用什么方法突出规律性呢？这里要强调的是基本字相同，重在区别不同点，就是用偏旁表义方法认识字，采取基本字带字解决非形声字归类的学习方法。同时利用迁移规律学习基本字带字。学生了解到汉字的构字规律，遇到新字能很快地进行感知，举一反三，就这样让学生掌握了基本字带字的学习方法。

认识过程二：在语言环境中比较记字法

学生在理解汉字规律基础上记忆汉字，就是按字的组成去进行记忆。集中识字把形近字、同音字集中在一起，在理解的基础上去进行感知和记忆，是能够区别的。这样就可以把客观上易混的字通过比较进行分析，做到主观上不混。这种正面解决疑难的做法是有效的。常用的方法，除比较不同的偏旁部首的意义外，还着重在句子中比较近义字、同音字的字义。例如：

（值、直）

今天小明是值日生，他一直把教室卫生打扫干净才回家。

（座、坐）

小红坐在自己的座位上做作业。

同学们很快对以上的形近字、同音字做出了准确的选择判断。这种用形声规律记字的方法是学生容易掌握的识字方法。

认识过程三：总结"读、比、议自学方法"

第一个实验班毕业后，自1986年又开始第二个实验班的实验教学，此次使用了中央教育科学研究所与黑山北关实验学校合编的教材。在这一轮的集中识字教学中，有意培养了学生的自学能力。在这里要说明两点：一方面老师已经熟悉教材；另一方面二年级的学生已具有初步的识字能力。所以在课堂上注重培养学生自己看书，自己学习。我是这样做的：先读一读。读拼音，读生字，看谁读得准。然后比一比。用生字和基本字相比，生字之间相比，有哪些相同点，有哪些不同点，看谁比得认真。这里的"比"指的是比音、比形、比义。采用互相交流的学习方法。一般是同桌两人交流议论,哪个字最好学,怎样学会的,哪个字有困难,能想出办法学会吗。学生利用汉字的形声联系、形义联系、声义联系自己识字。经过一段时间的训练,有的生字学生们完全可以自学,甚至不用老师教,学生就要求老师进行默写检查。高恒利老师称这种学习方法为"读、比、议自学法"。至今"读、比、议自学法"在我校识字教学法中仍被采用,并成为学生们易于掌握的识字方法。

总之,在天津师范大学田本娜、高恒利老师的具体指导下,我充分认识了汉字的规律,努力改进识字教学方法。在教学实验中,帮助学生提高了识字速度和识字效率,培养了低年级学生良好的学习习惯。

(写于2000年4月)

以集中识字为基础的阅读教学

高 萍

以集中识字为基础的小学语文教学整体改革实验,自1979年至1985年,我已经完成了第一轮的实验工作。实验过程中,由于缺乏经验,遇到了一些困难,但学生毕业时的语文水平,还是令人满意的。1986年暑期后,我又接了一个一年级的实验班,因在第一轮的实验中已积累了一些经验,第二轮实验从开始就比较顺利。

一年中,除了认真进行识字教学,完成识字教学的任务,还使学生在语言环境中巩固字词、运用字词。同时注意培养学生的阅读能力。下面围绕一年级在集中识字基础上的阅读教学,谈谈我个人的一些做法。

一、学生的阅读量和学习效果分析

一年级上学期重点放在识字教学上,阅读只限于课内教材。下学期,在上学期的基础上,学生识字能力提高,有了增加阅读篇目的基础。

一年级下学期末,我对全班学生的自学能力进行了一次书面考查验收。从测试结果看,识字效果最好,对字的拼音、笔画、结构、偏旁部首一般掌握较好,组词能力也较强。其次,阅读理解能力是较高的。90%以上的学生能够概括课文主要内容和主题思想,说明一年级儿童的已具有一定的概括能力。同时也发现学生的创造性思维能力是较弱的,说明在今后的教学上应着重训练学生的创造性思维能力。教学中启发学生动脑思考,培养记忆力、想象力、分析判断能力等。在集中识字的基础上,注重运用语言规律、儿童认知规律及迁移规律对识字、阅读教学进行指导,不仅完成了用较短的时间解决识字速度的问题,同时在识字教学中发展了儿童的语言,相应地发展了儿童的思维。从一年级的阅读教学开始,培养学生的理解能力。

二、精读带略读

阅读量增大,必须培养学生的自读能力。首先必须转变教学指导思想,不能采取篇篇由教师讲细、讲透的方法。要相信一年级的小学生也可以在教师指导下,以自读为主,在阅读实践中,提高读书能力。我基本上采取以精读带略读的方法。就是在集中识字的基础上,注意运用语言规律和学习迁移规律,把课文组成一个单元。每一个单元有精读篇,也可称为基本篇;有略读篇,也可以称一般篇。基本篇要精读,一般篇略读。学习略读课文时,运用从精读篇中学到的方法,提高阅读能力,并通过学习略读课文,加深对精读课文的理解。例如:学习《狼和小羊》《公鸡和狼》《花猫和老鼠》一组寓言故事,以《狼和小羊》一文作为基本篇,带出后两篇,共用两课时完成教学。

三、在语言规律指导下,培养学生的理解能力

(一)在语言环境中,比较加深理解汉语单音词的多义性

秋平要睡觉了,还向妈妈要糖吃。

（该）　　　　　（讨）

牙要疼了吧？一定要保护牙齿。

（会）　　　　（需要）

(二)旧字新词的理解,教给以下三种方法

以"沸腾"一词为例:

1. 从字面上理解:把水加热到一定温度后的现象。

2. 由字面到引申义的理解:情绪高涨。

3. 结合上下文理解:"……同学们立即沸腾起来……"

学生结合上下文很容易理解为:同学们看到精彩表演后的激动情绪。

(三)结合课文,认识比较简单的句式关系

如《司马光的故事》一文中:"许多小朋友慌了,有的喊着跑了,有的跑去叫大人……"教学生认识"许多……有的……有的……"这样的句群关系。

(四)学习标点符号,了解作用,理解句意

如《小马过河》一文中:"没……没想过。"小马低下了头。句中的省略号表示断断续续地说,而不是省略的意思。紧扣教材,引导学生分析省略号的不同作用。

(五)结合题中的重点词,设计问题,剖析课文

如《小蝌蚪找妈妈》一文,围绕重点词"找"设计问题:小蝌蚪怎样找妈妈?找到了吗?妈妈什么样?

(六)教给学生几种文题的命题方法,认识文题与内容的关系

《司马光的故事》——点明人物;

《小蝌蚪找妈妈》——概括内容;

《壶盖为什么会动》——提出问题。

(七)学文后画彩图,加深对语言的理解,培养学生的想象力

学习《春风吹》《咏鹅》等课后,要求学生根据课文内容,画出彩图,学生结合文中词句:"鹅,鹅,鹅,曲项向天歌。白毛浮绿水,红掌拨清波。"想象出鹅在水中游的神态,同时用画笔画出来。一年级期末,学习课外阅读《猴子摘玉米》一文后,同学们根据课文内容,画出五幅连续彩图。有的同学更换了文题,标在彩图上,如"一事无成的猴子""一无所得的猴子""小猴子后悔了"。这几个文题很生动,因为它们正是课文所表达的主题思想,说明同学们对课文内容已经完全理解了。这种训练方法,在第一轮的实验中,是从中、高年级开始的,实践证明,对于一年级的学生,也是有可能接受的。

(写于1988年)

小学作文教学中的素质教育

高 萍

素质是个人在遗传因素的基础上,通过环境影响或教育训练所获得的、稳定的身心发展的基本品质。小学基础教育是以全面提高学生的思想、品德、情感、科学文化知识和身体、心理、劳动技能素质,发展个性为目的的素质教育。小学素质教育实施的重要途径之一是各学科的教学,语文学科是学校对学生进行素质教育的主渠道。语文学科的重要特点是语文能力训练,而小学作文教学是训练学生掌握运用文字表达自己的思想情感的基本途径。

在我任教的实验班中,我在小学作文教学的研究实践中,有目的地以教材为依据,以学生的生活为范围,充分发挥语文学科的整体功能,培养小学生的语文素质。

一、在作文教学中提高学生的思想认识

学生作文立意正确,取决于对事物的正确认识。在作文教学中,教师要善于发现和引导学生正确认识身边的事物,从中培养高尚的思想、品德、情操,在学习作文中学习做人。

(一)引导学生认识事物

在作文教学中,能帮助学生认识原本陌生的事物。通过做小实验、种植等动手实践,让学生在观察思考中了解、认识新的事物,并将这个过程和感受记录下来,既练习了作文,又丰富了生活。

(二)帮助学生准确认识事物

限于小学生的生活范围,往往容易把习惯了的事物误认为是正确的。有一次小练笔,一位学生写道:"晚饭后,爸爸抄起了报纸,妈妈也在一旁看书,我拿出书本写作业,我奶奶又继续干活了,擦桌椅、扫地……我写完作业抬头一看,奶奶坐在沙发上睡着了。"这篇练习内容,观察仔细,说了真话,符合要求。一家人晚饭后都有自己的事情做,但是在尊敬老人的思想认识上是模糊的。我采取了对比的方法,又选读了一篇,写晚饭后全家人尊敬老人、合家欢乐的文章。那位同学很快悟出了道理,立即找老师要回自己的作文进行修改,检讨自己没有帮助奶奶干完活再做作业。在作文教学中,要帮助学生准确认识事物,培养自觉的行为习惯。

(三)帮助学生深刻地认识事物

在校园生活里,有很多活教材,它们发生在同学身旁,要不失时机地抓住美好的言行、感人的场面,在作文训练中培养学生正确深刻地认识事物,使作文内容具体,言之有理。我班在全校两操比赛中获得两项冠军,捧回全部奖品。抓住这一事件,组织班会讨论获得冠军和奖品后应该怎样做。同学们思想活跃,踊跃发言,有的提出把最好的奖品送给兄弟班,有的同学不同意。经过激烈争论,大家认识提高了,认为更应当珍惜的是友谊。

二、在作文教学中培养学生的审美情感

情感是发展学生语言不可缺少的心理因素。学生在读书时,经常会被文章所塑造的伟大形象或动人的情节、优美的景色所感动,对他们思想、人格的形成起了巨大作用,会在学生一生中留下难以磨灭的印象。在作文教学中,教师要引导学生认识大自然,培养对大自然的热爱,了解生活,识别真、善、美,做心灵美的人。

(一)培养学生喜欢自然美景的情感

我经常把学生带出校园,到大自然中观察自然美景。课文中写春天,就到大自然中找春天,认识春之美,抒发爱春天的情感。写冬天,就要认识冬天的美。有一天,正逢难得的大雪天,我们走出校园,结合曾学过有关雪的诗文,师生一起领略这自然的风光。随后,我以"雪"为题,让大家进行一次习作练习,不少学生写得生动、形象、逼真。

(二)培养学生热爱美好生活的情感

在作文教学中,教师要善于设计情境,激发学生情趣,给学生创造表达情感的机会,当学生心有所思、情有所感时,才能写出真情实感。

(三)培养学生健康美好的心灵

刘继东同学从一年级到六年级写了六篇鸡的作文:《一直不守纪律的小鸡》(一年级)、《可爱的小鸡》(二年级)、《鸡》(三年级)、《我爱鸡》(四年级)、《公鸡外传》(五年级)、《心愿》(六年级)。这六篇作文不仅反映他作文能力的提高,而且逐步丰富了他的认识能力。这些能力对学生的成长是非常重要的。由于他爱鸡,和鸡建立了深厚的感情,多次写鸡,感情真切。"一群小鸡不见了,只见几个脑袋和鸡爪子。原来,小鸡被黄鼠狼吃了。我看着这情景难过地流下眼泪。"大公鸡欺负小母

鸡,他对小母鸡心怀同情。一只老母鸡病死了,这时他已是四年级的学生,虽然没有落泪,却写道:"我真是悔恨极了,晚上我怎么没有发现它病了呢?我怀着极大的痛苦,埋葬了黑母鸡,并给它做了个墓……"经过对鸡认真的观察,认识不断深化;在观察过程中,肯于思考,发现不懂的问题,激发求知欲望;他又带着问题去读书,在学习中弄懂了问题,发现了新问题。他不断观察、读书、思索,从而使自己认识到"大自然的奥妙无穷无尽",要以"书山有路勤为径,学海无涯苦作舟"的精神学习,学习,再学习。在他小学即将毕业时,写下《心愿》一文,长大后要当一名生物学家,研究鸡,研究宇宙间的生物。

三、在作文教学中培养学生的主动性

在作文教学中,要把学生放在主体的位置上,培养他们独立思考的能力和创新意识。

(一)从命题角度培养学习的主动性

作文命题应是学生生活范围内的事。如前所述两操比赛的内容,要求学生自己命题作文,共写出十几个题目;还有一次,练习写小动物时,同学们共写了二十几个题目:《"馋嘴妈妈"的母爱》(猪)、《笼子里的"歌唱家"》(蝈蝈)、《铁罐里传来的"歌声"》(蟋蟀)、《热带之友》(鱼)、《公鸡外传》(鸡)等。这种自命文题作文的形式,调动了学生的积极性。

(二)从写作内容上培养学习的主动性

作文教学,要让学生有话可说,有内容可写。我经常让学生自己选择角度,把他们认为看得最准、感受最深、最有把握写好的部分作为写作内容。

(三)从互评自改中培养学习的主动性

小学生作文能达到内容具体,词语准确,句子通顺,不是练写一两次就可以的。我的做法是放手让学生互评、自改作文。从学生实际出发,发挥学生的潜力,激发学生的兴趣。具体做法是,在班上成立作文评议小组,若干个评议小组包括了全班同学。每一小组公推几名作文水平较高的学生组成作文中心组,把学生自改、互改和教师指导批改结合起来。凡大作文都经过这样的评议小组:学生在小组内读自己的作文,本组同学边听边思考,然后按老师评议的要点发表意见。被评议的同学认真听取大家的评议,在需要修改的地方做标记,甚至记下具体的修改语句。通过小组评议"出线"的同学,把作文交给中心组批阅。没有"出线"的,则根据评议时同学们的启发、补充意见自行修改。例如袁颖同学在总结自己的作文时写道:"我

这篇《"馋嘴妈妈"的母爱》一共修改了五次。"这样互评、自改作文的过程,就是让生活经历大致相同的学生在一起,用孩子们的语言、思想互相交流,互相学习,使同学们自始至终参与作文教学的全过程。这种范围的听、说、读、写能力的训练,培养了小学生的学习兴趣和习惯,而这种学习的主动性则是符合素质教育要求的。

小学阶段,正值青少年长知识、长身体的重要阶段,是他们形成正确的价值观、道德观和科学的人生观的奠基阶段。我们要不失时机地抓住这一阶段学生的素质教育,重视小学作文教学的研究,发挥作文教学在素质教育中的作用。在语言训练中,提高学生的思想认识,培养良好的行为习惯和正确的审美观念,不断提高学生的作文能力,使小学生生动、活泼地学习,在德、智、体、美诸方面获得全面发展。

(原载《天津教研》,1998年第6期)

一次作文集中训练评议课的课堂纪实

班级:天津市宜昌道小学五年级三班

时间:1984年4月6日

教师:高 萍

课时:二课时

纪实整理:高恒利

评析:田本娜

教学过程:

一、教师板书此次作文课的内容和要求(在作文课开始即提出,为了便于评议再次提出来)

内容:写小动物

要求:

1. 围绕文章主题,抓住文章要点写;

2. 自定文章主题,自命文题;

3. 准确用词。

二、三名学生读自己的习作及构思、修改过程

（一）袁颖读《"馋嘴妈妈"的母爱》

胖乎乎的大脑袋，一对支棱起的扇风耳朵，圆滚滚的身子，一条细细的小尾巴打着卷儿翘在屁股后面，你认得它是谁吗？它，就是我要向你们介绍的"小馋嘴"——阿白。

母猪阿白住在我家马路对面，"王顶堤"大队的一户社员家中。每天放学，我总看到它在路边的废物堆里一个劲儿地"拱地皮"，时间一长，我们也就相识了。它长了一身的白毛，因此我叫它"阿白"。

别看阿白早已当上了妈妈，可是它的嘴可馋着呢！看见什么东西总要尝一尝，别的伙伴找到了什么东西，阿白也总是过去凑凑热闹，嘴里还不住地哼哼着，似乎在对自己的伙伴说："给我吃一点吧！咱们是朋友，有福同享嘛！"唉，真拿它没办法，就这样，它的"小馋嘴"也就成了名！

阿白有七个可爱的娃娃，它常常带领自己的一家，到马路旁的废物堆——它的理想的"家庭餐厅"去用餐。那里有新鲜的菜叶，还有人们倒下的剩饭……总之，在那里，它们可以自由自在地由着自己的胃口去觅食。吃饱了，便找个地方躺下来，让暖和的阳光照射到自己的身上，多舒服呀！这里真可谓是它们理想的"乐园"了！

阿白很爱自己的孩子，决不许别的伙伴来欺负它们。记得有一次，阿白的孩子们找到一大片新鲜的菜叶，它们低着头慢慢地吃着，仔细品尝着菜叶的味道，七个小脑袋几乎凑到一起了。而这时的馋嘴妈妈呢？它强咽口水，自己去一边另找食物了。它绝不会去抢孩子们的食物，绝不忍心自己吃饱，让孩子们饿着。

可是就在阿白刚刚离去的时候，一头大黑猪不知从哪里走来了，它的头要比阿白的孩子们大上好几倍，它贪婪地望着那片青菜叶子，忽然像一个大力士似的冲了上来，没费力气，就把七头年幼的小猪挤开了，菜叶子到嘴了！七头小猪惊叫着，四处

逃散。在一旁观察的我,恨死了这头大黑猪,正想走上前去,突然,阿白闻声赶来了。当它看到自己的伙伴无理欺负自己的孩子,顿时被激怒了,它大叫着冲了上去,大黑猪一下子被来势汹汹的阿白震住了,它惊叫着逃了,可阿白紧追不放,直到把大黑猪赶出了老远,才回来招呼自己的孩子们继续用餐。细心的阿白再也不肯离去了,它亲昵地舔着孩子们的耳朵,让它们享受着母亲温暖的爱!

别看阿白是个"小馋嘴",可是,生活在它身旁的孩子们,时刻能享受到温暖的母爱,它们有多幸福呀!

(二)《"馋嘴妈妈"的母爱》写作提纲

主题思想:本文说明阿白的嘴很馋,但更爱自己的孩子。

本文的要点:

1. 阿白的嘴很馋,什么东西都要尝一尝。

2. 阿白更爱自己的孩子,绝不让它的孩子受欺负(用第一个要点衬托第二个要点)。

写作提纲:

1. 阿白是个"小馋嘴"。

(1)阿白见到别的伙伴找到了什么好吃的东西,总是过去凑凑热闹。

(2)表达主题,阿白的嘴很馋。

2. 阿白更爱自己的孩子。

(1)阿白有七个可爱的娃娃。

(2) 阿白总带着自己的一家到道路旁的废物堆——它们理想的"餐厅"去用餐。

(3)阿白的孩子们找到了好吃的菜叶。

(4)大黑猪来抢食。

(5)阿白赶走了它(阿白很勇敢)。

表达主题:阿白更爱自己的孩子。

本文的写作顺序:由概貌入细微。

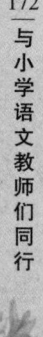

(三)《"馋嘴妈妈"的母爱》修改过程

这篇《"馋嘴妈妈"的母爱》一文,我一共修改过五次。

第一次,我把文章的开头与结尾稍作修改。回想起我看过的有名的作品的结尾都是十分吸引人的,而且,大多数都起到了突出主题的作用。这篇文章的结尾用阿白的"孩子们"生活得幸福,突出了"阿白对孩子们温暖的爱"这一主题。

第二次修改的时候,我受到《读写知识》报中《猪吃食》这篇文章的启发。我模仿《猪吃食》这篇文章,由一件事将全文贯穿起来,看上去更加紧凑。

第三次修改,我反复阅读《冬眠》这篇课文,这篇文章的作者简直把小动物写活了,十分生动,于是我又学习了拟人的写法,把阿白的形象描写得比较真实。

第四次修改,我在日记本上找到了前几天写下的一篇日记,充实了这篇文章的内容。例如文中的"大黑猪抢食"一段,就是从上面摘记下来的。这回我又尝到了写日记的甜头。

最后一次修改,我只是改正了一些不通顺的句子和不正确的用字,然后把整篇文章整理出来。经过以上五次修改,这篇文章大体上就算完成了。

(四)黄立立读《"游泳冠军"和"魔术师"》

离开家乡七年了。可是我还常常想它——冀县的一个小村子。这不是因为它风光秀丽,而是因为它给我带来了一串串欢乐的梦;那竹园里银铃般的笑声,稻田间婉转动听的歌声,河滩上棉花似的樱桃状的小小的脚印——对,还有我的小朋友——小青蛙。

提起我那朋友,先得说说它的装饰。它穿着一件带有黄绿斑纹的极其好看的背心,可惜背心太短了,把白白的大肚皮露在外边,它还有一双圆鼓鼓的大眼睛,像要瞪出来一样,要是测视力准有二点零。我们还是在它们举行的一次竞赛中认识的呢。一天上午,我和表弟去摸鱼,刚到池塘边,就见有几条鱼正在追几只肥壮的青蛙。大家都知道鱼是水中的游泳能手,几只青蛙怎能赛得过它们？"二米、一米、一尺……"眼看就要追上了，只见青蛙把眼睛瞪得更大了，用它长满肌肉的有力的后腿一蹬，一下子蹿得很远，那几条鱼看着青蛙远去的背影，长叹一声游走了。原来，青蛙的游泳速度连鱼也是望尘莫及的呀！难怪人也要学它的姿势游泳呢。青蛙真是一个名不虚传的"游泳冠军"。

有一次我和表弟逮了只青蛙，为了不让它逃窜，就用纸来包。可是出乎意料的是，我用纸扣它的时候，它显得很温顺，瞪着一双好奇的大眼睛望着我，而且变了颜色。这是为什么呢？我觉得很奇怪，连忙把它放了，这也许是我对它的怜悯吧。七年以来这个问题一直藏在我的脑海里，始终得不到结论。现在我从《少年科学画报》上得到了满意的答案。原来青蛙有一种特殊的本领——保护色。它在水草丛生的池塘里是草绿色，而到了没有水草的井里就变成了灰棕色。我这才明白了，当初我一定是用有颜色的纸扣它的。原来青蛙跟我开玩笑呢。青蛙的多种变色如同神奇的魔术师。啊！祝贺你，我将把魔术师的桂冠戴在你的头上。好吧！青蛙，咱们在世界魔术大奖赛上再见吧！

我们的交情不长。记得分别时在池塘边还冲我"呱呱"叫了几声，这也算是对我们刚刚建立起来的感情的留恋吧！

分别七年了，我的好朋友，不，"游泳冠军""魔术师"你在哪里？你是不是还穿着那件小背心？是不是还和鱼儿比赛？是不是还变魔术捉弄人？……

(五)《"游泳冠军"和"魔术师"》选材和修改过程

学完《冬眠》和《马》这两课书，老师让我们写一篇小动物。开始可把我难坏了，我的作文内容写什么呀？可是等我坐下了仔细一想，不禁想起我可爱的家乡来，那贪吃的大黄狗，机敏的小花猫，肥胖的老母猪，叽叽喳喳的麻雀，还有那一只只活泼可爱的小青蛙……

开始我想写老母猪，可写到老母猪吃食的时候写不下去了，因为老母猪很怕我，它吃食的时候总躲着我。写大黄狗吧，它对我那么凶，一见我便吼起来了，它贪吃的时候我也没看清。

对,写青蛙。我不禁想起我和青蛙相处的一幕幕情景来,我就把所想的全部写下来。

写完后,我觉得结尾赞扬小青蛙有点俗气,便改成以问话为结尾。在作文中心组评议的时候,卢斌同学说我捉青蛙不真实。我觉得这个意见提得好,因为我连一只猫都怕更甭提青蛙了,当时是我和表弟一块儿捉青蛙的。我就把文中的"我"改成了"我和表弟"。原来我的文题为"我的好朋友——青蛙",评议后,我觉得这个文题和主题思想不吻合,就改成了"'游泳冠军'和'魔术师'",这样强调了小青蛙的本领大。这就是《"游泳冠军"和"魔术师"》的由来。总之,我的这篇习作离不开我的家乡,要没有我这充满生趣的第二课堂,我和青蛙的友谊就荡然无存了。

(六)刘继东读《公鸡外传》

我写过几篇关于鸡的事,都是以我爱鸡为内容,但是最初我还有一段怕鸡的事呢……

那是我上一年级的时候,表哥给了我几只小鸡。过了半年,小鸡都长大了,我这才发现在我养的鸡群里,有一只大公鸡。这只公鸡绯红的冠子,橙黄的脖子,金黄的腿,全身像涂了一层油,在阳光下闪闪发亮,像一匹五光十色的缎子。它总是想跟谁打架,打架前还要做一些准备,它的眼瞪得似铃铛,毛都耸起来,两腿一支,摆好了架势,必要的时候还在地上磨磨钢钩似的嘴,准备拼命。它就这样常常欺负那些母鸡,把母鸡的头都啄破了,再也没有能管它的母鸡了,它又欺负我了。

我一出门,它瞪着眼,"嘎嘎、嘎嘎"叫着,就向我冲来,往往我被它的"进攻"吓得直跑。我问妈妈,怎么会不让公鸡啄我呢?妈妈说:"你总给它喂食,它跟你熟了,就不会啄你了。"我就想尝试尝试。

我抓了一把米,到了院子里。那只大公鸡又把眼瞪起,直向我这冲来,我一看又害怕了,赶紧扔掉米,逃进屋来。

以后我就让爸爸把大公鸡关在笼子里,我再去喂食。我隔着笼子把米撒在鸡槽里,大公鸡一面吃食一面抬头看着我,还不停地叫着"嘎嘎……"好像在说:"我啄你把你啄怕了吧?以后,我不啄你了。"我一看,我们的关系有希望缓和,心里很高兴,于是,我天天隔着笼子小心翼翼地喂它,大公鸡也比往常温驯了,它一看见我,就低着头,"嘎嘎"叫着,好像在说:"我错了,你把我放出来吧!"看来,它已经知道我把它关起来的原因了。

一个夏日的早晨,我把鸡放出来,让它们吃草,我让爸爸把大公鸡赶远点。我边玩边看着鸡,一不小心,绊倒了邻家的小妹妹。我赶紧赔不是,可是不管怎么说,那小妹妹的姐姐还是不依不饶。我真想跟她们干一架,可她们是姐俩,我一个,哪是她俩的对手,再说那个姐姐比我还大一岁,怎么办呢?正在这时,那只大公鸡把眼一瞪,紧盯着那姐俩。大公鸡又摆出了打架的姿势,把两个翅膀和羽毛都耸起来,两腿一支,又特意把嘴磨了磨,准备和那姐俩打架。它准备保护我,大公鸡这一举动把姐俩吓呆了,接着,那个小妹妹胆怯地开始后退,那个姐姐说:"不要怕!"她虽然这样说着,可是她的眼睛紧盯着大公鸡,看着大公鸡有何举动。大公鸡逼近一步,那姐俩就害怕颤抖着后退,索性转身逃回屋里。

大公鸡"嘎嘎"叫着、跳着,好像是个公正的裁判员出现在我们之间,在向那不讲理的姐俩宣战。我得到了平时最可怕的大公鸡的关注,看来它对我还是有感情的。我也得到了一个"动物警卫员"的保护。从此,我们的关系也缓和了。

这就是我回忆起的几年前的一段"公鸡外传"的事。

(七)《公鸡外传》的选材和修改过程

老师让我们写一篇小动物的事。我开始写的是《鹦鹉》,在参加小组评议时,同学们说我写的鹦鹉不够逼真、形象和生动。我又听到刘静同学读的《鸡》的文章,不禁促使我想起了我那可爱的大公鸡、黑母鸡、芦花鸡和白母鸡……又想起了我爱鸡,我和鸡亲密无间的往事,还想起过去我还有一段怕鸡的故事,于是就准备把这件事写下来。在命题的时候,我还想起了在春节晚会上,著名的评书演员袁阔成先生讲了一段《诸葛亮外传》的故事,题目的意思是说:在《三国演义》中,诸葛亮的故事里还有另一段故事没有讲。我也拟用这样的题目。把原来写的《鹦鹉》改为《公鸡外传》。这就是我写《公鸡外传》的选材过程。

我利用星期日下午的时间写好了这篇作文。星期一下午在第二次小组讨论会上,经过同学和老师的帮助,我在重点句和病句上进行了反复修改。以下就是我修改的六处有毛病的地方:

1. 开头我写了:"我写过几篇关于鸡的事,都是以我爱鸡为内容,我还有一段怕鸡的事呢……"同学们评论说:"应该在'我还有一段怕鸡的事呢'的前面加上'但是',用这个转折词,来连接前后两句内容,这样可以说明这是你回忆起小时候的一件事。"我就加上了"但是最初"。

2. 我在文章里写道:"母鸡没有能再管它的了。"老师看了说:"这句话不通顺。"经过反复推敲,把这句话改成:"再也没有能管它的母鸡了。"

3. 在我写大公鸡被关在笼子里吃食的时候,写了大公鸡有点温驯了,没有具体描写。我就加上了"它一看见我,就低着头'嘎嘎'地叫着,好像在说:'我错了,你把我放出来吧!'看来它已经知道我把它关起来的原因了。"

4. 在大公鸡要和姐妹俩打架时,加上了姐妹俩的表情,这样可以衬托主题,突出要点,不但我怕大公鸡,就连那姐妹俩也怕它。

5. "大公鸡打败姐妹俩后,'嘎嘎'叫着、跳着"的后边,我又加上了"好像是个公正的裁判员出现在我们之间,在向那不讲理的姐妹俩宣战"和"我得到了平时最可怕的大公鸡的关注,看来它对我还是有感情的"两句话。

6. 结尾句,我先前是这样写的:"这就是我几年来回忆起的一段'公鸡外传'的事。"同学们问我:"这是你好几年来回忆起来的?"我说:"不是的。"同学说:"你的文章结尾句写的,这就是我几年来回忆起来的,不就是写几年回忆起的吗?"在同学的帮助下,我把结尾句改成了:"这就是我回忆起的几年前的一段

'公鸡外传'的事。"以上就是我写完《公鸡外传》这篇习作后进行的修改。

三、小组评议过程

教师说明评议要求及评议方法。

评议要求:你喜欢哪一篇习作？为什么？

评议方法:按座位前后,四人一组,每人在小组发言,再由代表在全班发言。既代表小组意见,又表示个人的意见。

小组讨论后,代表发言。

(一)谭春晓同学代表小组发言

我是代表小组四人发言的。总的来说,这三篇习作都写得很好,而且各具特色。

我认为黄立立同学的习作最好。因为他的习作全篇充满了想象,尤其是写青蛙的外形部分。他生动地写道:"它穿着一件有黄绿斑纹的极好看的背心,可惜背心太短了,把白白的大肚皮露在外面。"这样一写,读者的脑海里自然就出现了青蛙那有趣的样子,可以说把青蛙都写活了。

李延龙最喜欢袁颖写的那篇《"馋嘴妈妈"的母爱》。他认为这篇习作的两个要点安排得好,用第一个要点——母猪阿白的馋嘴,衬托第二个要点——它更爱自己的孩子,有力地突出了主题。尹雅清同学则喜欢刘继东的《公鸡外传》。其中她最喜欢的就是公鸡打架前的准备,只见公鸡把它那鹰一般的"钩嘴"往地上抹了几抹,全身的毛都乍了起来,描写出了公鸡的勇敢、好斗的样子,又仿佛看到那姐妹俩害怕的样子,好像这只公鸡就站在我们面前,令人生畏。陈湘楠同学也喜欢这篇习作,他最喜欢的是被公鸡好斗样儿吓坏了的小姐妹俩的精神的描写。他认为这样写就更衬托了公鸡的好斗,使主题突出。

(二)李军同学代表小组发言

我们有一个共同的看法:他们写得都非常真实、生动,使文章中的小动物活灵活现。

卢斌说:"我喜欢袁颖同学写的母猪阿白的七个小宝贝在

垃圾堆里寻找新鲜菜叶的样子。"路乃筠说:"我喜欢袁颖写的介绍母猪阿白外貌的那段,'一对支棱起的扇风耳朵,一条细细的小尾巴打着卷儿翘在屁股后面'。"邹云说:"我喜欢黄立立写青蛙外貌的那句话'他穿着一件带有黄绿斑纹的极其好看的背心,可惜背心太短了,把白白的大肚皮露在外面'。"我还喜欢袁颖写的:"母猪阿白常常带领它的七个小宝贝,到路旁的废物堆——它们理想的'家庭餐厅'去用食。还有母猪阿白看到有一头黑猪欺负它的孩子们,就冲上去把黑猪赶走的勇敢劲儿和对它孩子们的疼爱。"

(三)刘言同学的个人发言

我喜欢黄立立写的文章,有三个原因:

1. 黄立立的文章开头写得好。他用了一串排比句写了家乡的美景,又用了许多准确形象的词语,如棉花似的、樱桃状的……把家乡写得很美,为下文起衬托作用。他不仅留恋家乡的美景,而且更喜欢家乡的小青蛙。

2. 他写了青蛙的样子、声音、颜色、动作,把青蛙写活了,真像"游泳冠军"和"魔术师"。

3. 他用设问句做结尾令人深思,使人们也想去看看青蛙是不是像他文中所说的那个样子。

(四)高路同学的个人发言

我喜欢刘继东的习作。刘继东写的《公鸡外传》,文题定得非常新颖,使读者很奇怪,小小的五年级的学生竟能写一篇外传,真是不可思议。看下去就会使读者明白,使人很爱看。刘继东同学起初写的是鹦鹉,小组评议的时候,同学们说他写得不逼真,他就立即用星期天下午完成了《公鸡外传》这篇习作的草稿。同学们的构思过程写下提纲只用一两页纸,他却写了三页,又经过反复修改。我要学习他不怕麻烦,认真作文的学习态度。

(五)下面是提问题的同学和作者的对话

徐杰问:黄立立的习作,主题是爱青蛙。他在前面一段话写青蛙和小鱼比赛游泳,这段话对突出主题有什么作用?

黄立立答：你连我这篇习作的主题思想都说错了。我习作的主题思想是"小青蛙本领大"。

谭宇强问：黄立立写鱼儿追青蛙那一段。那时你还没有上学，怎么知道他们之间的距离是二米、一米、一尺……怎样量出鱼儿和青蛙的距离？

黄立立答：我那时已经知道了一米和一尺的距离，我看见鱼儿追青蛙的时候，用眼睛测出来的距离。

肖维问：你说鱼儿见到青蛙跑远了，长叹一声……你根据什么说鱼儿长叹一声？

黄立立答：那时我见鱼儿吐泡联想到的。

肖维问：可是我还想问鱼是在水里，你在岸上还是在水里？如果你在岸上，怎么看得那么清楚？如果你在水里观察，鱼儿为什么没有被吓跑？反而在水中慢慢地游着？

但是下课了，肖维同学要求黄立立课后回答。

（注：还有同学代表小组和个人发言，因重复就省略了。）

四、教师总结

今天同学们评议得很好，不但提出三位同学习作的优点，而且还提出了问题。下面就这一次习作集中训练，提出以下几个问题。

1. 习作内容比较丰富。全班共写了十几种小动物，如猪、鸡、鹅、青蛙、蟋蟀、鸽子、鱼、猫、老鼠、狗、乌龟、蝈蝈、蝉、兔子等。

2. 习作的题目比较新颖有趣。共写出二十八个文题，如"'馋嘴妈妈'的母爱""笼子里的歌唱家""公鸡外传""游泳冠军'和'魔术师'""铁罐里传出的歌声""热带之友""我水中的朋友""有礼貌的管家"等。

3. 从训练重点看，大部分同学对"文章要点"表达主题的写法有所理解。这次习作都有进步，如尹雅清、王洪深、陈湘楠、赵大成、赵毅、韩爱军、李正雅、徐杰等同学，比前几次习作有较大进步，进步突出的有王义和卢斌两位同学。

4. 同学们习作的态度认真，积极性很高。从文章的立意、选

材到写文章的提纲,从起草、自改、互改到整理总结,同学们的态度始终都很认真,积极思考,主动修改。特别是刘继东同学,第一次小组评议后,认真听取同学们的意见,用星期日的时间,重新选材、定题起草,完成习作。

5.这次评议课,小组和个人发言都很积极,大都是依据这次作文的训练重点来评议的,说明同学们对于"文章要点"不但理解,而且在习作中有所体现。评议很活跃,有问、有答。在同学们的评议中,对于习作中写得生动、形象的词句,给予了好的评价,这是必要的。但是我最欣赏高路同学的发言,他不但认为《公鸡外传》的文题新颖,而且赞赏刘继东同学听取同学们的意见,改写了原稿,利用星期天完成习作,要学习刘继东同学"认真作文的学习态度"。

6.存在的问题

(1)有的同学仍没有学会抓重点。

(2)这次习作写得好的和写得差些的同学差距较大。

(3)错别字较多,这次习作错别字的比率为4.8%。

希望写得较好的同学继续努力提高,写得较差些的同学更要努力,找出自己习作较差的原因,努力改进,更希望同学们在习作中消灭错别字。

五、对这次习作评议课的评议

这节习作评议课是这次作文集中训练的总结课。从这节评议课上不仅可以看出学生的习作水平,而且反映出学生在这次习作训练中,从选材、命题到写习作提纲的过程,以及学生自改、互改的效果。所以对这节评议课的评议,必然也会联系到这次习作训练的全过程。

(一)作文集中训练的目的明确

作文集中训练的重点和阅读训练的重点是相结合的。从三名学生宣读的习作来看,基本上体现了读写训练重点——文章要点的训练。如《"馋嘴妈妈"的母爱》一文,体现了两个要点,正如有的学生评议的"用第一个要点'母猪阿白的嘴馋'衬托了第二个要点'它更爱自己的孩子'"。这篇习作即是围绕这两个要点展开,而突出主题思想。又如《"游泳冠军"和"魔术师"》这篇习作的主题思想是写"小青蛙"

本领大,写了青蛙既是"游泳冠军",又是"魔术师",通过这两个要点,反映出小青蛙的本领。《公鸡外传》一文,通过自己怕公鸡和邻居家小姐俩怕公鸡两件事,说明公鸡不但好斗,而且是有感情的。三篇习作都是通过要点突出了主题。经过这样的训练,学生基本上能够理解和掌握文章要点,使写出的文章条理清楚,从而也说明读写训练结合的意义。

(二)选材和命题丰富多彩

学生写什么?这是教师指导学生习作首先遇到的问题。命题作文,一般容易束缚学生的思路。高萍老师采取了结合阅读指导学生选材的范围,然后由学生自己选材、定题的做法。如这次习作是结合阅读课读了《冬眠》和《马》两篇写动物的课文之后,要求学生写一篇自己熟悉的小动物。这样既有统一规定的习作范围,免得学生漫无边际不知从何着手,又有学生灵活掌握的余地,不拘于一题,可以自选内容、自定文题,学生可以写自己最熟悉的小动物,也只有写他最熟悉的小动物,才能写得好。其结果是全班同学写出了十几种小动物,二十多个文题。选材内容丰富,文题多样,由此可以看出学生的思维很活跃,思路也比较开阔。

(三)充分发挥了学生的自改作用

从三名学生的习作来看,尽管还有少许错别字,但是文章要点明确,内容比较具体、真实,词句也比较生动。由此可见,学生的形象思维丰富,逻辑思维也比较有条理。能达到这个水平的文章,是经过几次修改而成的,尤其是学生的自改很重要,有的甚至修改五六次之多。高萍老师的做法,不仅要求学生自改,而且要求学生写出修改过程。有的学生是听取同学的意见后改的;有的是听取了老师的意见后改的;而大部分同学是通过阅读课和课外阅读受到启发而修改的。

学生自改的好处是:培养学生对习作的认真、仔细、负责的态度;培养学生的自审能力。自改,必然要动脑筋,为什么要改,怎样改才好,改后为什么比不改好,这些均要自己审定。这样不但可以提高学生的作文水平,而更重要的是可以逐步提高学生的分析、批判能力,提高认识水平。学生的认识水平提高了,会进一步提高作文水平。

(四)充分发挥学生在评议中的互改作用

评议课前,每人写好的习作经过自改之后,先通过小组评议。凡写得较好的学生,都虚心听取同学的意见。如刘继东同学先写的是《鹦鹉》,在小组评议时,同学们提出写得不逼真。于是他又重新选材、定题,利用星期天写成《公鸡外传》。在评议课上,同学们先小组评议,再推出代表在全班发言。从学生的评议中可以看出,学生基本上能分析文章的好坏,具有一定的分析、评判能力。具体表现为:小组代表发言,一般能概括三篇习作的共同优点,而后分析各篇独具的特点;对训练重点——文章要点的评议,能说出要点之间的关系以及要点和主题思想的关系;能抓住一些生动的词句;对文章的开头、结尾及文题的特点能给予分析评价;能对作者提出质疑,而作者也能当即回答。学生的思维很开放,课堂气氛非常活跃。总之,让学生互评,不论对评议者或被评议者,都能促进作文能力的提高,而且对培养学生的分析、判断能力具有积极意义。从学生的互评中可以看出,对训练重点——文章要点的评议还显得薄弱一些,大部分学生喜欢描写形象、生动的句子,对于反映主题思想的词句,还抓得不准、不够。如《公鸡外传》一文结尾写道:"大公鸡'嘎嘎'叫着、跳着,好像是个公正的裁判员出现在我们之间,在向那不讲理的姐妹俩宣战。我得到了'动物警卫员'的保护。从此,我们的关系也缓和了。"这几句话比喻得很好,也体现了文章的主题,但是没有学生提出评价。这一点需要教师加以引导。

(五)充分发挥教师的主导作用

从作文评议课的作用来看,教师的活动并不多,只是开头提出要求,结束做出总结,把时间放手给了学生们。但是教师如果对这次习作的集中训练过程不作深入、具体的指导,对学生不启发、不引导、不组织,这次作文训练是不会取得这样好的效果的,也不会把要求提得那么明确,总结得那么贴切。就以学生的错别字的统计来说,学生的错别字比率是比较高的,但是如果教师每次作文集中训练都要求学生做错别字的统计,并记录每次错别字减少或增多的情况,会对减少学生的错别字起很大的作用。教师的评议,不仅肯定学生习作的成绩,而且提出存在的问题,问题提得也比较准确,真实地反映了教学实况。

对　话

我和天津市的青年语文教师直接交流的时间很少。为了学习他们在语文教学中积累的经验和成果,我于2012年约请了比较熟悉的几位青年语文教师,与他们进行了有关语文教学的探讨和交流。他们大部分是教学一线教师,有的虽任小学校长、教研员,但仍没有离开课堂。这次对话的主题是阅读与作文教学。

关于课内外阅读教学
——对话王维静教师

王维静,天津北辰区实验小学语文教师、校长。

田:当前,阅读教学存在哪些问题?

王:阅读教学效率不高是长期困扰语文教师的一个问题。由于阅读教学目标不明确,教学内容的选定也比较宽泛。一般常态的阅读教学,语文老师常常处理为读读课文,了解文章内容,把握住文章中心,选几个词语体会体会,也就算完成了教学任务。一节课,一问到底,或一段一段地读下去,课后,学生有多少收获,师生都说不清。

田:当前,学生的课外阅读存在什么问题?

王:课外阅读的问题也不少。第一,学生缺少阅读的兴趣,没有养成阅读的习惯。第二,在当前情况下,学生自主阅读时间不充裕。第三,缺少对课外阅读的指导。

田:对以上存在的问题您是如何解决的?有哪些好的经验?

王:我们作为语文教师都有这样的体验,学生学习语文,仅凭语文课堂上的学习是远远不够的。基于朴素的想法和粗浅的认识,把提高课内阅读的质和增加课外阅读的量作为语文教学的研究重点,在阅读指导上下功夫。

- 以"读"带"读",在"阅读指向"上做文章

前一个"读",指的是课内的读,是读语文课本,有试读、学着读的意味。后一个"读"是指广泛的阅读,学生自觉地读,是语文课本之外的读。在实践过程中,我们遵循阅读及阅读教学的基本原理和一般规律,逐步摸索出"四读八步"阅读教学模式。

"四读"包括:

一读能"知",疏通文句,初知旨要——预习要在课上呈现;

二读能"悟",感悟文情,感知文理——读书要有时间保障;

三读能"析",品析语言,深入体会——交流要具有针对性;

四读能"用",读用结合,拓展延伸——效益要可持续发展。

这"四读"的确立是基于满足阅读最基本的心理需求和教学需求提炼而成的。"四读"既不等同于读书的遍数,也不等同于教学的环节,而是指读书的四个层次、四个目标、四个"指针"。它们既不能混为一谈,也很难截然分开,要针对具体的"阅读情势",确定阅读指导的方向。

"八步"中的每两步分别对应"四读"中的一读:

第一步:学生自主理解和积累词句;

第二步:老师针对学情指点、矫正;

第三步:学生独立感悟文本的主旨、脉络;

第四步:教师引导学生进一步感悟布局谋篇的特点;

第五步:学生精选句段,品读赏析,圈点批注;

第六步:教师引导学生探讨交流、辨析总结;

第七步:学生结合本文特点,或仿写或推介或再拓展阅读;

第八步:教师引导学生进行评价。

这八步是我们对阅读实践活动从学生和老师两个方面所做的行为描述。学生的阅读实践行为和教师的阅读教学行为,决定着语文学习进程的走向和成效,永远是阅读过程中的两大要义!

- 以"读"带"读",在"拓展指导"上做文章

"拓展阅读"是在"四读八步"阅读法的最后一读中予以呈现的,也是老师们在实践中普遍感觉存在问题较多的一步。我们预想的是,"拓展阅读"既可以使学生将所学知识迁移并用于实践,又可以获得更多知识,培养和提高读写能力。但实际

操作起来,我们发现,任何阅读行为如果呈现完全放开状态,失去了调控,也就失去了它本身所具有的学习层面的价值。于是,我们开展了"拓展阅读"指导的研究。

(一)"拓展阅读"在内容层面要有明确的选择方向

阅读毕竟是语文课程的范畴,"拓展阅读"在文本的选择上应以语文教材中的文本为参照,所选的文本应该是课文的补充和延伸。学生对"拓展阅读"文本的兴趣在一定程度上决定着学生学习的态度和阅读的效率。于是,我们在拓展阅读材料的筛选上,力求体现以下两个原则:

1. 重在激发兴趣。教材中许多课文是名家名篇,在教学前后,教师有意识地加点花絮,介绍一下写作背景、作家轶事,这会极大调动学生拓展阅读的兴趣。

2. 重在学法迁移。根据教材特点为每一篇课文选取一至两篇的拓展阅读材料。选文要与课文有内在的联系。一是题材相近的;二是体裁相同的;三是作者相同的;四是语言表达有共性的。

抓住教材与拓展阅读材料的共同特点,由学生主动发现,抓住衔接点,自主阅读,这也是学生建立阅读自信的很好的途径。

(二)"拓展阅读"在操作层面,要寻找讲读和自读的链接点

阅读教学是语文教学中的一大板块。阅读教学的实施过程是最具有创造性的,我们把"拓展阅读"认定为阅读教学的重要一环,也就接受了必须创造性地使用拓展阅读材料的任务。在"拓展阅读"教学实施的过程中,在教材文本与拓展阅读文本之间,要寻找操作的链接点。

教学设计一定要重点突出,强调一课一得。精读课得方法,拓展阅读课运用方法。如果目标太多,面面俱到,指导的目的性不明,拓展阅读的效果就大打折扣了。因此,选好链接点是非常重要的。如学习《刷子李》一课,在写法上主要学习人物描写以及命题特点。在拓展阅读《泥人张》《快手刘》时,学生就能寻路而学,用心体会人物描写的作用。

- 以"读"带"读",在课程要求上做文章

校本课程的开设,在一定程度上提高了学校教学工作的自主性。这种自主性体现为:课程要求最大限度地适应了我们的校情和学情。

(一)以借阅数量做指标,激发学生读书兴趣

我校设置了读书课,读书有制度,读书有评比,读书有专人负责。同时规定了学生每学期读书的量化标准。根据读书量和读书积累本的综合评价,评出"读书之

星"。"读书之星"就可以奖励借阅两本课外书,学生的读书兴趣被大大地调动起来。

（二）以完成记录做提示,督促学生读书积累

我校自主研发了一至六年级读书记录本,根据不同年级,积累的内容有所不同。教师对学生每次的读书记录情况进行检查督促,每月一检查,记录每人读书成果,并作为"读书之星"评选的重要内容。

（三）以交流展示做平台,展现学生阅读成果

学生读书后,在班内交流,每节语文课课前五分钟的小讲堂活动是每位学生的展示舞台,师生的及时点评可以激励演讲学生不断改进。在班内交流的基础上,年级集中汇报。每学期至少两次的年级综合性学习交流会,让优秀学生、特长学生在年级亮相,使学生的读书欲望愈发强烈。

- 以"读"带"读",在文化熏陶上做文章

2010年学校新楼建成,从整体设计上将阅读文化作为校园文化的主体内容,为学生创设自主阅读氛围。

一楼主题:静静地走进经典。墙上是《弟子规》《三字经》的推介窗口,书吧是经典童话故事的自选平台。

二楼主题:轻轻地拥抱中华。电子阅览室里的图书和展牌,从民族、地理、科技、饮食、医药、名人等多个方面展现祖国的风采。

三楼主题:默默地融入自然。科技图书、三棱柱活动展牌,图文介绍自然科技知识。

此外,班级教室设读书角,每周有好书推介,年级图书漂流让孩子们总有好书可以读。

我们认为这些实践是非常有意义的,它让我们沉静下来,不急功近利,不急于求成。现在我校学生人人能背诵七十首古诗,个个能朗读程度相当的文学作品,一个学期读二十本书是再平常不过的事了。我们注重的是"真读书"的过程,就像读书本身一样,无须声张,无须炫耀,只要静静地读过、做过就好。我们相信,"坚持"一定能成为"习惯","习惯"就能转化为"能力"。

田:读了维静老师对语文课内课外教学的总结很受启发。我感到有以下几个亮点:

- 小学语文课必须做到课内外相结合,以课内为主,课外为辅

维静老师不仅重视课内语文课的指导,而且对课外阅读指导有方,已形成一

定的制度,使课内外阅读结合得很好,从而提高了学生的读写能力。

● 对于课内教学指导有方

维静老师总结了课内教学方法:"四读"和"八步"。"四读":"一读"能知,"二读"能悟,"三读"能析,"四读"能用。完全符合小学生学习语文的认知过程。

如何将"四读"具体化?维静老师提出"八步",这"八步"充分体现出师生互动的过程。提倡教学过程中以学生为主体是对的,但是不能忽视教师的主导作用。维静老师既放手让学生自读,又很重视教师的引导和启发,而教师的启发、引导完全是有针对性的,针对学生提出的问题、发现的问题而指点、探讨、讲解,这才是完整的教学过程。

● "扩展阅读"方法多样

维静老师在拓展课外阅读中采用了多种方法,如题材相近、体裁相同、语文表达有共同点的拓展阅读内容,关键是找出讲读和自读的连接点,这样才能引起学生的阅读兴趣。尤其是定时检查,定时交流,而且对学生的阅读量有一定的要求,这样就形成了学校的读书制度。这是非常可贵的。

记得过去维静老师说过:"想一想让我快乐而又喜欢做的事,首先就是工作。作为一名教师,我的岗位在教室,在学生身边。我喜欢我的学生望着我,我愿意看学生凝神思考的神情,我愿意听学生的悄悄话,我认识每一个学生的字,我清楚每一个学生的性格,我享受学生给我带来的一切。作为主管教学工作的副校长,我希望每一位教师进步,每一个班级成绩都有提高。为此,我不遗余力,做所有我力所能及的事。记得我在做管理工作之前,我总嫌假期太长,特别是暑假,总盼着早点上班,过规律的生活。做了管理工作之后,假期里常常加班,这对于我绝不是负担,我很享受这种规律生活。"

读了以上这段话,我感到维静是一位非常敬业的老师和领导者。读了维静老师对阅读教学的经验总结后,更证实了她是一位领导全校教师"热爱母语,学好母语,教好母语"的好教师、好领导!

关于阅读教学
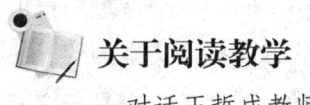
——对话王哲成教师

王哲成,天津市河西区教育中心教学研究室主任。

田:哲成老师,我们今天谈谈阅读教学。您准备从哪方面谈起?

王:我准备谈"从'运用'角度解读不同教材"这个问题。

田:您为什么选择这个问题和我交流?

王:《语文课程标准(2011版)》(以下简称"课标")是这样表述语文课程性质的:"语文课程是一门学习语言文字运用的综合性、实践性课程。"许多老师第一次学习这句话的时候,都会产生一个问题:"理解怎么办?今后语文课还要不要理解?"因此我选择这个问题,主要是想谈在理解基础上的运用。

田:关于理解和运用的关系,您是怎样认识的?

王:在语文教学中,特别是在阅读教学中,"理解"是一个无法回避的问题。理解与运用是相辅相成的,理解与运用是语文教学中不可分割的整体,缺一不可。理解语言文字的过程,也包含学习运用语言文字的过程。理解主要表现在以下两个方面:一是理解文本的思想内容;二是理解作者是怎样运用语言的,也就是作者遣词造句、布局谋篇的精妙之处。

田:为了达成"学习语言文字运用"的目标,您是如何挖掘教材中的语言因素的?

王:达成目标主要凭借的是教学内容。教学内容是学与教相互作用过程中有意传递的主要信息。语文教材中的一篇篇课文是语文教学内容的重要组成部分,但它又不是教学内容的全部,需要教师依据学生的认知心理、教学目标等相关要素提取重要信息,加工整理。"学习语言文字的运用"最迫切需要解决的是具体到每一篇课文要"学什么"的问题,要把学习目标具体化为学习内容。这就需要教师在整体把握文本思想内容的基础上,进一步从"学习语言文字的运用"的角度解读教材,发现每一课的具体的、可以内化、迁移的"学点"。所谓的"学点"主要是指阅读教学中读与写的联系点。

田:为了达成"学习语言文字运用"的目标,虽然有不同的途径和方法,但从

"教学内容"上探寻"语言的运用",这就抓住了根本。学生学习语言主要靠文本作为载体。哲成老师提出如何依据不同的文本挖掘语言的"增长点",这就给老师们提出了备课的思路。您是从哪些方面提出文本内容"语言运用"增长点的呢?

王:教材的选文是丰富多彩的,课堂教学也是千变万化的。在找准文本内容重点的前提下,还应进一步挖掘文本语言的特点,抓住文本内容与语言特色的契合点,才能进一步明确教学重点。语文教育本身就是从语言形式理解内容,进而把握语言形式的过程。教师必须透过语言形式,把握语言内容,再在理解内容的基础上,领悟语言运用的精妙之处,最终迁移内化于学生的语言活动之中,只有这样才能体现语文教学工具性与人文性统一的特点。解读教材、把握文本语言特点的方法有很多,我常用的方法有以下几种:

一、联系"课标"要求,发掘语言增长点

"课标"是规定语文学科的课程性质、课程目标、内容目标、实施建议的教学指导性文件。依据"课标"的具体要求解读教材,才能合理地活用教材,也才能使解读出的学点符合学生的实际。

依据"课标"的要求,参考教材课后练习,可以发掘出更加贴近各年级学生语言发展水平实际的学习增长点。学生语言表达能力是螺旋式上升的,而每迈上一个台阶都需要教师把握住一些节点。如果对"课标"中各学段语言训练重点不能准确把握,学点不明或学点过多,教学长期停留在低年级圈词语,中年级画句子,高年级简单、重复地总结一些常见的表达方法上,语文学习就不会有增长点,教师的主导作用也就不可能有效发挥,学生的学习水平也不会有所提高。

通过比较不同学段"课标"的"学段目标与内容",可以发现学段目标的"增长点";通过比较不同年级教材的课后练习,可以归纳出年级目标的"增长点"。从"增长点"这个视角去解读教材,作为"学习语言文字运用"的切入点以及具体要求,就会更贴近学生的"最近发展区",符合学生的心理需求。

二、联系作者风格,透视文本语言

解读教材首先要站在文学的高度,联系作者运用语言的艺术特色,这样才能恰当地把握文本语言的特点,深入浅出地引导学生在读中有所感悟。小学语文教材中有许多经过千锤百炼的名家名篇,如果教师能够与作者进行心灵的沟通,对相关作家的语言艺术、表现手法有所了解,驾驭教材就会更有高度。叶圣陶先生是一位优秀的语言艺术家,他"一直留意语言",文字以平实、质朴、凝练、精粹著称,其语言有一种不雕琢、不做作的朴素美。老舍被称为京味语言艺术大师,他的文字集通俗性与文学性于一身,平易而不粗俗,精致而不雕琢,俗而能雅,清浅中又有韵味,特别是口语的运用表现出作家的个性色彩。特级教师侯秉琛先生在教学《猫》一课时,就抓住"说它老实吧,它的确有时候很乖"一句中的"吧"等语气词,引导学生体会老舍先生的爱猫之情。

田:小学语文教学要发挥语言的魅力。哲成老师对不同作家不同的语言风格谈得很具体,说明语文教师不仅要懂得文学语言的特点,还要深入掌握每位作家的语言风格。

三、从比较中解读编者意图,发现语言变化

教师要站在编者的高度,通过比较阅读,品味课文的语言,解读教材。比较阅读是一种有效的阅读方法,也是思维深化的重要手段。教师可以通过比较不同版本教材中的同一作品,发现编者的匠心所在,哪怕是极小的改动,都有可能让教学设计者"发现新大陆"。

(一)不同版本教材的比较

比较不同版本中教材改动的关键点,可作为发掘语言训练点的方法之一。同一篇课文在不同版本的教材中也会因为训练目标的不同而有所差异,这对我们了解编者意图、领悟作者匠心非常有益。

(二)不同时期教材的比较

同一出版社编写的教材中的同一篇课文,在不同时期也会因时代变迁等多种因素而产生重要的变化。

《少年闰土》是一篇传统课文,许多出版社都把它作为高年级的经典课文选用,人教社也选用多年。但在不同时期教材中"学习语言文字运用"的重点是不同的。以"人教版"为例,1993年出版的(大纲版)五年制教材中《少年闰土》被编写在第九册,教材规定的训练重点是"体会作者表达的思想感情";而在2001年开始使用的"课标版"教材中它被编写在六年级上册,"单元导读"中提示的学习重点是"继续学习描写人物的一些基本方法"。旧版教材虽然已经多年不再使用,但是教材编者的很多思想还是值得借鉴的,通过比较,我们可以把传统教材中的精华融入到当今教学中。现在教学《少年闰土》一般都重视闰土所讲的"四件事",但是往往忽视了作者在文中所表达的思想感情。这篇课文还采用了夹叙夹议的方式,在叙事中穿插写了"并不知道""素不知道""所不知道"三段话,作者通过这三段议论层层深

入地表达了自己内心的真实感受。传统是传承和统一前人社会经验概念的共识,传统教学、传统教材中的经验与课改的新理念相结合才能使语文教学改革稳步前进。

(三)课文与原作的比较

作品在选入教材时,编者经常会根据学生的实际和教学的需要做一些必要的改动,那么编者是怎样改的?为什么这样改?原作的内容对我们教学有什么帮助?教师可将课文与原作进行比较。有时编者改写的一个动词可能就是一篇课文的训练重点,有时原作中被删减、修改的内容又能帮助我们深入理解教材。这样解读教材优势互补,事半功倍。

四、关注文本语言表达的独特之处

要用一个语文教育工作者、一个高品味读者的敏锐视角,从那些看似普通的、不易被人注意的部分,发现语言表达的独特之处,引起读者的关注、思考和欣赏。许多传统课文,我们看似熟悉,由于受传统思维定势的影响,很难有新的发现,教材编者也没有给予更多的提示,教师要解读出文本中独具匠心的语言,就更需要"潜心会本文"。

语言的独特表达,可以简单地理解为别人一般都这样用,而作者为了求新求异增强表达效果,采用了更具艺术化的语言或表达方法。发现语言的独特表达,说简单也简单,说复杂却复杂,归根结底是要发掘其"不同寻常"之处。文本语言表达特点可以从两方面去发掘:一是遣词造句的独特;二是布局谋篇的独特。

上述四种解读文本语言运用的视角虽然有所不同,其实最关键的还是教师必须具备丰厚的语文素养,善于发现那些"人人眼中都有,课课教学皆无"的语言。语文教师要善于发现那些"学生还不会用",但是需要"学着用",而且能够"学会用"的语言和方法。在刘勰的《文心雕龙》中有两个字:"情"和"采","情"就是思想感情;"采"就是语言文字表达。"情"和"采"在一篇文章中必然高度统一于一点。这样精彩的契合点在一篇课文中一般不过二三,如果舍此逐彼或处处不放,很难使"学习语言文字运用"落到实处。教师必须在解读文本内容的基础上,进一步解读文本语言,发现文本重点内容与最具特色的语言形式的契合点,并精心设计教学环节,才能解决语文教学"少、慢、差、费"的顽疾,实现省时高效的理想。

田:哲成老师做教研工作多年,处处为教师考虑,特别在语文教学如何体现学科特点,如何体现语文教学的本真方面狠下功夫,对于"课标"的理解很准确。小学语文教学就是一门教授语言运用的课程,要达成该目标,要从"运用"角度解读不同教材。在这方面,哲成老师很善于挖掘教材中的语言亮点,从不同方面阐明如何深入钻研教材,提出使学生运用语言的"增长点",这是非常重要的。这也说明作为一名教研员,要具有高水平的语文素养。

学习语文就是要学会语言表达。怎么学习?一方面,要靠老师将课文中需要学生掌握的语言——字、词、句、段、篇的特点、精华提炼出来,引导学生理解、感悟;另一方面,还要在解读的基础上让学生去实践。也就是说,只理解、感悟还不够,还要进行一定的语言训练,让学生实践,让学生在听、说、读、写中掌握语言能力。

关于创造性思维训练
——对话许冰教师

许冰,天津市河西区教育中心教学研究室教研员。

田:许老师做教研工作多年,不论是在自己的教学中还是在指导语文教学中,都非常重视培养学生的思维能力。请您谈谈这方面的经验好吗?

许:在过去的教学和现在的教研工作中,我认为小学语文教学对培养学生的思维能力,尤其是培养创造性思维能力非常重要。

语文教学培养学生的创造性思维,应主要着力在听、说、读、写的训练中培养学生思维的科学性、新颖性和独特性。听话时能提出不同的想法;说话、讨论时能说出独特的见解;阅读中善于比较、想象、联想和鉴别;习作中立意新颖,构思和表达不落俗套等等。

田:许老师提得很好。小学语文教学思维能力的培养,不能脱离语文听、说、读、写能力训练。这一点非常重要,请您具体谈谈。

许:在实际的教学中,我是依据以下几个方面去做的。

一、教师自身应具有创造性

教师和学生之间的关系非常密切。教师创造力水平高,学生的创造能力也较高;反之,教师创造力水平低,其学生的创造能力也较弱。实施素质教育的先决条件就是要拥有一支高素质的教师队伍。所以,要想培养学生的创造性,教师首先应当是一个创造者。要实现这一目标,一方面需要我们及时汲取多方面信息,博览群书,兴趣广泛;另一方面,要锐意改革,突破传统的教学模式,创造新的、更加灵活的教学方法。

二、创设开放式的教学情境

要创设一种畅所欲言、自由表达、勇于思考、敢于创新的教学情境。可以使用一些激励性的语言:谁的答案与众不同?谁的答案更好?谁把老师问倒了……没有这样的语言,没有这样的情境,学生就难以摆脱封闭式思维的禁锢,无从谈及创造性。

田:我非常欣赏许老师提出"谁把老师问倒了"这样的问题。我还主张学生敢于提出和老师不同的意见,这样才能打开学生的思路。

三、注重两种能力的培养

(一)培养学生的发散思维能力

发散思维又称求异思维,它是创造性思维的核心。运用这种思维方式,可不依常规而从多方面寻求答案。长期的求异思维训练可以摆脱思维的僵化、刻板和呆滞。美国心理学家吉尔福特认为:发散性思维具有流畅性、变通性和独特性三个特征。思维的流畅性,指针对不同问题在短时间内反应迅速的思维特征。思维的变通性,指思考能随机应变,变化多端,触类旁通。思维独特性,指针对问题用新角度、新观点去分析,见解独特新颖。就小学生而言,我认为重点应该培养学生思维的流畅性和独特性。

1. 提倡讨论。讨论可以培养学生多角度分析、解决问题的能力,可以鼓励学生探求独特的见解和答案。因此,它对培养思维的流畅性和独特性具有良好的促进作用。

研究表明,有两类问题在讨论时可以发展学生的创造性。一类是说理性问题。其典型问题是:"为什么会这样?"这类问题,在讨论时不必强求统一,而要鼓励学生多角度多侧面思考,发挥他们潜在的创造才能。对于这类问题,学生的见解往往与教参的"标准答案"不符,而这恰恰是学生"创造火花"之所在。遇到这类情况,教师切不可轻易将其"扑灭",而要对其中的积极因素及时予以肯定、鼓励。当然,若有不足也要适当指出。久而久之,有益于智力的开发。

另一类是扩散性问题,其典型问题是:"还有什么不同想法?"这类问题,教师期望的目标是学生能想出尽可能多样、新颖、独特的想法,而不是唯一正确的答案。设计这样的问题让学生讨论,经常会出现教师事先没有预料的答案,这也正是学生创造性思维的智慧结晶,教师更要加倍鼓励,适时引导。

2. 鼓励多种选优。思维的流畅性包含了思维的多角度,思维的独特性包含了思维的新颖,这二者的结合便是多种选优。多是指思维的多角度,优是指思维的新颖。教师要鼓励学生努力做到在思考问题时不只考虑一种答案,并在此基础上练习筛选出最正确、又最独到的答案作为最佳结果。教师还要善于设计能启发学生多角度思考的训练,拓宽"多种选优"的领域。

(二)培养学生的想象力

人的想象过程,就是创造力发展的过程,想象力越强,越有助于创造性思维的发展。培养想象力的方法有很多,诸如运用课文的插图启发想象;让学生续写故事的结局;训练学生写幻想未来的作文等。

我认为就语文课程的性质而言,发展学生的想象力主要应该挖掘课文本身的语言训练因素并指导学生进行理解和运用。

1. 理解语言展开想象。课文中,作者有时会用含蓄、概括的语言引起读者思考。遇到这类典型的语言,教师可启发学生展开想象,让其结合上下文和生活实际,对这些语言进行补充,在头脑中呈现相应的画面。比如《金色的鱼钩》一课,在学习"老班长临终前嘱托三位小战士一定要走出草地去"这段课文时,我设计了这样一个训练。首先我激动地说:"老班长临终前说的这两段话,虽然声音微弱但里面却蕴含着深厚的感情,请听配乐录音。"朗读得入情,学生听得动情。当读到"我们扑在老班长身上抽噎着,很久很久"时我将音量降低,饱含深情地说:"这'很久很久'包含了极其丰富的内容,你们想象一下,他们这时会想些什么?"此时,学生的情感被激发起来了:"我想,他们三个人一定在想老班长一路上照顾他们的一言一行。""他们一定在想要走完剩下的路,赶上大部队,向大家好好宣传老班长的事迹。""他们想要更勇敢地消灭敌人,不辜负老班长的期望,将革命进行到底。"理解深刻,发言踊跃。我适时小结:"'很久很久'这个词语,在这里用得非常含蓄,能够使我们浮想联翩。我们再读读这句话,体会这种用法。"这个设计不仅在语言训练中渗透了思想教育,更主要的是在理解语言中发展了学生的想象力。

2. 运用语言展开想象。想象从新颖性和创造性的角度,可以分为再造想象和创造想象。再造想象指依据语言文字的描述,在头脑中形成相应形象的心理过程。创造想象指不依据现成的描述,根据一定的目的、任务,在头脑中独立地创造出新形象的过程。运用语言展开想象是再造想象和创造想象的结合。在理解课文的某些语言时,学生不仅可以学到精妙的语言和表达方式,还可以展开合理形象,运用课文中学到的语言和表达方式发挥想象力去举一反三。比如《穷人》一课对人物心理活动的描写既丰富又有特色,一位教师就抓住这一训练点,通过分析心理活动的描写与表现人物品质的关系,帮助学生总结出描写心理活动时可以采用第一人称写内心独白的形式,也可以采用第三人称旁白的形式。让学生想象当渔夫回来之后,桑娜"两次沉默"和"坐着一动不动"时会想些什么?各写一段话。这样的训练对发展学生的创造性思维效果颇佳。

田:当前,在小学语文教学中,对于培养学生的思维能力还没有被重视起来。许冰老师的这些做法实属难得。许老师作为一位教研人员,重视在语文教学中进行创造性思维的训练,在培养学生的创造性思维方面,许老师总结了自己的经验。首先,许老师提出要培养学生的创造性思维能力,教师在教学上必须是一位创造者,这是非常重要的。如果教师的教学是死记硬背式的,就不利于向学生提出问题,也不利于启发引导学生提出问题,也就根本谈不到培养学生的创造性思维。所以要发展学生的创造性思维能力,作为教师,头脑里就要储存大量的问题。问题从何而来?那就需要教师对所要教学的内容从多方面学习,思考从几方面提出问题?哪些问题会启发学生思考?哪些问题学生已知?哪些问题学生未知?学生会提出哪些问题?等等。

其次,要发展学生的创造性思维能力,许老师提出要给学生创设一个宽松的学习环境,使学生敢于发问、乐于表达。当然,最主要的还是教师要真正认识到培养学生创造性思维的重要性。

最后,许老师提出发散思维和想象力这两种思维能力训练。当然,训练方法应该是多种多样的,要靠老师们大胆去创造。

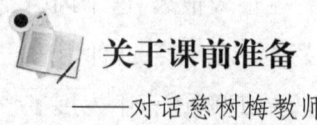

关于课前准备
——对话慈树梅教师

慈树梅,天津市河北区教师进修学校教研员,特级教师。

田:慈老师在教学方面很有经验,特别重视课前准备工作——不仅重视一篇文章的教学准备，而且重视全册课文的准备工作，更提出"备课时教师心中要有学生"。下面就请慈老师谈谈这个问题。

慈：我认为教师备课时心中一定要有学生。我就这个问题谈一点过去的做法。我认为，教学改革的首要目标就是提高教学的有效性，而教学的有效性首先取决于教师备课是否充分，是否依据学生的知识水平、接受能力以及可能提出的问题来准备如何引导学生去学习。

几年前，我在假期中备全册教材时注重以学生为本，关心每一位学生的发展。因为每一位学生都是具有各自生理、心理特点的人，是发展中的人、有自尊心的人，关注每一位学生的发展是教师的使命。因此，在备课中我注重"备学生"，做到心中永远有学生，让学生做学习的主人。

田：慈老师深刻地认识到关注学生的发展是教师的职责和使命，所以她才能做到"心中永远有学生"。请谈谈具体做法吧！

慈：我的主要做法有以下四个方面。

一、设"学生预习中的主要问题"一栏

教师虽然是传道、授业、解惑者，但是不可以把自己的意识和知识强加给学生。因为强加不但加不进去，而且还会挫伤学生学习的主动性、积极性，扼杀他们的学习兴趣，禁锢他们的思想。每一个学生都有自己的独立思维，绝不是教师想让他们怎么样，他们就会怎么样。学生当然要学习他们不会的东西，而哪些知识是他们想要学习的呢？为了在教学中能有的放矢，调动学生学习的热情，提高课堂教学效率，在学习每篇课文之前的预习作业中，我都留有一项"质疑"的作业，让学生在充分读书、自我感悟的基础上，提出不懂的问题。我没有把这项作业流于形式，而是在上每节课之前都认真批阅每位学生的预习作业，并把学生集中存在的问题和对于理解课文内容有价值的问题记录在备课本中的"学生预习中的主要问题"一栏里。在假期备课时，此栏目是空白的，需要教学时教一课填一课。

田：从这个栏目的设置，可以看到慈老师很重视学生的预习。预习是训练学生读书的好方法，同时也是教师了解学生学习情况的一条重要渠道，使教学有的放矢，关键在于慈老师的坚持。

二、有"上课时学生可能提出的问题"一项

新的教育理念倡导教师和学生是"学习共同体"，师生是平等的，是合作的。教师由传统的知识传授者转向现代的学生发展的促进者。因此，我努力摆正自己在新型师生关系中的位置,力争使教学过程成为师生交往、积极互动、共同发展的过程。在备课时我进行了换位思考,把自己假想成学生,想象自己在读文后会提出哪些问题,为上好每一节课做好充分的课前准备。

三、设"学生可能提出的难理解的词句"一环

上面提到,我努力使教学过程成为师生交往、积极互动、共同发展的过程。在这个过程中师生应该是相互交流、沟通、启发和补充的,师生分享彼此的思考、经验和知识,交流彼此的情感、体验和观念,丰富教学内容,求得新的发现,从而达成共识、共享、共进,实现教学相长和共同发展。因此,在备课中除了我的主要设问外,还增设了"学生可能提出的难理解的词句"一项。为了深入了解课文内容,在课上能与学生进行沟通与交流,对学生的回答进行启发和补充,我以学生的身份进行思考,列举了"学生可能提出的难理解的词句",设想课上如何引导学生体会,突破难点。这样,在课堂上我与学生的情感能融为一体,不断撞击出智慧的火花。

四、预设"学生讨论时不同意见的处理"一项

语文课要让学生能主动进行探究式学习,进行创新思维,才能不断提高语文修养。在探究问题的过程中,学生往往会提出不同意见,这又如何处理呢?这就需要在设计讨论的问题时预想到学生可能提出的问题,让自己有所准备。在语文课的讨论中,对一个问题,学生们会提出多种意见,这又应该如何处理呢?我尊重学生的正确意见,引导学生个性化地理解文本。

田:教师充分备课是上课的保障。备课一般都是既备文本又备学生。慈老师对于"备学生"是很下功夫的,课前对学生的学习情况做到心中有数,使教学做到有的放矢。"备学生"的同时,也要充分准备文本,才能预想到学生可能提出的问题、可能遇到的难题、可能争论的问题等。我们也看到,"备学生""备文本"的重要基础是教师对于语文教学的基本理论的掌握,对"课标"要求了熟于胸,有了这些基础,慈老师在处理学生提出的问题时,才能有理有据。

慈老师提出,"新的教育理念倡导教师和学生是'学习共同体',师生是平等的,是合作的,教师由传统的知识传授者转向现代的学生发展的促进者"。从慈老师的备课中我们可以看到,她的语文教学善于启发学生个性化的理解、感悟;鼓励学生大胆提出问题,激发学生表达自己的独到见解,但并非放纵学生自由漫谈,而是在教师启发引导下,让学生活跃思维,大胆发言,这充分说明教师的主导作用。"以学生为主体,以教师为主导,教学相长"是一条很重要的教学原理。

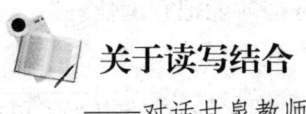

关于读写结合
——对话甘泉教师

甘泉,天津市和平区中心小学语文教师。

田:小学阅读教学的任务不仅是教学生阅读,还要教学生听话、写话、作文。所以在阅读教学中有一条很重要的原理就是读写结合。读写结合是我国传统语文教学的宝贵经验,可是在目前的阅读教学中常常被忽视。甘泉老师在教学中很重视读写结合,您有哪些好的做法,可以谈谈吗?

甘:我在语文教学中,是很注意读写结合的。我在阅读教学中努力探索读写结合的途径。几年来,我总结了"读写结合,随文练笔六法"。

一、参照一点,仿写成文

模仿是儿童的天性,儿童在学习语言和各种技能的最初阶段都以模仿为"阶梯"。根据这一特点,我采取边读边写、学用结合的做法,通过模仿来实现写作知识的直接迁移,使儿童的写作水平在短时间内获得较大提高;从而提高写作的兴趣,激发写作动机,调动写作积极性,消除害怕作文的心理障碍;引导学生学习范文,仿其路,仿其格,仿其法,仿其意,仿其神。

读文为吸收,作文为表达。学生在读文过程中,吸收范文的思想观点,学习作者观察社会生活的方法,借鉴作者的表达技巧。然后在作文过程中或触发联想,或模仿借鉴,或创新运用,从而在遣词造句、布局谋篇以及自我修改中不断校正、充实、调节,既有模仿借鉴,也有运用创新,从而使语文能力逐步得到发展。说实话,教了几年的语文课,我为每篇课文着迷,每一篇课文都成了我调动学生仿写的模子。

如《桂林山水》一课,文章结构清晰,段落结构相似,可以使学生在习得文章优美文字的同时,结合作者的谋篇布局、结构安排来练习仿写。学生读懂了文章之后,我引领他们进一步思考描写桂林的山和漓江的水这两部分在写法上有哪些相同之处,使学生对文章的段落结构安排有所感悟,进而启发学生结合身边景物的特点,模仿作者的思路进行仿写。有学生描写槐树,从"高、绿、粗"三方面写自己的观察结果:"槐树真高啊,高得好像要直冲云霄;槐树真绿啊,绿得在阳光下傲然生辉;槐树真粗啊,粗得要几个人合抱才能把它围住。"

二、探究难点,写出体会

这是学生在教师的引领下,对课文的重、难点有了更深层次的理解与感悟后,将自己的感受通过语言文字的形式记录下来的一种方法。教材中有一些课文哲理性强,学生不易理解,这就需要教师在教学预设中,设计一些贴近学生生活实际的练习来帮助学生深入感悟文章的主旨。

三、动情之处,表达感受

常常有这样的情况,学生精读课文后,被课文的内容深深打动,甚至不能自已,带着这样的心情、这样的体验开展练笔,会有事半功倍之效。这一点也恰恰说明阅读与写作是同步发展的,这一观点可称为"读写同源论"。语言是人类最重要的交际工具,它不仅是表达自己思想的工具,也是了解别人思想的工具。而社会交际、思想交流活动,是双方共同完成的。没有写,就谈不上读;没有读,写也就无所适从。

四、结合文本,写出想象,填补空白

爱因斯坦曾经说过:"想象比知识更重要,因为知识是有限的,而想象概括世界的一切……而且是知识的源泉。"想象与作文有着十分密切的关系。

写出自己的想象,即让学生将头脑中想象的情形付诸语言。读与写是互相联系、互相促进的。读写结合、写出想象的方法很多:可以对课文中一个简单的句子进行扩充,可以续写课文或假设另外一种情况进行重写,还可以填补课文的空白点。根据课文内容,对文中没有写出的地方展开想象,这是学生比较喜欢的一种写作方式。培养、提高、发展学生的想象力,利用课文内容是最直接、最有效的方法。

书中每篇课文都有"泡泡训练",它的目的是帮助学生理解重点、感悟中心思想,其中大多需要借助想象。

五、举一反三,迁移课外

由课内向课外迁移,就是引导学生把课内所学的内容延伸到课外,结合新的情境进行写作训练。这既是对课文更深层次的理解,又是提高学生习作水平的一种好形式。如教学《长城》一课时,在学生初读课文的基础上,我指导学生看两幅图:一幅是长城的远景图,一幅是长城的近景图,要求学生说说这两幅图的观察点有什么不同,各是站在什么位置上观察的?学生将图和文进行对照,发现课文的叙述描写不仅有由远及近的顺序,还有由低到高的顺序。这样学生懂得了:写一个事物,就要对这个事物进行细致观察,而观察之前,必须选好观察点。在此基础上,教师可以出示事先选好的"鸟巢"远景和近景的画面,让学生观察并进行描写。学生在练笔中这样写道:

> 从空中观鸟巢,它像一项闪闪发光的帽子,而这顶帽子是戴在巨人头上的,它硕大无比。远看鸟巢,那铮铮铁骨纠结在一起,显得那么坚强、刚毅,那一条条、一根根钢结构相互支撑,形成正格和斜格。中间是镂空的,不仅结实而且通风,里面还包着一个红色的大房子,让人温暖无比,不然怎么叫鸟巢呢?咦,真有几只鸟在上空盘旋,叽叽喳喳地叫,好像在说:"这不是我们的家吗?"

读是写的基础和前提,写是读的深化和升华。从整体来看,只有把读和写紧密联系起来,相互作用,同步发展,才能充分发展其整体功能作用,有效地提高语文教学质量。

六、改变定式,变体为文

鼓励习作创新是鼓励学生在原有的固定化写作模式上进行有新意、有创造的尝试。如古诗教学,教师往往认为没有读写结合的切入点,因而忽视了对学生写作能力的锻炼。其实,教师不妨让学生在了解古诗大意之后,在古诗原意的基础上,将其改写成现代抒情散文。我在教学《送元二使安西》一诗时,在学生了解诗文大意后,引导学生体会诗人别具匠心的立意——借酒话别并展开丰富的想象抒情,让学生结合自己的理解,写写王维送别好友时依依惜别的场面。学生在练笔中这样写道:

> 渭城被清晨的一场如酥小雨冲洗得干干净净。旅店旁的棵棵绿柳被雨水洗刷得更加青翠欲滴,一条条辫子一样的柳枝随风舞动,像一个个害羞的小姑娘。
>
> 元二将要出使安西。王维得知后,快马加鞭赶去送行。见到元二,王维上前几步,一把握住元二的手,说:"好兄弟,你将要出使到那人烟稀少、黄沙漫漫的安西了,今日一别,不知何时才能再相见啊!""那又有什么办法?皇命难违啊!"元二无奈地说。

王维却说:"没关系,我们虽然远隔千里,但我们的心是永远连在一起的。"元二含泪点了点头。王维拿出酒,对元二说:"来,喝下这杯酒吧,等你西行出了阳关之后,就没有我这样的好友款待你了。"元二接过酒杯,一饮而尽。

在随从的一再催促下,元二骑上马出发了。王维目送元二,随即吟诵出著名诗句《送元二使安西》:"渭城朝雨浥轻尘,客舍青青柳色新。劝君更尽一杯酒,西出阳关无故人。"

读与写虽然有内在吸收与外在表达的区别,但它们在目的、内容、方法等方面有许多共通性。这样,就使读与写、读与读、写与读、写与写之间相互迁移成为可能,使创新无处不在。

田:听了以上关于语文教学中"读写结合"的六种做法,感到甘泉老师具有丰富的教学经验。论文写得很好,有论述、有方法、还有教学的反馈。第一,读写结合训练,宜循序渐进。开始由参照文本、模仿做起,再深入理解课文难点写出体会;第二,激发学生情感,使学生写出动情之作;第三,结合文本,启发学生想象,让学生写出心里的话;第四,将课内学习迁移到课外,由一种文章体裁迁移到另一种体裁。可见甘泉老师在训练学生读写结合上不仅有理论指导,还有计划、有目的、有方法,是逐步进行的,值得我们好好学习。

关于低年级识字和阅读教学
——对话卢美惠教师

卢美惠,天津市和平区中心小学语文教师。

卢:田先生,我很荣幸有这个机会参与到这项有意义的对话活动中,让我能梳理自己的教学心得,并整理成文,让我有温故而知新之感。期待得到您的点拨,谢谢!

田:看到您写的这篇论文后,我很感兴趣。让我们通过交流,共同来学习。小学语文课本内容大多是文学作品,而教学文学作品,一定要体现文学的三要素:语言、情感、审美。当前,小学语文教学对发展学生的语言比较重视,而对于提高学生的情感和审美情趣却重视不足,尤其忽视提高学生的审美教育。那就请您谈谈,在您的教学中是如何培养学生的审美情趣的?

卢:要谈教学中学生审美情趣的培养,我认为首先应从教师课堂之外的自身审美情趣谈起,因为这是整个教学过程中师生审美情趣产生的重要基础。教师的审美情趣培养源自教师自身的修养、志趣。教师要懂得美、尊重美、享受美,要有丰富的精神世界。听音乐会、看话剧、看画展、开卷阅读都是很好的选择,当然这也要基于个人的喜好。

田:在小学语文教学中,要培养学生的审美情趣,首先要从教师做起。教师要对文本的语言美、思想美、情感美有比较深入的理解和感悟,并移情于学生、感染学生。其次,教师的兴趣应该是多方面的。如美惠老师所讲:"教师的审美情趣培养源自教师自身的修养、志趣。教师要懂得美、尊重美、享受美,要有丰富的精神世界。"美惠教师是这样讲的,也是这样做的。

此外,语文课只靠课内读几篇课文是不能满足学生阅读要求的,必须开展课外阅读。您是如何指导学生课外阅读的?有哪些好的做法呢?

卢:我就如何指导学生课外阅读这个问题来谈谈自己的一些做法。大概是自己本身爱书的缘故,所以我任教的每一个班中必有图书角,图书角中的书是我和学生们捐献的,也有学校配备的。设立图书角的初衷很简单,就是希望学生们和我一样爱书。培养学生热爱阅读的习惯,我是从三方面做起的:午间导读——始于美的享受;分享书籍——带动家长;课堂教学——让阅读有动力、有用处。

一、惬意的午间分享时间

我校的学生大都在学校用午餐。午餐后,让学生在教室里休息10到15分钟,之后就引导孩子们阅读。

(一)从阅读绘本起步

我有喜爱的书,学生们也有他们喜爱的书,但是渐渐地,我发现自己和他们有了阅读中的共同爱好——绘本。为孩子们选取优秀的绘本并和他们一起阅读成为我最快乐的事,同时也是孩子们最快乐的事。

绘本的作用之一体现在:迎合了低年级孩子们形象思维的特点,融知识性和趣味性于一体,激发了孩子们阅读的兴趣。其二,绘本文字少而精,让孩子们有可以发挥自己想象的空间,寓思于画;简单的情节阐述深刻的道理,寓理于画。

(二)创造点儿气氛,让我们来阅读

午间的惬意可不是一下子就有的,要慢慢来,气氛总是要创造的。午间,如果阳光"大驾光临",再配一点儿轻音乐是极好的;要是阴雨天,就打开灯,伴着音乐读也别有一番韵味。所以午间阅读时的班规是自己读自己的,不能破坏这阅读的"静"。

（三）读到意犹未尽才刚刚好

午间阅读除了学生们自己读,还有我的推荐。推荐的书由我来朗读,我投入地读,学生们静静地听,背景音乐是小提琴或钢琴曲不限,能为我们创造气氛即可。我和学生们一起阅读,我渐渐感受到学生们的阅读兴趣越来越浓,于是也会吊一吊他们的胃口,比如读《花婆婆》时讲到:"花婆婆还去了哪呢?"我说:"明天再告诉大家,有兴趣的话你可以自己找书来读一读。"学生产生了对阅读的期待,也就爱上了阅读。

二、我愿做那只振翅的蝴蝶

"蝴蝶效应"常被这样描述:一只南美洲亚马逊河流域热带雨林中的蝴蝶,偶尔扇动几下翅膀,可以在两周以后引起美国得克萨斯州的一场龙卷风。在庞大的生态系统中,细微的初始改变会引起被放大数千万倍的结果。我希望自己是这只"蝴蝶",能够影响孩子的阅读习惯养成。

（一）从推荐到分享

作为这只振翅的蝴蝶,我还希望影响到家长的阅读习惯,我除了会在班级邮箱中推荐一些家长阅读书目外,还给家长借阅一些家教和亲子类书籍,如《好妈妈胜过好老师》《教出乐观的孩子》《赞美你》……也许是"书非借不能读也",如果能带动家长阅读,让他们言传身教,孩子的阅读习惯养成便是自然而然的事。

（二）读书是一种奖励

犹太民族有这样一个传统,当小孩子刚刚懂事时,母亲就会在一本书上滴上一点蜂蜜,然后叫孩子去舔书上的蜂蜜,用意是告诉孩子:书是甜的。我借鉴这一做法,将"读书"作为最好的奖励。作业完成合格的孩子可以看自己带来的书,考试优秀的孩子和学习有进步的孩子都能获赠图书一本。如此一来,读书成了奖励,学生们会更加珍惜阅读的时间和机会。

三、从识字到学以致用

（一）阅读从喜欢汉字开始

没有一定的识字量无法开始阅读。识字是语文低段教学的主要任务,课堂上不同的识字方法可以激发学生的识字兴趣。

（二）我们也来画一画，写一写

图画所传递的信息量远比语言丰富，表现力更强，而且人在画图过程中会进一步理清自己的思路，把无形的东西有形化，把抽象的东西具体化（或相反）。儿童绘画除了与创造性紧密相关之外，还与许多其他心理活动密切相关：言语活动、审美评价、认知加工、智力发展和概念形成等等。在我们的教学中，汉字可以画，词语可以画，结合课文内容发挥想象力就更可以画。同时，对这些画的解释就成为十分珍贵的语言表达训练素材。

最后，我还有一个困惑，那就是现在的儿童读物很杂，哪些书适合儿童阅读，哪些书不适合？希望您谈谈您的意见。

田：优秀的儿童读物主要看其内容思想是否健康，文字表达是否通达，从内容到文字是否符合儿童的接受能力。现在的儿童读物很乱，最好选择名家名篇。我还希望小学生读一点自然科学的通俗读物、自然文学读物，从小培养学生对自然科学的兴趣、爱好。

我还想谈谈不适合儿童读的书。我认为四大名著不适合儿童去读。为什么？因为儿童缺少生活和社会经验，其中的内容不好理解。有些改编本和缩写本改变了情节，错误百出，读这样的本子还不如不读。绘本适合低年级儿童阅读，中、高年级最好还是读文字书，高年级学生要读名著、读原著。

美惠老师对低年级的阅读教学有几点很值得学习：第一，重视学生学习习惯的培养。第二，对低年级儿童的心理掌握得好。第三，"阅读从喜欢汉字开始"这个提法很好。第四，从低年级开始就将识字、阅读、说话、写话自然地结合起来，引导孩子们读读、画画，将汉字、语言、画面相结合，使孩子们陶冶其中。希望美惠老师在教学实践中不断学习，不断提高。

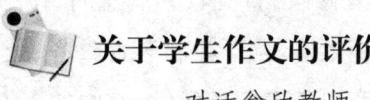

关于学生作文的评价
——对话翁欣教师

翁欣，天津市北辰区华辰学校语文教师。

田：小学作文教学是语文教学中的难点。翁欣老师在作文教学上有哪些有效的做法,请您谈谈好吗?

翁:学生作文是对其语文综合素质的考查,如此重要的一项能力培养,没有内在的动力,是不能达到良好效果的。所以,"如何培养学生的习作兴趣"已成为永久的话题。很多语文教师一直在潜心研究习作教学中的各个环节,以期发现新契机,寻求新方法。我在长期的教学实践中,发现了一条培养学生习作兴趣的新途径——改革评价方式。

田:请翁老师谈谈是怎样通过改革作文评价方式提高学生的习作兴趣的?

翁:长期以来,老师们一直在"引导"学生观察生活,去发现生活中精彩的镜头或有意义的事;"引导"学生从文章中摘录好词佳句,以期能使习作中的语言生动形象;"引导"学生学习范文的写作方法,以求使习作构思新颖……这些方法固然有效,然而这一条条的途径不免使我们的头脑中形成一幅这样的画面:学生跟在老师后面低着头走路,看老师迈出哪条腿、踩出什么脚印,他们只要踏着老师的足迹走就万无一失了,无须另辟蹊径,当然也就没有进一步探索的激情。

田:翁老师对作文教学的改革,重点放在培养学生的作文兴趣上。如何激发学生的作文兴趣呢?翁老师采取了从作文评价入手,将作文评价放在学生集体中进行。这样做是教学理念的转变——从作文评价由教师包办,到发挥学生集体的作用。这是非常正确的方向。具体是怎么做的呢?

翁:我所实验的习作教学评价改革,就是教师将权力下放,变原来教师评价习作为学生互评互改,让习作评价在集体中完成,这就是将学生独立探索与合作探究结合起来。经过尝试,学生不再为写日记发愁,更不会惧怕作文,兴趣反而越来越浓厚。实践中,我采取了以下方法:

一、扩大评价范围,赢得更多鼓励

教学中,每到学期末,我便将学生作文(包括教材规定篇目、日记、随笔)中的优秀作品挑出来再次指导,反复修改,直到较为满意时,按一定格式打印出来,装订成册,力求每个同学都有几篇入选。当学生将装订整齐、版面设计优美的的册子捧在手中,俨然有一种自己文章出版发行的感觉,心中的喜悦无法形容。

这种做法为他们的习作道路创设了第一个成功的评价,这是老师的评价,而这种评价是无言的、新鲜的且具珍藏性的。接下去学生得到的评价范围渐渐扩大:同学们在翻阅过程中,得到自己的评价——看到自己的文章比往日有如此大的进步,信心增强了;同学间又互相评价,能听到同学们的赞扬、得到集体的肯定和鼓励;当集子拿回家后,得到的评价增多,鼓励范围又渐渐扩大:来自家长的、亲戚朋友的……这样,学生在众多鼓励中重新审视自己,便获得了更多自信,从而提高了习作兴趣。

二、增加评价层次,提高欣赏水平

学生间存在个体差异,感悟、鉴赏能力层次不一。同一篇文章在不同学生看来会有各自的侧重点,从而自然地产生了不同的梯度。听到别人对自己的评价较高时,心中会有豁然开朗的感觉,这种感觉是会给人带来愉悦的,经常创造此种氛围,会使学生对习作产生兴趣。

小班化教学的优势在于学生少,作业大多能得到面批、面改。利用这一有利条件,每次学生习作后,我就让他们站到讲台前或同学中读读自己的文章,读前提出评价要求,读后请同学讲评。通常老师在批改习作时,大到篇章结构、选材构思,小到标点、写字,都要注意。而学生不同水平的评价正好把老师的工作分解开来,更显真切了。习作水平较低的学生大多能听出哪些句子不通顺,哪些词不恰当;水平较高的同学大多能听出文章是否具体,主要事件是否突出;再高一点儿的学生就可以提出有关中心是否明确,选材是否恰当,构思是否新颖等方面的意见。值得注意的是,学生非常重视集体的评价和自己在同龄人心中的形象,如对自己的习作不满意时,就主动提出先改改再读,这又比老师要求他修改自然得多。

三、调整评价标准,给予更多希望

学生间存在个体差异,所以习作评价的尺度就不能是同一高度的。要调整好评价标准,使每个水平上的学生都看到希望。

在学生互评互改中,我也积极参与进去,有时我帮一些习作水平较低的学生读文,当然边读边改,再加上用语气、表情烘托气氛,使得一篇挺不起眼的文章尽显声色。作者最了解自己的文章内容,当听到老师如此帮助他,心中不免感到一种满足;得到了老师的鼓励,看到了自己文章中的可取之处,然后是同学们投来惊讶的、赞许的目光,他又获得了一份满足。这满足凑在一起,便生成了一个希望、一份自信,从而提高了他的习作兴趣和信心。

再说习作水平较高的学生,评价时要调高标准,让他有"山外青山楼外楼"的感觉,使之不致产生骄傲自满情绪。

四、评价注入真情,尊重学生劳动

习作要求学生要写出真情实感,老师、同学的评价也要注入真情,因为无论学生习作优劣,都是他动过一番心思的,当要被点评时,他的心中充满渴望,但如果得到的评价轻描淡写、敷衍了事,学生的渴望无法得到满足,修改无从下手的话,他便失去了激情,久而久之,也失去了兴趣。所以,真情的注入是非常重要的。

真情来自何处呢?来自老师,来自学生集体。这真情需要教师平时注重培养对集体的认真负责的态度、乐于助人的精神,还需要教师自我修养的提高。其中,教师的评价语言占有重要地位。教师的评价语言中,赞赏的语言不好说。因为学生习作在一定时期总有自己一贯的思路、方法,优缺点也在这段时期内保持不变。但老师的评价不能一成不变,也不能牵强,要投入真情,到学生习作中去探求,寻找他的点滴进步,切实抓住闪光点,同时找出帮他提高的最佳途径。这样,学生得到了准确而可行的修改方案,体会到了老师对其习作评价中所展示出来的真情,会受到感染,珍惜每次练习,珍视每次评价,从而对习作有了认真负责的态度,进步大了,兴趣也浓厚了。老师的真诚感染着一个集体,集体也能得到真诚的评价,学生受益的就不止在习作中了。

以上做法在实行的过程中,激起了学生的习作热情,提高了习作兴趣。

田:翁老师对作文评价的改革收到了良好的效果。作文评价改革过程是有序进行的。第一,使学生看到自己作文的成绩。第二,多层次的评改,尤其是教师的面批、面改是很重要的,既发挥了学生自己和团队的作用,又发挥了教师的作用。第三,对于不同水平的学生采取不同的评价标准,这非常重要。如果都是一个标准,往往就打击了那些作文稍差的学生。第四,最重要的是感情的投入。

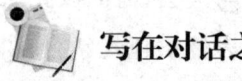 写在对话之后

这次和青年语文教师的对话,我事先拟了一份提纲。我向十五位天津市的小学语文青年教师发出了邀请。这些教师都是我比较熟悉的,而且在语文教学上大都有着比较丰富的教学经验。我收到的回复文章有九篇,我选择了其中的七篇。

我收到的几位教师的文章大多集中在阅读和作文方面,因此我将交流的主题定为"阅读与作文教学"。

在我和青年语文老师们的对话中,语文老师们的文章大多是课堂教学中读与

写教学经验的总结,这使我看到了阅读教学中出现的一个好现象:阅读教学的面貌大大改观,阅读教学不只是单纯地教学生读书,而是既要教会学生读书,还要教会学生写作;同时,将课内外阅读结合起来,有的还将课内外阅读和识字教学结合起来,也就是说,真正体现了阅读教学的本真——阅读教学要培养学生的听、说、读、写、书能力,这五种能力是相互作用、密切结合的。强调阅读教学中读、写能力的训练,并不排斥单独的作文教学,有的老师专门总结了作文教学评价方法的改进,让学生参与作文评价是提高学生作文水平的好方法。

　　这些论文,篇篇都写得那么认真、充实,篇篇都是自己多年来语文教学经验的积累。从这些论文和我们的交流中,我感到老师们对于小学语文教学的热爱,对于备课、上课、课外指导的认真、负责。这些文字,虽然篇幅不长,但让我看到了希望——小学语文教学改革,希望在青年教师身上,更辉煌的业绩在明天!

评 析

  我是向我的导师郝荫圃先生学习评课的。郝先生是小学教育专家,他在教育系主讲小学分科教学法课。这门学科在20世纪50年代初期是一门非常庞大的理论联系实际的课程,包括小学语文、算术、自然、历史、地理诸科教学法。他不仅在理论上熟悉这些学科的教材、教法,同时对各科教学具有丰富的实践经验,尤其在分析、评价各科课堂教学方面堪称一绝。他的评课不是表层说说课的优缺点,也不是给实际教学框上理论教条,而是从该学科的性质,教学的任务和目的,教材的重点难点,以及学生掌握基础知识的程度和接受的态度与水平上剖析教学过程和教师教学能力的发挥,可以说入木三分,所指出的教学成功与欠缺的原因,使任课教师和听课者无不心悦诚服。他经常深入小学指导各科教学,不摆教授架子,非常平易近人,许多教师都愿意向他请教。二十世纪五六十年代,天津市许多小学语文、数学教师对郝教授的评课都钦佩有加。

  当时,我担任他的助教,向他学习如何听课、评课。可是这其中的学问还真多:既要熟悉各科教材、教法,又要具有各门学科的基础知识;既要具有教学论、学习心理学的知识,还必须具有一定的教学经验,而且以上几方面必须融会贯通。这不是短时间内能掌握的。郝先生要我从听课、评课中学习。当时我随他带学生去听课,他总是要我做详细的课堂记录。不论是和学校领导、教师一起分析课,还是给教育系学生做评析课总结,先生总是要我先发言,每次评析课都像是对我的一次现场考试。起初我很紧张,很想先听听先生如何评价这堂课。可是待我理解了先生是在有目的地训练我时,我丝毫不肯放松。听课时,迅速记录,及时思考;课后立即组织语言;评课发言时,有条理地分析、判断。然后再听先生的评讲,以发现自己的不足。有时评课后,先生还要继续问我几个为什么?这样就可以在原有的基础上再提高一步。经过这样的严格训练,我终于可以独立带学生见习、实习了。如果说现在我对小学各科教学,尤其是小学语文教学具有一定的分析、评价能力,应当归功于当年郝先生对我的严格训练。

  在听课过程中看什么?

看教师对文本钻研的程度。以阅读课来说，从教学目标的落实，阅读过程的体现，到文章主要内容的理解，主题思想的揭示，语言训练的层次、重点，学习方法的指导，朗读、默读指导等，都能看到教师对教材钻研程度的深浅。

看教学过程的安排是否符合规律？感知、理解、巩固的认知过程组织得如何？过程是否流畅？是否循序渐进？是否突出重点、难点？师生交流得如何？具体讲，看教师怎样启发导入新课，怎样解题，又怎样将作者的思路揭示出来？明确作者思路和文章结构以后，又如何分析文章的内容思想和语言表达特点等。这一过程，还要看教师如何启发指导学生的理解、分析、概括、推理、判断能力，以及如何培养听、读、说、写等能力，要看学生在教学过程中有效的活动量。

看语言训练是否到位。语言训练包括听、说、读、写几方面，要看语言训练目标是否合理，语言训练重点是否突出，语言训练是否有层次、有梯度；看通过语言训练如何渗透思想教育；看通过语言训练如何发展思维能力。

看教师怎样指导学生读书。如何指导朗读、默读。不论朗读还是默读，不同年级、不同课文、课的不同阶段、不同学生要有不同的指导策略和方法。

看面对不同的教材、不同的学生，教师的教学特点和教学风格不同。例如袁瑢老师教学的《少年闰土》，我选了几个片段学习评析，主要学习袁老师的教学风格——细致、扎实、灵活、严谨、深入浅出。又如于连昶老师教学《赶集》这篇课文，教师用师生讨论方式教学，放手让学生讲。我就从教师如何指导学生"读"去评析。又如，我评侯秉琛老师的课有五篇。侯老师的教学虽然都很重视文道统一，但每篇教材的教学各有训练目标：有的突出对作者语言特点的理解和欣赏；有的以学习方法为主，培养学生的自学能力；有的以思维训练为重点，提高学生的分析、概括能力；有的以词语教学为重点，训练学生用词的准确性等。评课要依据侯老师每次教学的突出之点进行评析。又如刘颖老师教学的《惊弓之鸟》，教师在语言训练方面重点很突出，主要将最后一小节作为语言训练重点进行了三项训练，我就重点评析了这三项语言训练。

不同的教师上课，要有不同的要求。对有经验的老师要求要严格，多评价其教学亮点，供大家学习。对于青年教师，要求既要宽又要严：所谓宽，是指要多发现其优点、创新点；所谓严，是指要认真指出其错误或不当之处，以求改进。

总之，评课看似简单，其实既需要扎实的基本功又需要一定的语文教学理论指引，更需要敏锐的思维能力，善于发现教学者的闪光点和问题，及时做出分析、判断。

从《少年闰土》的教学学习袁瑢老师的语文教学风格

袁瑢老师教学《少年闰土》是在1983年4月14日。可能有人认为,三十多年前的课现在来介绍、评论,意义何在?最近,我看了几位青年教师的录像课,感到有些粗浅。于是,我再读袁老师教学的《少年闰土》,感到教学过程充实,引人入胜。师生交流活跃,学生思维敏捷,回答问题流畅,学得扎实;教师教得认真,引导得体,要求严格。在这一篇课文的教学中,充分体现出袁老师的教学风格——细致、扎实、灵活、严谨、深入浅出。

这篇课文袁老师用了四课时教学。第一课时,教师概要地介绍时代背景、作者以及《少年闰土》这篇文章的由来;学习了三个生字词;提出预习要求。第二课时,检查预习的词语,分段,初读课文,细读、深读课文第一、二段。第三课时,细读、深读第三、四段。第四课时,读第五段和总结全文。也许有人会提出,这课教材用三课时就可以了,为什么要用四课时?只有看了全课的教学才会明白这一问题。由于课文长、内容深,作者写作的时代和学生有一定的距离;又因为袁老师的课是读、议、练相结合的,每一步都有严格要求,所以多用一课时是必要的。授课内容丰富,我只选取几个片段来评述。

一、词语教学认真、扎实

《少年闰土》是五年级的课文。一般来讲,大家认为生字词教学是低年级的事,可是袁老师很重视基础知识的教学,对于该课的生字词教学是很认真的。她针对高年级学生的自学能力,将词语教学分类进行:比较生疏的"祭祀""值年""五行"在第一节课教学;大部分词语让学生在预习中自学;还有一部分词语在阅读中结合语境体会含义。

下面是在第二节课上作为检查预习效果来学习的字词。教师在黑板上写出生字新词:猹、钢叉、胯下、鹁鸪、獾、秕谷、獾猪、胡叉、祭祀、神佛、刺猬、仿佛。

师:谁来读读?

生:读字词,"猬"读了一声。

师:"猬",读四声。

生：读"佛"。

师：这是个多音字。注意在"神佛"这个词里怎么读？"仿佛"里怎么读？

生：神佛(fó)，仿佛(fú)。

师：好！读对了。"猹、獾、猬"这三个字为什么都是反犬旁？

生：因为它们都是小野兽，所以是反犬旁。

师：钢叉、胡叉，课文里一个地方说手捏钢叉，一个地方讲捏了胡叉，在这里钢叉就是胡叉，恐怕你们没有看见过，我这里有一张钢叉图（出示钢叉图），这就是钢叉。

师："弶"是什么意思？

生："弶"是捉鸟的工具。

师：对！"秕谷"的"秕"呢？

生："秕"就是干瘪的意思。

师：那么，我们在市场上看到的红枣是干瘪的，能叫秕枣吗？

生：不能说是秕枣，因为秕是干瘪的谷子，不是果子。

师：干瘪的果子就不能叫秕，你们看这个"秕"是"禾"字旁，干瘪的、不饱满的谷子叫"秕谷"。

师："祭祀"的"祭"左上角怎么写？

生：左上角是个斜月。

师：对的，右上角怎么写？

生：横撇，一捺。

师：这一笔不是横撇，是横钩。这个"祭祀"的"祀"是什么偏旁？右边是什么字？

生：左边是示字旁，右边是个"巳"。

师：对的，左边是示字旁，右边也读"巳"。有哪两个字跟"巳"字相像？

生：自己的"己"和已经的"已"，字形跟"巳"相像。

师：（边说边板书）自己的"己"，已经的"已"，字形相像，但是写法有不同。注意"巳"是封口的，"己"是不封口的，"已"是半封口的,因此你们只要记住一句话,"封巳不封己,半封就是已",这三个字就记住了,不会写错了,一起读一遍"祭祀"。

这样的字词检查,在目前的语文课上已经很少见了。袁老师依据每个字的音、形、义特点,以及学生容易读错、写错的地方做了重点指导,使每个字都扎扎实实落实在学生的记忆之中。因此,袁老师教出的学生很少写错别字。

二、阅读教学过程充实、灵活、严谨

有人曾批评过去的阅读课不重视学生读书。可是在袁老师的课上,不仅重视学生读书,而且还读得目的明确,层次分明,系统有序。袁老师在这一篇课文的教学过程中,始终坚持两个过程:从语言到理解内容;从内容要点到学习语言表达。在这两个过程中,袁老师引导学生由"初读—细读—深读—熟读",层层深入。下面列举出几个片断来说明:

(一)片断一:学生预习很认真

袁老师非常重视学生自学能力的培养。第一节课要求学生预习时提出四点要求:1.不懂的字词查字典弄清意思。2.读课文,按照练习第三题提示的意思给课文分段。3.思考三个问题,初步理解课文内容。4.提出自己不理解的问题。

第二节课上教师对预习做了检查:

1. 检查生字词的预习情况。

2. 提问学生的分段情况。

3. 学生提出预习中的问题。

  生:课文倒数第二段起了什么作用?

  生:第一段起什么作用?

  生:文章里说"他们不知道一些事,闰土在海边时,他们都和我一样,只看见院子里高墙上的四角的天空",这句话是什么含义?

  生:"我们那时并不知道这所谓猹的是怎么一件东西——便是现在也没有知道——只是无端地觉得状如小狗而很凶猛。"这一节里面的两个破折号是什么意思?

从预习的结果看,学生的预习很认真,能够分出段来,说明学生已经基本读懂了课文内容;能够提出问题,说明学生读书善于思考,已经具有了独立阅读能力。现在的阅读课不要求学生分段并概括段意,是对学生掌握阅读方法的忽视。像这样的长课文,如果不分段理解,只能造成学生思想的混乱。分段,就是要理清作者的思路,使学生的思路明确;概括段意,就是要把课文内容概括地掌握,同时训练学生的概括能力;迁移到作文上,就是要先拟出作文提纲,再依据提纲写出文章。这些读写方法的训练和思维训练,袁老师是非常重视的。

(二)片断二:初读,理解课文大意

第二节课,在检查完学生自学和分段情况后,开始引导学生读书。从第一段到第五段分别由五名学生朗读。读中结合上下文顺便解决了"忙月""毡帽""无端地""状如""如许"几个生词的意义。每读到一个生词,教师就叫停,来理解该词的意思,这样将五段读完。

老师请学生对朗读情况进行评价后小结:"你们的要求很高。五个同学都读得很认真。因为只经过昨天预习,所以他们读得还不够熟练,再通过学习,我想一定能读得很好。"

我们可以看到,虽然是初读,但是教学目的明确:从读中进一步理解生词,了解课文大意。教师的小结很适当,肯定了读的认真,这对于学生既是鼓励又是要求。

(三)片断三:细读和深读

在这一个阶段中,教师采用了多种方法,引导学生细读、深入理解和感悟,特别是将训练读书和训练思维结合起来。

第一层次:从内容上理解课文。依据预习提出的三个问题来读。教师在总结完初读之后接着说:"昨天在这个阶段预习时,提出了三个问题请同学们思考,现在我们来交流一下你们是怎么理解的?"

这三个问题是:

1. "我"跟闰土为什么能见面?又是怎样分手的?

2. 课文是怎样描写闰土的?

3. "我"对闰土有着怎样的感情?为什么能产生这样的感情?

这三个问题是对课文的概括,便于学生进一步理解课文的三大部分内容。学生讨论得很认真。也许有的教学,阅读到此就结束了,可是袁老师没有停止,继续引导学生深入理解。

第二层次:从语言到内容,再从内容到语言。教师加以总结并引起下面的阅读:"刚才同学们讲到了'我'对闰土有着深厚的友谊,在文章的第二、三、四、五段都讲到了'我'对闰土的感情,究竟这感情是怎样发展的呢?为什么会产生这样的感情呢?我们要通过进一步阅读课文来弄清楚。根据刚才同学的回答,说明这篇课文段与段之间有着密切的联系,所以我们阅读时要将前后内容联系起来思考。现在我们一段一段来学习,进一步理解课文。"

(由具体到概括:学生总结第一段内容。)

师:先请同学们认真读第一段。第一段共三句话,想一想这三句话各写了什么内容?然后想象一下在你眼前出现一幅怎样的景象。

生:第一段有三句话。第一句讲了环境,第二句讲到其间有个十一二岁的少年,第三句话是讲猹逃跑。

师:对!第一句话写景,第二句写人,第三句写猹。在你眼前出现怎样的景象?讲讲看。

此处,学生已经回答得正确了,可是袁老师从写作的角度加以概括,就大大提高了教学水平。

(由概括到具体:学生具体叙述第一段的景象。)

生:在我眼前出现一幅美丽的景象:一个幽静的夜晚,一个少年项带银圈,手捏一柄钢叉在刺猹。

师:谁能根据课文的内容讲得详细一点? 说出幽静的夜晚的景色究竟是怎样的呢? 书上讲的有天有地、有光有色、有人有物,很生动,谁来讲一讲?

前一学生讲得不具体。一般教师会在此时说"讲得再具体些"。可是袁老师没有那么简单地处理,而是通过启发,让学生知道怎样才能讲得具体。

生:在我眼前出现这样一幅图:深蓝的天空中挂着一轮金黄的圆月,海边的沙地上种着一望无际的西瓜,其间有一个十一二岁的少年,项带银圈,手捏一柄钢叉,向一匹猹尽力地刺去。那猹却将身一扭,反从他的胯下蹿来了。少年像个英雄,景色也很优美。

生:海边沙地上都种着一望无际的西瓜?

生:还有刚才他说猹蹿来了,我觉得猹不是蹿来,而是从他的胯下逃走了。

师:对,还有补充吗?

生：月光柔和地照着大地，少年听见瓜地里啦啦地响了。

师：在第一段三句话里有没有"啦啦地响"这个内容呢？

生：没有，读者读到这里并不知道有啦啦的响声。

师：对，仅仅读到这里还没有啦啦的响声，这是你读了后边的文章才想象出来的。同学们想得很认真，这里有一幅图（出示挂图），这幅图就是根据书上的三句话画成的，你们看看这幅图的景色怎样？

生：这幅图的景色很美。

生：这幅图看上去很幽静。

师：很幽静，很美丽，在这幅图里特别引人注目的是一个怎样的少年？

生：是一个十一二岁的英俊少年。

师：从他的外貌、神态来看，你觉得他是个怎样的少年？

生：我觉得他是一个机智、勇敢的少年。

师：是的，西瓜地的夜景异常美丽，其间特别引人注目的是一个生龙活虎的少年，颈上的银项圈在月光下闪闪发光，他手捏一把钢叉，正尽力向一匹猹刺去。我们眼前出现的这幅图画景色优美、环境幽静，少年机智勇敢、活泼可爱，整个画面突出了这个少年的可爱形象。现在我们把这段课文再读一遍。

从第一段的细读、深读来看，从内容上理解了该段主要写了三句话，而且突出了闰土是个什么样的少年，是为了引出下文。从训练上，不仅训练了学生的逻辑思维能力，还训练了学生的形象思维能力；在师生的对话中，训练了学生的说话能力，使学生懂得如何把景色说、写具体。有人认为说话练习是低年级的事。当然，低年级要多练习说话能力，但是中高年级也不能忽视说的练习，只是对于说的要求，不同于低中年级，说一段话要说得通顺、流畅，有时可以要求说得具体形象，有时可以要求说得概括、有条理。我们可以看到袁老师教学中每一步都那么细致深入地引导学生读书。

（四）片断四：从写作的角度设计课堂练习

袁老师善于将读、议、练结合起来，第一段是练习说话，下面第三段主要练习用词的准确性。

师:请根据第三段的内容在下列两个句子里填上适当的词语(出示写有两个练习题的黑板)。

1. 第一句和第二句表达了"我"盼望见到闰土的(　　)心情。

2. 不到半日,"我"和闰土——一个(　　)少年便熟识了。

师:默读考虑好后,把填写的词语写在练习本上。

(学生默默地做练习,教师巡视。)

师:我们来看第一句,你们填的是什么?

生:我填的是"焦急"。

生:我填的是"急切"。

生:我填的是"迫切"。

师:根据课文的内容,填"焦急"不确切。"急切""迫切"都是可以的。那么你们从哪些词语里看出他的急切心情呢?

生:我是从"日日盼望""好容易""飞跑地去看"这几个词语里看出"我"的急切心情的。"日日盼望"是作品中的"我"听说闰土要来,就日日盼望着新年来到。"好容易"也是体现急切心情的,实际上那时间是很短的,但是"我"却好容易才等到了年末。"飞跑地去看"表现出"我"急切的心情,等也等不及了,就飞跑地去看了。

生:从第三段第一句话中"日日"这个词可以看出"我"的急切心情。"'我'于是日日盼新年,新年到,闰土也就到了。"从"日日"中看出"我"迫切的心情,因为他迫切地要见到闰土,所以日日盼望新年到,新年一到,"我"又可以和闰土见面了。

生:他刚才有一个词用错了,他说了"我"又可以和闰土见面了。应该用"我"就可以和闰土见面了,因为作者以前并没和闰土见过面,只是听说他能捉小鸟雀的,这还是第一次见面,所以不能用"又"。

师:你听得真仔细,意见很对。看第一句"我于是日日盼望新年,新年到,闰土也就到了",为什么用"于是"?

生:知道父亲同意让闰土来,"我"是非常高兴的,所以他日

日盼望新年到来,能和闰土见面。

师:对啊!前面讲到很高兴,因为闰土要来了,后面讲到"我"日日盼望他早点儿来,前面和后面是紧密连接的,所以就用"于是"给它连接起来。这里用"于是",还把第二段和第三段紧密地联系在一起了。

从阅读教学全过程来看,层次分明,又浑然一体,教师带着学生步步深入。阅读和阅读教学不同,阅读——读一篇文章、读一本书,读明白就可以了;而阅读教学既要从语言文字中读明白内容,还要通过内容再体会文字是怎样表达内容的,这后一过程,就是教写的过程。因此,阅读教学必须体现读写结合。

从以上几个片段的教学过程来看,我们深深地体会到袁老师的教学态度非常认真,对文本理解得很深入,对学生学习要求严格。我们还感到袁老师对小学语文教学的本真掌握得恰到好处,对于文本的字、词、句、段、篇的理解、感悟、运用都适当地落实在学生的听、说、读、写之中。

《惊弓之鸟》教学实录
——袁瑢老师教学评析

执　教:袁　瑢,上海市实验小学
时　间:1980年11月28日
教学年级:三年级上学期
教学课时:三教时
评　析:田本娜(观看教学实录,边学边评)

第一教时

师:小朋友,今天我们一块儿学习第44课《惊弓之鸟》(出示课题),打开课本翻到142页。这一课你们已经预习过了,在预习中大家有什么问题吗?

生:插图上更羸身上怎么没箭袋?还有,他们打猎应该骑在马上的。

生：我对这篇课文的第一节有一个问题，更羸指着大雁对魏王说："大王，我不用箭，只要拉一下弓，就能把这只大雁射下来。"这儿不应该用"射下来"。

师：你的意思是说既然不用箭怎么能说"射"字呢，对吧？

生：图画上画的更羸是在射鸟，鸟在上面，更羸在下面拉弓，拉弓的声音大雁怎能听得见？

生：我来解答×××的问题，拉弓以后，这根弦在振动，弦一振动，空气也随着一起振动，振动的声音传到大雁那儿，大雁就听到了，心里就害怕了。

生："那只大雁直往上飞，忽然从半空里直掉下来。"为什么这里要用两个"直"字？

生："魏王信不过自己的耳朵"，这"信不过"是不相信还是听不清？

生："魏王更加奇怪了，问：'你是怎么知道的？'"前面更羸已经说过了："不是我的本事大，是因为我知道，这是一只受过箭伤的鸟。"那么，魏王应该思考一番，认为这是对的，为什么还要问呢？

师：好，刚才同学们提出了很多问题，说明这一课你们是认真预习了。这些问题我们在学习的过程中一个一个来解决。

从三年级开始就要求学生预习的做法是非常必要的，预习可以培养学生的自学能力。从学生提出的问题来看，他们在预习中认真读书，仔细观察，提出的问题都是课文内容的要点，对于教师指导下面的阅读可以有的放矢。

师：《惊弓之鸟》是一个故事。在这个故事里，这只鸟是只什么鸟？

生：这只鸟是大雁。

师：对，是大雁（板书：大雁）。注意，这个"雁"字是厂字头，里面有两个单立人，右边一共有四小横，大家要注意这个字的写法。（出示雁的标本）这是一只雁的标本。你们看看，雁的身体跟燕子、麻雀等比起来要大得多，因此人们习惯上称它"大雁"。

关于大雁的生活习性你们知道些什么？

生：大雁喜欢住在水池边。

生：大雁还喜欢成群地飞，排成人字形或一字形一起飞。

师：对，大雁喜欢成群结队地一起飞。大雁是一种候鸟，每到秋天就从北方飞到南方去。春天来了，又从南方飞回北方。它们飞行的时候总是排成整齐的队伍，有的时候排成一字形，有的时候排成人字形。《惊弓之鸟》这个故事里讲了几只大雁从远处飞来？

生：一只大雁从远处飞来。

师：对，只有一只大雁从远处飞来。（板书：一只）

这一环节重视了基础知识的教学。在解题中引导学生学到了"大雁"是一种候鸟，通过观察标本，认识到大雁比燕子、麻雀要大得多，所以称为"大雁"，同时指出了"雁"字的写法。教师引导学生讲出大雁的生活习性，袁老师很重视调动学生的知识资源。

师：这个故事主要讲了谁的事？

生：这篇课文主要是讲了更羸的事情。

师：对！（板书：更羸）更羸的"羸"下面中间部分是什么字？

生：中间部分是"羊"字少了一横。

师："羊"少了一横？大家仔细看一看书上。

生：更羸的"羸"字当中是个"羊"字。

师：对了，一只羊的"羊"字（添写上"羊"）。你们再看（板书：赢），这是什么字？

生：这是"赢"字，"输赢"的"赢"。

师：对，这两个字，字形很相像，但是它们的读音、写法、意义都不一样。要注意这个读"léi"，"更羸"的"羸"；这读"yíng"，"输赢"的"赢"（学生读）。在这课书里，还有一个多音字，大家看书上第六行有一个词"大王"，在这里的"大"不读"dà"，应读"dài"。古时候称国王为"大（dài）王"，把拼音注上去。（学生在书上注上拼音。）

师：现在相互检查一下，课文读得怎么样。怎样检查呢？单号读给双号听,单号认真读,要读得正确。双号认真听,要听得仔细。(师指名双号学生提意见,学生提意见略。)

师:我觉得大家都读得挺认真,听得也很仔细。读的同学都读正确了,但我对大家要求很高,还希望把人物的感情、语气读出来。我想,等学完以后就能读好了。

教师检查预习情况很细致。先要学生讲出"这个故事主要讲了谁的事",学生做了简要的回答;接着分析了"赢"字的写法,并和"嬴"字进行了字形、字音、字义的区别;又对"大王"的"大"字的读音进行了指导;最后又对读课文进行了检查,而且是调动学生互相检查,培养学生的听力、朗读能力和评价能力,提高学生之间的合作精神。

师:现在我们一起来学这篇课文,这篇课文分成两段。第一段从开始到143页的第一行"直掉下来",下边是第二段。现在请同学们默读第一段,一边默读一边想,这段主要讲的是一件什么事,只要简单回答就可以了。(学生默读课文第一段。)

师:现在我们来讨论。你们认为这一段主要讲了一件什么事,简单地讲。

生:我认为这一段主要是讲更羸打猎的事。

师:讲了更羸打猎当中的一件什么事呢?

生:更羸射大雁的事。

师:更羸是怎样射下大雁的呢?

生:更羸不用箭就射下了一只大雁。

师:对啊,这一段就是讲更羸不用箭射下一只大雁这么一件事。

教师重视训练学生的概括能力。开始阅读课文时,因为是三年级的学生,教师先给该课文分了两段,但是教师没有给每一段概括出主要内容,教师的用心在于训练学生的概括能力。开始学生概括得不够完整,教师没有代替学生把要点讲出来,学生说得不准确时,教师再提问,最后概括出"这一段就是讲更羸不用箭射下一只大雁的事"。学生的概括能力就是要这样一步一步训练。

师:作者是怎样一步一步地讲这件事的呢?看课文的第一句话:"更羸是古时候魏国有名的射箭能手。"短短一句话介绍了哪些内容?

生:介绍了是谁、什么时候、什么人这些内容。

生:这句话介绍更羸是一个射箭能手。

师:第一句话介绍了更羸是什么时候、什么国家、什么身份的人。他是射箭能手。(板书:能手)"能手"是什么意思?

生:"能手"就是这方面的技术很强。

师:对,一个人对某一项技术、某一种工作特别熟练,干得特别出色,大家就称他为能手。(在"能手"前加上"射箭")那么,"射箭能手"呢?

生:"射箭能手"就是说射箭很准,百发百中。

生:射箭很准就说明射箭技术很高明。

师:对。更羸还不是一般的射箭能手,是有名的射箭能手。("射箭能手"前加"有名的")他射箭的经验特别丰富。

学习第一段,先学第一句话。提问学生:短短一句话介绍了哪些内容?目的是使学生理解一句话要表达得完整。同时,老师从语言构造上,一步一步从"能手"到"射箭能手"再到"有名的射箭能手",说明用词要准确。

师:我们再看书上。有一天,更羸跟魏王到郊外去打猎,他们看到了什么?又说了些什么?

生:更羸对魏王说:"大王,我不用箭,只要拉一下弓,就能把这只大雁射下来。"

师:他们看到一只大雁从远处慢慢地飞来,边飞边鸣。(板书:慢慢地飞来,边飞边鸣。)更羸指着大雁对魏王说:"大王,我不用箭,只要拉一下弓,就能把这只大雁射下来。"更羸这样说,说明他很有把握,充满信心。刚才有个同学问,他既然不用箭,怎么能说是"射"下来呢?这问题谁能回答?

生:这是更羸说的话。说是不用箭,照样可以和用箭一样,把一只大雁射下来,所以应该用"射"。

师:你说得对!读这句话时要用肯定语气。有几个字要读得重一些,"只要……就""拉""射"都要重一点儿,谁来读一下?

(生读"更羸指着大雁对魏王说……就能把这只大雁射下

来"一段。)

师:我觉得还可以读得重一些。(师范读,生齐读。)

这里教师指导朗读很到位,先指出"只要……就""拉""射"都要读得重一点儿,学生读得不够理想时,教师范读,学生齐读。为什么反复读这句话?因为这句话是这一段的中心句,通过反复读以加深理解。而且,在检查预习时,学生曾提出"他不用箭,怎么用'射'下来呢",通过师生对话,解答了用"射"字的道理。

师:"魏王信不过自己的耳朵,问道:'你有这样的本事?'"想一想这时候魏王是怎么想的?

生:我想魏王是这样想的:难道更羸有这样大的本事?

生:魏王是这样想的:一般射鸟的时候总是离不开箭的,箭也是离不开弓的,更羸说的是真的吗?

生:魏王还会这样想:我活到现在,还没有看到过有人不用箭就能把大雁射下来的。

生:在这里"信不过"就是不相信更羸的意思,不相信他的话。

师:同学们都分析得很清楚。魏王从没听见过不用箭就能射下大雁的事,而更羸却这么说。他觉得非常惊奇,不敢相信自己的耳朵,所以问:"你有这样的本事?"更羸真有这样的本事吗?

生:更羸没有这样的本事,是因为大雁受过箭伤。

教师巧妙地提出:"魏王信不过自己的耳朵,想一想这时候魏王是怎么想的?"教师引导学生展开了想象。学生的思维很活跃,想象出魏王的各种心理活动。这样就把一句话理解得非常丰富了,同时也训练了学生的形象思维能力。

师:看看书上哪一节是说把大雁射下来的,读一读课文。

(请学生读第四小节:"更羸并不取箭……忽然从半空里直掉下来。")

师:这一节就是讲更羸射大雁,只有一句话,是个长句子。你们仔细分析一下,这个长句子讲了几层意思?

生:这个长句子讲了两层意思,第一层意思是"更羸并不取箭,他左手拿弓,右手拉弦",这是说明更羸的动作。"只听得'嘣'的一声响,那只大雁直往上飞,拍了两下翅膀,忽然从半空里直掉下来。"这是讲大雁怎样掉下来的。

师：对的，讲了两层意思。第一层意思是讲更羸怎么射大雁的，他并不取箭，注意，这里不用"并"也可以的，现在用上"并"起什么作用？

生：前面更羸指着大雁对魏王说："大王，我不用箭，只要拉一下弓，就能把这只大雁射下来。"后面他就是这样做的，所以用上个"并"。

师：这里用"并"是加强语气，强调他不取箭。更羸并不取箭，他左手拿弓，右手拉弦，只听得"嘣"的一声响，结果怎样呢？"那只大雁直往上飞，拍了两下翅膀，忽然从半空里直掉下来。"刚才有同学问，为什么这里用两个"直"字，"直往上飞"这个"直"是什么意思？

生：一直往上飞。

师："从半空里直掉下来"这个"直"是什么意思呢？

生：笔直地掉下来。

师：读这句话时要注意。"他左手拿弓，右手拉弦"，把更羸的动作写得很具体，这时候旁边的人一定在注视着他怎么射大雁的，因此读到这里要稍微停顿一下。"只听得'嘣'的一声响"，这个"嘣"要读得短而有力，"那只大雁直往上飞，拍了两下翅膀，忽然从半空里直掉下来"。读这几个小句子速度应该怎样？

生：要读得快一些，因为那只大雁直往上飞，又拍了两下翅膀，忽然一下子从半空里直掉下来。

师：对啊，这几个小句子要读得快些。谁把这一小节读一下？要读得好（请学生读这一小节）。

生："只听得'嘣'的一声响"，这里她读得不够快。

师：还有，"他左手拿弓，右手拉弦"，这儿要停顿得长些。"嘣"字要读得又短又有力，一起来读一下。

（学生齐读这一小节。）

师：好，你们看书上这幅插图，画的是哪一个情节？

生：画的是更羸并不取箭，左手拿弓，右手拉弦，那只大雁从半空里直掉下来。

生：还画了第五节。"啊！"魏王看了，大吃一惊说，"真有这样的本事！"因为图画上魏王抬头向上面看，所以，这幅画中也有第五节的内容。

生：我不同意他的意见。因为魏王听了更赢的话，抬头仔细看更赢怎样把大雁射下来，只听得"嘣"的一声响，那只大雁直往上飞，拍了两下翅膀，忽然从半空里直掉下来，大雁还没有落到地上，还在半空里，所以我不同意他的意见。

师：你们仔细看看，这只大雁在半空里怎么样了？

生：它已经是头朝下，直往下面掉了。

师：我觉得主要是画了更赢射大雁的情景，这时候，魏王已经看到大雁掉下来了，他心里感到很惊奇。

教师很细致地指导学生理解字、词、句和朗读，并通过对照课文、观察插图，将观察、读书、思考结合起来，师生对话气氛活跃，加深了学生对课文内容的理解。

第二教时

师：现在我们继续学习，先来认几个字。(师出示卡片："弦""惨""孤""裂"字，学生解释字义和"孤"字的字形，区别"瓜"和"爪"的不同。)

师：现在哪个同学把第一段认真读一遍？(请学生读第一段课文。)

师：这一段课文作者是怎样一步一步地叙述的呢？一开始介绍更赢是有名的射箭能手，接着就讲有一天发生了一件事，什么事情呢？更赢和魏王在野外打猎，看见一只大雁，更赢说，"我"不用箭就能射下这只大雁，接着更赢果然不用箭就射下了这只大雁。这一段主要讲更赢不用箭射下了大雁。现在请同学默读第二段，一边默读一边想，第二段主要讲了什么？(学生默读第二段课文。)

在学习第二段之前，教师要求学生将第一段读了一遍，教师又将第一段简要而连贯地叙述了一遍，才开始让学生默读第二段。这样使学生的知识和思维有了连贯性，同时也是指导学生如何概括一段的要点。

师:好,第二段主要讲什么呢?

生:第二段主要讲更羸射下这只大雁的原因。

师:对!那么在这一段里,哪一节说明了射下大雁的原因?

生(读书上句子):"更羸说:'它飞得慢,叫的声音很悲惨……它一使劲,伤口又裂开了,就掉了下来。'"

师:是呀,更羸说的这一段话,说明了他能射下大雁的原因。更羸一共说了四句话:第一句"它飞得慢,叫的声音很悲惨"(板书:它飞得慢,叫的声音很悲惨)。这里更羸怎么知道声音很悲惨呢?

生:因为课文前面说一只大雁从远处慢慢地飞来,边飞边鸣,所以更羸知道这是一只受过箭伤的鸟。

师:慢慢地飞来,边飞边鸣,只有个"鸣",更羸为什么说它叫的声音很悲惨?

生:因为更羸是魏国有名的射箭能手,他射鸟很有经验,能听出来大雁叫得很悲惨。

师:对呀!更羸是有名的射箭能手嘛,听了这只大雁鸣叫的声音,他就听出来,它叫的声音很悲惨,魏王听出来了没有?

生:没有。

师:"飞得慢"是他看到的,"叫的声音很悲惨"是他听出来的。第一句说的是他看到、听到的现象。看第二句,说的还是看到、听到的现象吗?

生:第二句写了更羸知道它飞得慢的原因,也写了叫的声音悲惨的原因。

生:第二句是他分析出来的。

师:对!第二句话分析了他看到的现象,更羸是怎样分析的?他看见大雁慢慢地飞来,飞得慢,因为什么?(板书:飞得慢,因为……)

生:飞得慢,因为它受过箭伤,伤口没有愈合,还在作痛。

师:(板书:愈合)这个"愈合"的"愈",你们在哪一句话里学过?

生:"地上的水愈来愈多,汇合成一条条小溪。"

师:"愈来愈多"里的"愈"跟"越"是一样的意思,而这里的"愈"什么意思呢?

生:在这里这个"愈"是病好的意思。

师:这个"愈"是病好,"合"是合拢。"愈合"就是伤口长好了。但这只雁,伤口没有愈合。更羸分析它叫的声音悲惨,是根据什么呢?

生:叫得悲惨,因为它失去同伴,孤单失群,得不到帮助。听到弦响,心里很害怕,就拼命往高处飞。

师:(板书:叫得悲惨,因为……)

生:他讲错了,叫得悲惨的原因应该是它离开同伴,孤单失群,得不到帮助。"离开同伴"不能说成"失去同伴"。

师:对了,它叫得悲惨,因为它离开同伴,孤单失群,得不到帮助(板书:孤单失群)。一只大雁孤单失群,这个"失"是什么意思?

生:这个"失"是离开了的意思。

生:这个"失"是没有的意思。

师:这个"失"在这里是找不到的意思。"失群"就是找不到大家了。更羸根据他看到的、听到的现象作了这样的分析,他就得出这样的一个结论:这是一只受过箭伤的鸟。(板书:这是一只受过箭伤的鸟。)更羸又怎样进一步分析的呢?把有关的话读出来。

生(读):"它一听到弦响,心里很害怕,就拼命往高处飞。它一使劲,伤口又裂开了,就掉了下来。"

师:对!"它一听到弦响",这里要是不用"它"字,可以怎么说?

生:可以用"大雁","那只大雁""这只大雁"。

师:这是一只普通的大雁吗?要把这只大雁的特点讲出来。

生:这是一只受过箭伤的大雁,因为它已经受过箭伤,所以它听到弦响心里就害怕。

师:所以它一听到弦响,心里很害怕,就拼命往高处飞,为什么拼命往高处飞?(板书:一听到弦响就拼命高飞。)

生:因为箭射到一定程度不能再射上去了,它往高处飞,箭就射不到它了,所以它拼命往高处飞。

师:唉,它想要逃命。同学们想一想,一只受过箭伤的鸟,一听到弦响,心里很害怕,就拼命往高处飞,这是一只怎样的鸟?

生:这就是一只"惊弓之鸟"。

师:对呀!这只惊弓之鸟拼命往高处飞,一使劲,伤口又裂开了,就掉了下来。(板书:一使劲就掉了下来。)同学们,第一段里哪一句话是讲这惊弓之鸟掉下来的事实?

生:"那只大雁直往上飞,拍了两下翅膀,忽然从半空里直掉下来。"

生:应该把这句话也加进去"只听得'嘣'的一声响",因为弦声不响,大雁是不会掉下来的。

师:对呀!"只听见'嘣'的一声响,那只大雁直往上飞,拍了两下翅膀,忽然从半空里直掉下来。"现在你们回过头来读这句话,体会体会,哪些词儿用得非常好?

生:我认为"忽然从半空里直掉下来"的"直"用得非常好,因为这是惊弓之鸟,它的伤口裂开来,再也飞不上去了,所以就笔直地掉到地上了。

生:还有"那只大雁直往上飞"这个"直"也是用得很好的,因为大雁听到弦响,生怕箭会把它射中,它想逃命,就拼命直往上飞。

生:我觉得一个"忽然"用得很好,因为这只大雁直往上飞,拍了两下翅膀,忽然从半空里直掉下来,说明很快。

生:我觉得"嘣"字用得好,因为这只大雁直往上飞,拍了两下翅膀,忽然从半空里直掉下来,说明速度很快。

师:同学们讲得很好,更羸就是这样分析的。他把看到的现象仔细分析:飞得慢,是因为受过箭伤;叫得悲惨,是因为孤单失群,所以他知道这是一只受过箭伤的鸟。他再进一步分析,一只受过箭伤的鸟,一听到弦响,心里害怕,就会拼命往高处飞,它一使劲,伤口又裂开了,就掉了下来,因此断定不用箭就能把这只大雁射下来。

教师通过分析句子,使学生明白道理;又通过分析道理,使学生理解如何遣词造句。第二段主要通过阅读分析四句话,使学生理解更羸射下这只大雁的原因。第一句话是更羸看到大雁"飞得慢",听到大雁"叫的声音很悲惨"。第二句话是通过分析说明它飞得慢、叫得悲惨的原因。教师并没有讲大道理,但是让学生感悟到认识事物的方法,一是靠看、听;二是靠动脑筋,认真分析。同时,在理解该段时,对于"愈""失""直""忽然""嘣"等字词,结合语境使学生体会其运用之妙,从读书中感悟写作该如何遣词造句。教师还提问:更羸怎么知道声音很悲惨?要求学生从第一段中找答案,这是教给学生用联系上下文来理解内容的方法。

师:现在请同学来读第二段。一个读更羸讲的话,一个读魏王的话,作者说的话不读。先请两个同学试一试。(两个同学分角色读课文第二段。通过教师指导,又请两位同学分角色朗读。)

通过分角色朗读,加深学生对课文内容的理解。

师:全篇课文分两段,每段主要讲什么,想一想为什么分这样两段?

生:第一段主要讲更羸不用箭射下一只大雁,第二段主要讲更羸不用箭射下大雁的原因。

师:对!为什么分这样两段呢?

生:第一段写的是射大雁的经过,第二段写的是怎么能把这只大雁射下来的。

师:对,第一段写的是更羸射大雁的经过和结果,第二段说明射下大雁的原因,所以分这样两段,现在请大家认认真真地把全文轻声读一遍。(学生轻声齐读全文)

教师在指导学生把握全文的基础上,让学生进一步理解分段的依据,给学生指出分段方法,提高学生的逻辑思维能力。

师:同学们,谁来讲一讲,"惊弓之鸟"究竟是什么意思呢?

生:一只受过箭伤的鸟听到弦响就害怕,就是"惊弓之鸟"。

师:对,一只受过箭伤的鸟,一听到弦响,十分害怕,这就是"惊弓之鸟"。

生:有的人遇到类似的情况,非常恐慌,也是"惊弓之鸟"。

师:噢,比喻人遇到什么类似的情况?

生：比如说，打了败仗，并没人来追他们，但是他们很恐慌，听到草的响声，以为是追兵来了，听了风声鹤唳，也以为是追兵来了，害怕得不得了。

师：这些打败仗的人，就成了什么？

生：(齐答)惊弓之鸟。

教师通过对课文内容的深究，不仅使学生理解了"惊弓之鸟"的本意，而且理解了其比喻之意。

师：接下来我们要做一个说话练习。说说更羸是怎样断定不用箭只拉弦就能把那只大雁射下来的。可以参考这些内容（指黑板上的板书），想想先说什么，再说什么，最后说什么。先自己考虑，再与同桌的同学商量商量，现在下课。

通过说一段连贯的话，讲一讲"更羸是怎样判断不用箭只拉弦就能把那只大雁射下来的"，既训练学生说话要连贯、有条理，又训练学生观察、分析、判断的能力。

第三教时(略)

评 析

通过这三节课，我们可以看到学生学习的积极性很高，思维活跃，能提出问题，也能回答问题，师生交流得非常和谐，说明学生对该课的语言表达和思想内容理解得很扎实。通过袁老师的这次教学，我们应该学些什么呢？

第一，学习袁老师对于语文基础知识的重视。袁老师在教学中非常重视字、词、句、段等基础知识的教学，对于生字、新词反复提出，对于重点词语、句子都作了精心的指导。

第二，学习袁老师在教学中重视学生语文能力的培养。袁老师不仅重视基础知识教学，同时也非常重视学生语文能力的训练。在授课中尤其重视朗读、默读能力的训练。训练中指导得很具体，如哪些字、词、句要读得重些，哪些要读得轻些，有的地方要读得快些，有的地方要停顿得长些，等等，都结合学生的具体情况给予指导。对于默读后概括段意的训练，指导得也很具体。

第三，学习袁老师在教学中重视学生智力的发展。在阅读指导中，袁老师非常重视学生智力的发展，尤其在发展学生的思维能力上狠下功夫，使语言训练和思维训练紧密地结合起来。如阅读中将内容概括出要点,促进学生逻辑思维能力的发展;从语句中要求学生进行想象,促进学生形象思维的发展。

第四,学习袁老师的教学风格。在这次教学中充分体现出她的教学风格——细致、扎实、灵活、严谨,细到一个字词的含义、运用也不放过,一个句子的含义、作用也不放过。分段,为什么分两段,怎样概括段意,一步一步使学生理解和掌握每一段的内容;对于重点段的含义,通过分析句子,使学生学到分析问题、判断问题的思维方法,重在发展学生的智力。不但教学细致,而且深入浅出,对于语言表达方法指点得当,使学生对内容理解深入。袁老师教学方法灵活多样,有个人朗读、分角色朗读、齐读、默读,读得非常充分,而且读得层次分明。对学生的朗读、回答问题,只要有一点儿不够准确的地方也要指出来,要求非常严格。

总之,我们要学习袁老师对学生认真、负责的精神,学习她对教学精益求精的科学态度和扎实、严谨的教风,我们更要学习袁老师深厚的语文素养和对教学工作的高度责任感和使命感!

(2007年评)

语言·思想·情感的统一
——刘颖老师《惊弓之鸟》教学评析

执　教:刘　颖,天津市塘沽实验小学
指　导:于连昶,天津市塘沽区教育中心
时　间:1993年
教学年级:三年级
教学时数:两教时
评　析:田本娜

《惊弓之鸟》这一课是一篇成语故事,也是一则寓言。故事发生在战国时期的魏国。故事距离现代孩子们的生活很远,因此在教学开始,教师和学生首先进行了一段预备性谈话。教师通过让学生听录音、看幻灯等教学手段,交代了弓的形状、用法、作用,介绍了大雁的生活习性,讲了"雁"字的写法,解释了"孤雁"和"失"的含义。创设出故事发生时的情境,力求把学生引入到故事中去,这是非常必要的学习上的心理准备。

在一篇课文中如何确定语言训练重点和训练方法?这是每位语文教师备课时都会遇到的难题。刘老师将这节课的重点放在第二段是很正确的,因为第二段讲的是更羸不用箭就能把大雁射下来的原因。

重点确定之后,训练什么?又该采取什么方法训练呢?这个难度就更大了。刘老师引导学生进行了三项语言训练:1.关于句子因果关系的训练。这一段的第二句话是由两个因果关系的分句组成的,更羸是先讲结果,后讲原因。教师让学生练习先讲原因,后讲结果。然后指出第二句话与前一句话有关。2.最后两句话中关联词的作用。要求学生去掉关联词读一读,加上关联词再读一读,两相比较,使学生体会"一……就"这个关联词在这两句话中连接前后分句的作用。3.进行了前后句关系的训练。该段中的四句话,逻辑因果关系很严密,去掉哪一句,这一段的意思就不完整了。教师确定这三项训练至关重要,由此把教学引向深入。

最后,教师给出例句,使学生进一步理解了"惊弓之鸟"这个成语的比喻义,很自然地对学生进行了思想教育。

此外,教师的语言简练、清楚,板书工整、美观,教态和蔼,善于启发、引导,学生学得主动、积极,师生合作得很协调。

教无止境　不断创新
——三种《惊弓之鸟》教学方法比较谈

执　教:袁　瑢,上海市实验小学
　　　　王燕骅,浙江省杭州市上城区教师进修学校
　　　　刘　颖,天津市塘沽实验学校

袁瑢老师教学《惊弓之鸟》是在1980年,刘颖老师教学《惊弓之鸟》是在1993年,王燕骅老师教学《惊弓之鸟》是在2006年,前后相隔二十余年,年代不同,教学理念、教师的水平以及学生的知识基础和智力水平也都在发展变化。从教师方面来看,袁老师是小学语文教学的老前辈,她教学《惊弓之鸟》时,已是全国著名的语文教师,已经形成了自己的教学风格;刘颖老师当时是教学一线的青年优秀教师;王燕骅老师既有丰富的教学经验,又具有新的教学理念,是一位善于教学创新的语文教师。三位教师的教学经验、文化素养、教学风格各不相同,因此三个版本的《惊弓之鸟》的教学各具特色。但是我们也会发现其中的共同之处,可以说,同中有异,异中有同。让我们从这三个版本的《惊弓之鸟》教学的同、异之中,欣赏和学习她们的语文教学思想、教学风格和教学艺术。

一、突出语言教学,发展学生的语文能力

小学语文教学的基本任务就是发展学生的语言(口头语言和书面语言)。在语文课中如果不突出语言学习,不认真训练学生的语文基本功,那就不成为语文课。在三个版本的授课中,三位老师都很重视字、词、句、段、篇等基础知识和听、说、读、写能力的语文基本功训练。通过认真读书理解内容,理解字、词、句、段、篇的含义以及字、词的准确用法,提高读、写能力;通过师生交流,说、写实践,训练学生的语言表达能力。不过,她们的着重点不同,袁老师对语文基础知识教学和语文基本功的训练更全面、更具体、更集中。对于字、词、句、段的教学,可以说是滴水不漏、扎扎实实。特别是第三课时主要训练学生说话,目的是培养学生按一定顺序说话的能力。训练学生说话的系统性、条理性,正是三年级学生语言训练的重点和难点,这样的训练会为作文打下坚实基础,这些充分反映出袁老师细致、扎实、严谨的教学风格。

《惊弓之鸟》这篇课文的重点和难点主要是最后一段更羸说的四句话。刘老师和王老师在语言训练上都抓住了这四句话,突出重点,进行了因果关系的复句训练和分析、判断的逻辑思维训练。但是她们确定的训练点和采用的方法不同,刘老师确定了三项训练:因果关系复句训练;"一……就"关联词的用法;对该段中四句话前后关系的理解,采取了师生讨论的方式。王老师也设计了三项训练,其中一项动笔填词练习很有新意;又通过两个说话练习,既进行了因果关系复句的训练,又使学生明白更羸为什么采用了"先果后因"的说法。虽然方法不同,但都能达到对于该段语言和内容的理解,也达到了语言和思维的结合。

二、语言和内容统一,寓教于文

语言是文化、思想、情感的载体。三位老师的教学都体现了语言和内容的统一,寓教于文。根据这一课的教材特点,在阅读最后一段时,三位教师的做法:先从语言上逐步理解含义和语言构造（句与句之间的关系），再理解成语"惊弓之鸟"的本义，进而理解比喻义，很自然地将"教"寓于文之中；既渗透了如何判断事物的方法——仔细观察和进行分析，又使学生真正理解了这个成语的比喻义。

学习语文，既不能脱离思想内涵，也不能脱离思维训练。三位老师的教学，都很重视语言和思维结合的训练，也很善于启发学生提问、学会质疑、解决问题，教会学生思考。因此，学生非常活跃。袁老师在教学词、句、段、篇时，处处注意词句的分析、比较；分段、概括段意中的逻辑思维训练；对于比较概括的句和段的内容的补充、想象，进行形象思维的训练；因此，提高了学生分析、概括和推理的能力。刘老师在教学最后一段时，突出地从句与句、词与句、句与段的关系上，训练了学生的逻辑思维能力及判断能力。王老师在最后一段的设计中，通过因果关系复句的训练，使语言和思维紧密结合起来，又使用了课件进行判断训练。三位目的一致，方法各有千秋。

三、学生为主体，教师为主导

三位老师设计的教学时数不同：袁老师设计了三教时，刘老师设计了两教时，王老师设计了一教时。但是三个教学过程都很有序：由整体感知，到深入研读，再到明理、运用，层层深入。特别值得提出的是，王老师采用了板块的设计思路，使教学过程的层次性更为清晰。

虽然三位老师设计的教学时数、教学过程不同，可是都不同程度地体现了"学生为主体，教师为主导"，师生共同完成的过程；体现了在教师的设计、启发、引导下，学生有计划地学习的过程。三位老师的教学过程中，学生的学习积极性都很高，学生的思维很活跃，师生互动，生生交流，非常和谐。如果说有些不同，那就是袁老师的课上，学生的思维更活跃一些，从学生提出的问题以及回答问题可以说明这些。如第一课时开始，学生就提出六个问题，说明预习效果好；再有学生之间对于问题的回答和朗读的情况，进行了互相评价，说明学生听课认真，敢于表达自己的看法。而刘老师的课，因为是两教时，时间有限，在调动学生的思维和活动方面稍弱些。从王老师对课的设计来看，给学生自由选择的空间更加广阔，体现出新课改的教学理念。

四、以读书为主，提高学生的阅读能力

语文课就是要以阅读文本为主，通过读书明白事理，丰富情感，学会语言的运用。三位老师都很重视学生的阅读训练，采用各种方式读书。袁老师指导朗读的方

法更细致,而且亲自示范;指导默读,训练学生的理解能力和对课文的概括能力。刘老师的引读,使学生理解和熟悉课文内容,训练其朗读能力。王老师先全文默读两次,使学生熟悉全文内容,再进行朗读欣赏,这样的设计很有新意,也切中三年级的阅读能力训练重点——默读。全文默读可以使学生对文本整体感知,理解全文内容,而且节省时间,提高学生的读书效率。这样的做法很适合当前教学时数减少、阅读篇目增多的现状。

通过三位老师的教学与设计,我得到如下启发:

第一,教有定理,教无定法。袁老师的语文教学细致、扎实,自然流畅;刘老师的语文教学重点突出,精简、明确;王老师的语文教学独辟蹊径,灵活、深入。每人的教学风格不同、方法各异,但异中有同——都遵循了语文教学的原理。希望今后的语文教学,既要遵循正确的语文教学理念,又要百花齐放,每位教师都要教出自己的教学风格。

第二,学无止境,教也无止境。三位老师的精品课,都做了认真的学习和准备。我很欣赏袁老师授课的自然流畅,没有半点雕琢,教如其人,正体现出袁老师的教学功力,也反映了当时的教风。我也很赞赏刘老师和王老师对教学所做的反思。刘老师的反思那么真诚,那么准确。王老师敢于否定自己,《惊弓之鸟》她已教过十几次,今天她大胆否定原来的教法,遵循语文教学新理念,重新设计,独辟蹊径,创造了语文教学的新风格。看来学无止境,教学也无止境,只有不断学习,教学才能不断创新,不断前进。

(原载《小学语文》,2007年第3期)

阅读课要教会学生读和写

——王雅岩老师《荷花》教学评析

执教教师:王雅岩,辽宁省黑山北关实验学校语文特级教师。

今年我有幸听了辽宁省黑山北关实验学校特级教师王雅岩老师教学的《荷花》一课,这是我近年来很少听到的一堂将语言美和思想美相融合,将语言训练和思维训练相统一的阅读课。教师掌握教材之熟练、对学生启发之巧妙、运用语言之精确、表达感情之真切,无一不让人称赞。

《荷花》是一篇以物喻人的散文,文章不仅描述了荷花外表的美丽,而且字里行间赞颂了荷花蕴含着的内在美。课始,在学生预习的基础上,教师引导学生精读课文,既理解了课文的语言和思想感情,又学到了读写方法。学生受到语言和思维训练,思想情感受到感染和陶冶。具体说,这节课有以下几个特点:

一、阅读教学过程完整充实,达到语言、思维训练与思想教育的统一

教师非常准确地抓住语言训练这项语文教学的基本任务,来统一思维训练和思想教育以及学法指导,依据阅读教学的两个过程,层次分明地指导学生读书。

教师以第二自然段的精读为指导重点。首先要求学生回答课文最后提出的一个问题:人们为什么要赞美荷花?荷花有什么地方值得赞美?读后先要求学生概括段意——雨后荷花的美丽。这一活动,使学生的思维经过了由具体(语言)到概括(内容)的过程,这是完成阅读该段的第一个过程。当学生对该段的内容、语言达到初步理解时,教师又引导学生思维——对文章语言作具体分析,由概括到具体。教师提问学生:"文章哪里写荷花给人一种美的享受?"要求学生用波浪线把这些词句画出(教给学生读书方法)。然后教师又要求学生从字、词、句的理解上谈谈体会。学生把词句和内容联系起来,既欣赏了词句的美,又通过词句感受到荷花之美。

教师不仅重视词句教学,更重视强调语言形式的表达作用。教师在朗读之后,又提醒学生是否注意到了"一片片""一颗颗""一朵朵",同"一片""一颗""一朵"有什么区别,使学生认识了这些词重叠的作用——表示多,表现出荷花茂盛,壮美。尤其值得提出的是,当教师引导学生理解了看雨后荷花是一种美的享受之后,又巧妙地返回去理解"且不说北海桥头……且不说楼台亭角……单说北海里的一片荷花……"这一长句。教师抓住"且不说……且不说……单说……"这一句式,使学生理解两个分句前边为什么加上"且不说"这个词语,指出这种句式是表面上"不说",实际上说了,目的在于增强所要表达效果。接着教师还非常娴熟地背诵了学生已学过的鲁迅先生的《从百草园到三味书屋》一文中的一段话:"不必说……也不必说……单是……"进一步加以印证。之所以要运用这种句式,要和想说明的内容联系起来分析。语言形式是为表达的内容服务的,而巧妙的表达形式也会使内容表达得更加准确和有说服力。这样做既使学生学习了语文基础知识和表达方法,又加深了其对内容的理解。

二、教学思路清晰,理解、欣赏、记忆相互联系

这一节课从开始就向学生提出问题:人们为什么赞美荷花?看荷花为什么是一种美的享受?以此为主线贯彻全课。先使学生理解雨后荷花的外表美,再理解荷花不孤傲、不娇贵、无私心的内在美。在理解内容的基础上还要求学生体会、欣赏。如读第二自然段时,通过理解"亭亭而立""亮若明珠""朦胧月色""闭合""清香"以及"一片片""一颗颗""一朵朵"等词语,来引导学生观看荷花,使之与作者共同感受到"心旷神怡""流连忘返",体会到看荷花是一种美的享受。学生在理解了语言美和雨后荷花的情景之美后,教师又要求学生按这一段的描写,在自己头脑中画一幅画,用以训练学生的形象思维能力。与此同时,教师又挂出"公园荷花图",要求学生将其和自己想象中的画进行比较,学生的思维更加活跃起来,之后要求学生依图背诵这一段,当堂记忆。这样就把理解、欣赏、记忆有机地联系起来,形成统一的、完整的阅读过程。

三、读、写方法的指导,既有别又结合

阅读课要求学生读书,但还必须指导读法。在精读第二段时,当指导学生体会"心旷神怡""流连忘返"这两个词的含义之后,教师提问学生:"'心旷神怡''流连忘返'与下面写荷叶、荷花的句子是什么关系?"学生思考后回答:"是总分关系。"教师肯定,指出这是"总分句写法"。使学生读中学写,先让学生感知这一方法。接着在指导读第三自然段时,学生概括出段意:"荷花从不孤傲。"当分析了下面表现荷花从不孤傲的词句之后,又提问学生:"这一句在这个自然段中起什么作用?"学生答:"是中心句,表达文章的主题思想。"教师肯定并指出:"这句话表达了文章的主题,是中心句,因为它又在段首,可称为总起句。"这就使学生进一步理解了总分句的写法。接着教师要求学生用抓总起句的方法自学第四、五两段。如果说学习第二、三两段时是理解抓总起句的方法,那么学习四、五两段就是运用这一方法的过程。

在概括文章主题思想之后,教师又进一步提出:"该文在表达主题思想上有什么特点?"学生回答:"每个自然段的总起句就是中心句,起表达主题思想的作用。"这样不仅使学生学到读法,也学到了写法。

最后师生共同总结出这篇文章是"借物喻人"的写法后,教师展示一幅《白杨树挂图》,要求学生说一说白杨有什么特点。学生争先举手述说:白杨挺直、高大;哪里需要就在哪里生长;生命力强,不怕狂风、不怕暴雨;无私心……教师要求学生把每一特点作为一个总起句,再具体写出来,作为课后作业。如果说读全文是理

解读写结合法,那么,这项作业就是读写结合法的具体运用。

（原载《小学语文教学》,1991年第1期）

阅读教学的两个过程
——吴红华老师《老水牛爷爷》教学评析

执教教师:吴红华,江苏省宜兴市实验小学语文教师。

今年五月有幸听了江苏省宜兴市实验小学青年教师吴红华所教《老水牛爷爷》一课的第一课时。

阅读教学怎样突出重点部分,引导学生对重点部分学深、学透,学到读写方法呢?首先会遇到的是教材处理问题。《老水牛爷爷》这篇课文是从短篇小说中节选的片断,主要写了老水牛爷爷的外貌、爱好及性格特点。吴老师紧紧抓住第三段,老水牛爷爷名字的来历和性格特征作为教学重点,这一节课都在引导学生学习这一段。在学好这一段的基础上要求学生自己读懂第一、二段。

教学开始,教师通过提问,很快引导学生分了段(共分三段)。然后根据学生的提问"人们为什么叫他'老水牛爷爷'"这一问题,很自然地从第三段开始讲读,在教学过程上突出了文章的重点部分。师生对课文重点部分进行了比较充分的语言理解和语言练习,使之成为一堂真正的语言训练课。

一、教学过程充实、深入

通过初读,引导学生概括出"老水牛爷爷"这个名字包含着两层意思:第一,凫水特别出色;第二,脾气像牛。从学生的阅读理解看,学生初步理解了这一段的内容要点;从思维过程看,学生由具体语言概括出抽象含义,思维经历了由具体到概括的过程,运用的是归纳法。这一过程的目的在于使学生理解作者思路,明确内容要点,训练抽象概括的思维能力。接着,教师向深入引导:作者是怎样表达主人公"凫水特别出色""脾气像牛"的呢?再一次让学生读书。这个向深入、具体引导的过程,就是由思想内容到语言表达的过程。从阅读理解看,通过具体的语言表达,学生会进一步了解具体词语的含义及表达方法,从而进一步理解了老水牛爷爷名字的两层含义;从思维过程看,学生的思维是由概括到具体,运用的是演绎法。

二、准确地抓住重点词语,展开语言教学

针对老水牛爷爷凫水特别出色,教师重点抓住"踩水""潜水"两个词展开。对"踩水"一词引导学生作了详细的理解体会。首先是教师用形象的黑板画勾勒出一个人踩水走的形象,说明踩水是一种高超的游泳本领。其次,使学生体会出在"大风大浪"里,"一里多宽""走上个来回",是多么不容易;而踩水不用手帮,双手托着衣服溅不上一点水,这种本领有多大。第三,教师又抓住"走"字,提出为什么用"走",不用"踩"?使学生体会到老水牛爷爷踩水时如在平地上走那么轻松自如,并通过朗读体会他走得那么轻松。对于"潜水",教师同样引导学生读书,画出一些关键词语来理解老水牛爷爷的潜水本领。如涨大水,"一个猛子扎到水底",游得"像梭鱼似的","一口气钻到对岸"。通过详尽的语言教学,使学生进一步理解老水牛爷爷凫水的出色本领,从而指出他名字来源的第一个原因,并理解"叙事描写"的写作方法,再一次明确本单元的训练重点。

三、教师以情感染学生

该课教学的思想教育目的,是使学生认识老水牛爷爷助人为乐、不要报酬的高尚品德,他像牛一样,吃的是草,挤出的是奶,默默地为人民做好事。教师并未采用空洞的说教,而是以饱满的感情启发、引导学生读书,体会作者是怎样将老水牛爷爷的高大形象描写出来的。让学生从字里行间中体会思想感情,学习老水牛爷爷的高尚品德。

四、教师善于启发,学生思维活跃

从开始分段,到对课文的理解,再到最后的课文小结,教师都是在启发学生思考。尤其是最后的启发学生提问,学生提出五六个问题,从这些问题中可以看出学生确实用心读书了。最后教师以提问方式结束了全课:老水牛爷爷凫水特别出色,可是为了保卫人民的生命财产安全,最后还是光荣牺牲在水中。你们想知道是为什么吗?这一问题又把学生的阅读兴趣激发起来了。

教师备课非常充分,她课前已读了这篇小说的全文,能够随时回答学生的提问。如有的学生问老水牛爷爷的真实名字,她立刻就回答出来。对教材钻研得深入。这是一堂成功的课。

(原载《小学语文教改通讯》,1994年第5期)

黄波老师《囚歌》教学评析

《囚歌》是一首气壮山河的革命烈士诗,其思想内涵深刻,表达方法巧妙。作者叶挺同志以锐利的笔锋,戳穿了敌人凶恶与狡猾的真面目,表达了烈士坚贞不屈的革命精神和追求自由解放的崇高理想。

教学这首诗,需要教师具有饱满的革命激情,要读出革命烈士的真情与决心。

黄波老师教学这首诗紧紧抓住了两点:第一,这首诗表达了作者什么志向?(此处用表达了什么"思想感情"更好。)第二,是用什么手段表达出来的?教师将这两点统一起来,使这节课体现了以下特点:

一、善于揭示诗中词句的内涵,寓教育于语言教学之中

诗的语言凝聚力很强,含义较深。黄波老师在指导学生理解诗的重点词句时,不是仅仅停留在本义或表层含义上,而是很注意引导学生理解一些词句的含蓄之义、比喻之义和言外之意,采用比较等方法使理解语言与理解诗意紧密结合起来,寓教育于语言理解之中。如诗的开头两句,"为人进出的门紧锁着,为狗爬出的洞敞开着",教师不但启发学生理解"人"指革命者,"狗"指叛徒,而且抓住作者的对比写法,将"门"与"狗洞"对比、"紧锁"与"敞开"对比(此处若再将"进出"与"爬出"对比更好)。

又如诗的第二节"人的身躯怎能从狗洞子里爬出"这一反问句,教师抓住"怎能"一词,要求学生把反问句改成陈述句,"人的身躯不能从狗洞子里爬出",然后又在这句话中增加了一个"决"字,"人的身躯决不能从狗洞子里爬出"。两句比较,使学生体会一字之差所表达出不同程度的语言的力量。改句式和在句中增加一字的目的是要说明作者使用反问句的语言效果,如果让学生再读一读这三句话,从语感中体会出反问句的力量更大,效果会更好。

又如诗的第三节,教师解释"活棺材"一词,引导学生理解为比喻国民党关押革命者的牢房,它还象征国民党的黑暗统治,把这个词直指和泛指的意思都体会出来了。对"地下的烈火"的喻义——斗争之火、消灭反动势力之火,讲得也很清楚。如果再把"地火"的本义揭示一下就更好了。

二、注意抓诗眼、析诗路,紧扣诗的主题

所谓诗眼,就是诗的点题之笔,也是理解诗的窗口。一般古诗诗眼较明确,白话诗的诗眼有时不大明显。《囚歌》这首诗的诗眼还是明确的,就是一个"门"字。诗的开头就摆出两个"门",一是为人进出的"门",一是为狗爬出的"门"。黄波老师紧紧抓住"人门紧锁""狗洞敞开",就抓住了诗眼。要从牢狱之门出来,敌人就得要你像狗一样爬出当叛徒;要做真正的人,只能被敌人紧锁在"门"内——牢房里。

黄波老师揭示了诗眼,顺着诗眼分析诗路,把三节概括为"摆路—择路—志向"。由两个"门"引出两条路,作者抗拒了敌人的诱惑之"门",选择了永生的道路。表达了作者崇高的理想和"不自由,毋宁死"的革命精神。

三、重视诵读,领悟诗意

教师很重视朗读,教师范读有感情。学生有齐读、个别读、背诵,在读中领悟诗的意境。(希望注意纠正地方口音。)

总之,黄波老师把这首诗的思想、语句指导得比较清楚,师生读得也有感情。教师的教态自然、活泼,板书工整。是一节好课。

(根据录像评析,1991年)

李晓密老师《花钟》教学评析

执教教师:李晓密,哈尔滨医科大学附属逸夫学校语文教师。

《花钟》是一篇语言生动的说明文。作为三年级的阅读课,重点之一是词句教学。李晓密老师的这节课,不但让学生学会了生字和一些词句,而且学到了"花钟"的知识,欣赏了各种花的美、语言的美,使学生陶醉在动手修建花钟的愉悦当中。教师教得非常扎实、生动;学生学得主动、活泼。教师词语教学的特点尤其突出。

一、遵循了字、词、句教学的语言规律

"字不离词,词不离句,句不离文"是语言构成的一条基本规律。李老师的词语教学就遵循了这样一条规律。由识字入手(本课有8个生字),到词语的认识、理解、欣赏,再到体会句子的优美,由句子扩展到段,最后使学生理解了课文的主题的含义,使学

生在理解字、词、句的基础上，了解语言规律。

二、体现了字、词、句教学由浅入深的教学过程

在识字教学时，教师先要求学生画出课文中的生字新词，再依据拼音读准字音，然后再读出没有拼音的生字新词，又经过自由读、小组读等方法加以强化。这样，学生对于所学的生字新词基本上能读得准确。对于要求会写的字，教师也指导有方，鼓励学生查字典、找答案。在识字教学时，这种认、读、写的方法有序而有效。在词句教学时，教师引导学生分类理解，层次很清晰。教师先提出："在课文中哪些词语是用来描写花的？"学生答："争奇斗艳、芬芳迷人、欣然怒放、艳丽、娇嫩、淡雅……"特别应提出的是，在学生认识了描写花的词语后，教师让学生将描写花的词语分类理解，分别指出描写花的颜色的、描写花香的、描写花开放时的样子的，还让学生找出这些词语都描写了哪些花。一方面使学生从不同的颜色中认识各种花；另一方面重点讲解了"淡雅"和"艳丽"两个词的不同，渗透了学习用词的准确性。接着，让学生找出写得最好的句子。这样又将词句联系起来，熟悉了课文。最后进一步启发学生说出自己的认识，培养了学生的独立思考能力和判断能力。在这一过程中，既有师生互动，又有生生互动，教学过程逐层引向深入。

三、善于教学生学习方法并及时纠正学生的错误

在训练学生读准字音时，有的学生将"艳"字读成"研"字音，教师及时给予纠正；有学生读"自己"，将"自"读成翘舌音，教师纠正为平舌音；又有学生将"暮色"看作是描写花的词语，教师及时解释了"暮色"的含义；学生默读时有一点声音，教师及时要求默读无声；最后还告诉学生，积累词语要分类……这些虽然都是小问题，但是教师做得认真而细致。

总之，词语教学必须在理解的基础上进行，同时还应遵循"字不离词，词不离句，句不离文"的语言规律。在这一点上，李老师的这节课是颇值得我们学习的。

（原载《小学语文》，2009年第6期）

杜蕴珍老师《小壁虎借尾巴》教学评析

执教教师:杜蕴珍,天津市南开区中营小学特级教师。

教学目标:

1. 学会本课生字新词,认识"壁""虎""借""蚊""蛇""逃""难""姐""新"九个生字,会写"河""姐""借""呢""呀""哪"六个生字。

2. 正确流利地朗读课文,读好对话的语气。

3. 在回答问题和复述故事中学习准确运用语言。

4. 了解小鱼、老牛、燕子尾巴的用处,以及壁虎尾巴的特点。

教学重点:朗读课文,练习说话,会说出一些动物尾巴的用处。

教学过程:

第一教时

一、谜语导入,学习字词

师:你们喜欢猜谜语吗?要根据谜面的每句话,动脑筋思考谜底。

出示:四肢短短,身体扁平,墙上爬行,专吃蚊蝇,尾巴易断,断了再生。

生:谜底是壁虎。我是这样猜出来的……

(师贴壁虎图;板书:壁虎;将谜面和图对照。)

(生认"壁""虎"两个生字,认"虎字头"。)

师:今天我们学习一个有趣的童话故事。

(补全课题:小壁虎借尾巴。)

(学生读生字"借",读课题。)

教师非常巧妙地由谜语引入新课,很有创意。谜语的谜面反映了小壁虎的外形特征、生活习性和生理特点。在猜谜过程中,学生把谜底猜出来,很自然地就引出"壁虎"两字,从而引入新课,同时又获得了有关壁虎的知识。学生对猜谜语很感兴趣,愉快地开始了新课。

二、练习质疑,自主识字

师:看到课题,你有什么不懂的地方?在你的头脑中有什么小问号?

生:小壁虎的尾巴断了还能再长出来,为什么它还要借尾巴呢?

生:小壁虎向谁借尾巴啦?

生:它借到尾巴了吗?

师:真会动脑筋!你们通过读课文就能解开这几个小问号了。

师:这篇课文没有拼音,和上学期学的《雪孩子》《小熊住山洞》一样。你们怎么学习生字呢?

生:可以结合插图想想怎么读。

生:遇到生字,可以结合上句和下句的意思猜猜读读。

生:还可以问问小伙伴和老师。

师:好吧,自己试试边读课文边自学生字。

(学生自读课文,自学生字。有的圈圈画画,有的问伙伴。)

一年级学生识字能力尚在形成过程中,教师仍要指点识字方法。

师:仔细观察田字格中的生字,怎样写好这些字呢?谁来提醒小伙伴?

生:田字格中有三个口字旁的字,"呢、呀、哪","哪"字中的口字旁要瘦一些,因为哪字是左、中、右三部分组成的字。

生:"河、借、姐"都是左右结构的字,都要写得左窄右宽。

师:老师提醒一点,注意女字旁和"女"字的不同笔画(板书)。记住小伙伴和老师的提醒,自己写一写这几个生字吧(写字后展示部分作业进行评议)。

指导学生自主识字很到位。

三、朗读课文,整体感知

师:大家对照插图再读课文。先看图1的内容,再选读课文。(生

自由读)

生:对照图1选读一、二自然段。

师:现在你们知道小壁虎为什么借尾巴了吧?

生:小壁虎尾巴断了,它觉得很难看,就去借尾巴了。

师:说得对!看看这两句话,哪句话的意思正确,为什么?

出示:小壁虎的尾巴是被蛇咬断的。

小壁虎的尾巴是被蛇咬住自己挣断的。

生:第二句话意思对。小壁虎挣断尾巴才能逃走。

师:对,小壁虎用这种方法保护自己。这时候小壁虎心里是怎么想的?怎么读这句话呢?

生:小壁虎觉得没有尾巴很难看,它心里很难过。我来读一读:

"没有尾巴多难看哪!向谁借一条尾巴呢?"(读得有声有色)

师:你真像那条断了尾巴的小壁虎,难过得要哭了。你读出了"!"和"?"的语气。大家像他一样读。(生齐读)

师:小壁虎向谁借尾巴了呢?对照插图分别读三至七自然段。

师:读过课文后,想想看填什么。

出示:小壁虎借不到尾巴心里很( )。

小壁虎长出了新尾巴心里很( )。

生:第一句填"难过",第二句填"高兴"。

师:再读最后两段课文,表达出小壁虎从"难过"到"高兴"的这种心情变化。

生:齐读课文六、七自然段。

虽然是初读课文,但层次很清楚,详略得当。第一步,通过读第一、二段,教师提出两句话进行比较,使学生初步理解小壁虎的尾巴是被蛇咬住自己挣断的,所以要去借尾巴。第二步,通过读第三至七自然段,教师巧妙地提出两句话的填空,使学生初步感到小壁虎失去尾巴的难过和长出新尾巴的高兴,使学生学会"难过"和"高兴"两个词的用法。这一步教师做了简要处理,很有必要,因为第二节课要重点学习小壁虎向谁借尾巴。

第二教时

一、精读课文，理解词句

师：大家再读课文中的对话部分，看看小壁虎是怎样向小鱼、老牛、燕子借尾巴的。

（生读小壁虎向小鱼借尾巴部分。）

师：比较读下面两句话，你想到些什么？

出示：小鱼，你把尾巴借给我！

小鱼姐姐，您把尾巴借给我行吗？

生：我从第二句中知道，它是一只很有礼貌的小壁虎。它称呼小鱼为"姐姐""您"，还用商量的语气说"行吗"。

师：大家都是有礼貌的小壁虎，一起读读第二句吧。（生齐读）

师：同桌两位同学读小壁虎和老牛的对话。男、女生分组读小壁虎和燕子的对话。（生饶有兴趣地练习读对话）

师：试着说一说小鱼、老牛、燕子为什么不能把尾巴借给小壁虎。可以用上"因为……所以……"练习说一句话。

生：因为小鱼要用尾巴拨水，所以不能把尾巴借给小壁虎。

生：因为老牛要用尾巴赶蝇子，所以不能把尾巴借给小壁虎。

生：因为燕子要用尾巴掌握方向，所以不能把尾巴借给小壁虎。

重点精读了小壁虎向小鱼、老牛、燕子借尾巴的对话部分。第一层：教师将语言训练和思想教育有机地结合起来。通过分角色朗读，一方面训练学生朗读时每个角色的语气，学习对话；另一方面通过两句话的对比，使学生感悟到小壁虎很有礼貌。第二层：教师将内容的理解和语言训练有机地结合起来。要求学生练习用"因为……所以……"说一句话，使学生既明确了小鱼、老牛、燕子的尾巴的功能，同时也练习了因果关系的句子。

二、语言训练，复述故事

师：课文中有一句话，"小壁虎把借尾巴的事告诉了妈妈"，我们把这一句话变成一段话。老师做小壁虎的妈妈，你是一只小壁虎，你来对我说说借尾巴的经过吧。

（生扮演小壁虎，对老师说向小鱼、老牛、燕子借尾巴的经过。）

师：大家从他们运用的词语、说话的语气和态度上评一评。

生：他们说话很像小壁虎，很有礼貌。

生：老师对小壁虎说"傻孩子"时，演得真像小壁虎的妈妈。

生：小壁虎"先爬到小河边，又爬到大树上"没说错，最后爬到"房檐下"说成"房檐上"了。

师：请★★★同学再看看插图4，就不会说错了。

生：他们把"小鱼摇尾巴，老牛甩尾巴，燕子摆尾巴"说得很正确。

师：认真听别人发言，还能指出优缺点，这是会学习的表现。

通过复述故事，进行说一段话的练习，由前面说一句话到说一段话，逐步提高了难度。采取了师生对话的形式，学生说得很连贯。在学生说话过程中，教师很重视训练听的能力和学生的相互评价。当学生提出有的人说错了时，教师没有直接指出错误，而是要说错的同学再看看插图4，自己纠正错误。

三、熟读课文，拓展练习

师：老师和你们一起合作再来读课文。老师提问，你们通过读书回答：小壁虎爬到哪？看见谁在干什么？它问什么？对方怎么答？

（学生按以上方法继续读四、五自然段课文。）

师：你还知道哪些动物尾巴的作用？

生：松鼠用尾巴当降落伞，还用尾巴当棉被盖。

生：老虎用尾巴当棍棒打它的敌人。

生：啄木鸟用尾巴当小板凳。

……

师：你能用"动物的尾巴各有各的用处"做开头说一段话吗？先说几种动物尾巴的用处，最后说"动物的尾巴用处真大"。

（生把课内外知识联系在一起练习说话。）

师：试着仿照课文再编一段小壁虎借尾巴的故事好吗？

生：小壁虎爬呀爬，爬到树林里。它看见一只啄木鸟飞来飞去，找到一棵大树落在上面。小壁虎说："啄木鸟大叔，您把尾巴借给我行吗?"啄木鸟说:"不行啊,我要用尾巴当板凳,给大树治病呢。"

师:你真是一个会学习的孩子,能用小伙伴教给的新知识,学着课文的样子清楚明白地讲故事,还运用了课文中的词语"飞来飞去"。大家看,课文后面还有这样的词语,一起读一读吧。

这一环节很有创造性。一方面通过教师引读,使学生巩固记忆课文;另一方面通过扩展性练习说话,学生说出松鼠、老虎、啄木鸟尾巴的作用,说明学生掌握了一定的知识。教师要求学生练习说话很有步骤,先要求用"动物的尾巴各有各的用处"开头说一段话,再要求先说动物尾巴的用处,最后说"动物的尾巴用处真大"说一段话。教师非常巧妙地将总分和分总的句式渗透其中,使学生在练习说话中逐步掌握总分和分总的方法。最后,要求学生仿照课文再编一段小壁虎借尾巴的故事。

师:课下你们再练习朗读这篇课文。阅读一篇课外短文《有趣的尾巴》,读后接着编故事。你们喜欢做这样的作业吗?

(学生兴奋不已,异口同声"喜欢"。)

课下作业不仅是课内学习的巩固,而且是知识和语文能力的扩展和延伸。

评 析

杜蕴珍老师擅长教学低年级语文课。《小壁虎借尾巴》是一篇知识性很强的童话故事。从这篇课文的教学中,可以看到杜老师对低年级语文教学目标的准确把握,对于教材的深刻理解,对于儿童学习特点的熟悉,对于教学方法的巧妙运用。不论是教学识字和写字,还是教学阅读和说话,都使人感到生动而扎实。教师启发、引导有序,学生在愉快、生动、活泼的读书、谈话、师生交往中,提高了识字、写字、读书、说话能力,增进了知识和思想认识。

1. 教师熟悉儿童心理及低年级教学特点。作为小学语文教师,必须熟悉儿童心理,了解儿童的需要和兴趣,依据儿童学习特点设计教学过程。杜老师教学的全过程处处从儿童的心理特点出发,重在启发儿童的学习兴趣,设计了儿童既能接受又能提高语文能力的各项活动,使学生在实践中愉悦地学习。例如,由谜语导入新课;学习词语时与图对照;启发学生提问时使用商量的语气等。"你有什么不懂的地方,在你的头脑中有哪些小问号?"不要小看这个"小"字,有这个"小"字,学生就会大胆提问。如果教师说:"你们有什么难题提出来!"孩子有可能就被吓住了。此外,通过"找朋友""登珠峰"等竞赛活动愉快识字,运用分角色朗读,用动作表演动词等,都是适合儿童学习特点的教学设计,旨在依据儿童的接受能力,有序地提高阅读和说话能力。

2. 体现了低年级语文课以识字教学为重点的特点。过于强调在阅读中识字,有可能会对识字、写字教学有所忽视。杜老师非常明确一年级下期正是儿童识字的重点学期,因此用了一定时间进行识字、写字教学,使学生牢固掌握生字。在引导学生识字、写字中既注意发挥学生的自主性,要求学生运用过去学过的识字方法自学生字,又针对一年级学生识字能力正在形成过程中的特点,教会学生多种有趣的记忆生字的方法。例如提示学生利用自己认识的字加偏旁(昔—借、可—河)、换偏旁(组—姐、惜—借)记忆生字;利用组词方法(壁—墙壁、壁画,新—新年、新鲜、新闻)巩固生字;采用游戏"找朋友"(组词)、"摘苹果"(据音找字)、"登珠峰"(认难字)等,使学生轻松愉悦地识字。同时重视写字指导,充分发挥了教师的主导作用。

3. 朗读训练目的明确,方法多样。低年级的阅读课主要是进行朗读训练,一年级下学期主要训练学生读得正确流利。杜老师指导学生朗读的目的性很强,如通过朗读使学生理解课文内容:先理解小壁虎为什么借尾巴?理解小壁虎失去尾巴后的难过心情和长出尾巴时的高兴心情,再通过重点读课文中的对话部分,理解小壁虎都向谁借尾巴了,小鱼、老牛、燕子为什么不能把尾巴借给它;学习对话的朗读,要求学生读得有感情,读得语气准确。如通过教师引读第三自然段:小壁虎爬到哪?看见谁在干什么?它问什么?对方怎么答?要求学生按同样方法阅读第四、五自然段。这体现出"教—扶—放"的教学过程,这样的阅读训练既可使学生知道说话要有一定顺序,还可依据这一写作顺序记忆内容,这也是对背诵方法的指导。

4. 有序地进行阅读和说话能力训练。从阅读教学来讲,低年级主要是训练学生的朗读能力和听说能力。杜老师抓住这个特点,为学生设计了切实可行的、有序的读说训练,要求学生读说准确。

值得提出的是读说训练的有序性和层次性。初读、精读、熟读,这是大家都熟悉的三个层次,问题是如何在这三个层次中再分出层次,使之有序地进行。例如,在不同层次中再分层次,每一层都由易到难,关键是教师在每个层次中设计了几个难点。如关于小壁虎为什么借不到尾巴,教师先让学生读小壁虎和小鱼、老牛、燕子的对话部分,然后又让学生试说小鱼、老牛、燕子为什么不能把尾巴借给小壁虎?可以用上"因为……所以……"练习说一句话。这是有一定难度的,但是老师要求"试着说一说",而且是"练习说一句话",这样就使学生不会感到太难。

又如,由说一句话到说一段话的练习提高了一点难度,先是在复述故事的练习中,教师提出:"课文中有一句话'小壁虎把借尾巴的事告诉了妈妈',我们把一句话变成一段话。老师做小壁虎的妈妈,你是一只小壁虎,你来对我说说借尾巴的经过吧。"采用师生对话形式,学生会感到亲切,自然会降低难度。之后,当学生说出松鼠、老虎、啄木鸟的尾巴的作用以后,教师要求学生用"动物的尾巴各有各的用处"开头说一段话,再说出几种动物尾巴的用处,最后以"动物的尾巴用处真大"作为结尾。难度又大些了,可是因为前面有了说一段话的练习为基础,难度是渐进的。最后老师又设计了一项说话练习:试着仿照课文再编一段小壁虎借尾巴的故事。既要求学生仿照课文,又要增加新知识,还要在语言上放开一些,难度再次提高。

从以上几项说话训练的设计来看,课堂上的大部分时间都用在学生的读和说的语言实践之中,而且读与说练习的难度提高是有序进行的,学生在阅读课文中逐步提高了读和说的能力。儿童学习一方面要学得愉快,一方面也要有一定难度,有难度才能激发儿童的学习兴趣。当然,难度要适当,要有铺垫。杜老师给学生设计的说话训练难度是适当的,充分说明杜老师懂得儿童掌握知识、提高语文能力的规律。

5. 读说训练和内容的理解紧密结合。前面已经说过,在理解小壁虎为什么借尾巴,小壁虎的尾巴是怎么断的,其他小动物为什么不借给小壁虎尾巴等问题上,都是和阅读与说话训练紧密结合的,教师还结合课文内容很自然地进行了礼貌教育、知识教育,既扎扎实实地进行了读说训练,又使学生在潜移默化中增长了知识。

杜老师教学的全过程体现出其语文教学的特色之处:有情、有趣、细致、扎实,效果好。

(原载《语文教育研究大系·小学教学卷》,上海教育出版社2007年版)

 ## 读写结合 训练扎实
——陈文彰老师《一对小瓷鹅》教学评析

执教教师：陈文彰，天津市实验小学原校长，特级教师。

陈老师把课文《一对小瓷鹅》教成真正的习作例文课，体现了教材的特点和要求。

一、严格遵循习作例文的教学过程

陈老师这课的教学过程是：阅读例文——理解吸收；读中学写——知识迁移；说写训练——掌握能力。三个阶段相互衔接、相互渗透。由感知到理解，由理解到掌握，由读到写，由学到练，坡度逐步增高，难度逐步加大。教师的指导由多到少，学生的活动由少到多，直到独立说写。发挥了学生的主动性，体现了教师的主导作用。

二、认真地教好例文，让学生掌握读写方法

要求学生学习读写方法是习作例文教学的特点之一，为此，陈老师采用了突出重点的教学：第一，在指导中心段读法的基础上，教学了详略写法，其中突出指导学生理解作者是怎样从形状、颜色、神态等方面把小瓷鹅写具体的。在教学鹅的形状时，又教了写作顺序：从上到下，再到两旁。使学生掌握中心段详写部分，既要言之有物，又要言之有序。第二，教授了联想的表达方法，使学生理解作者怎样通过联想把小瓷鹅写活、把感情表达出来的。

此外，教师的解题方法也很有意义。题目分四次写出："鹅"——唤起鹅的形象；"瓷鹅"——工艺品；"小瓷鹅"——小巧玲珑；"一对小瓷鹅"——为详略写法打下基础。

三、扎实进行训练，使学生提高读写能力

从读中学写，进行充分的语言训练是习作例文教学的又一特点，在陈老师的教学中体现得很充分。他所进行的语言训练有两个特点：1. 严格运用例文中提供的详略写法进行训练。2. 语言训练有层次、有坡度，方法灵活多样。陈老师把练习分两个阶段，第一个阶段是从读到写，进行学习迁移的半独立练习。在这里又分三个层次：写一匹小瓷马；写一对小瓷马；写一群小瓷马。为丰富学生的想象，有效地运用联想方法，在这里陈老师提出三个问题：1.假设这群马是你的，你想写哪些？2.假

设这群马不是你的,你又怎么写呢? 3.你们不仅是这群马的主人,而且还要把这群马利用起来,该怎么写?第二阶段进行学生独立说写训练,写各自带来的动物工艺品。这种训练设计很有水平,它源于教材,又高于教材;有坡度,但很自然;有难度,却进行分化,循序渐进;两项训练重点抓得稳,而方式方法却很灵活,充分体现出陈老师教学艺术的高超。

(原载《天津教育》,1992年第9期)

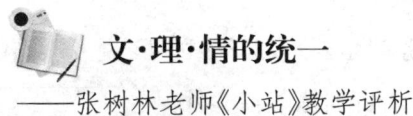

文·理·情的统一
——张树林老师《小站》教学评析

执教教师:张树林,天津市红桥区原教研室主任,特级教师。

《小站》这篇课文是作家袁鹰同志1961年创作的,写的是京包铁路线上的一座小站。文章不长,但立意深刻,写法巧妙。不仅写了小站的自然条件、环境布置,还通过状物描写,写出了小站工作人员的精神美。

张树林老师是怎样处理教材的呢?根据高年级语言训练连句成段、连段成篇的重点,首先抓住了描写小站布置的第三、四、五自然段,然后又概括了写小站"小"的语言,从状物描写上指导学生的读和写。在教学上,以下几点值得学习。

一、语言美和思想美统一

张老师的教学使人感到一种美的享受。全课贯穿着语言美和思想美的统一,语言训练和思想教育的统一。

这个不被人注意的小站,自然景色并不十分美,但作者紧紧抓住了工作人员的精神之美,把小站美化起来。用优美的语言描写了小站虽小但布置得很美,从而体现出人的精神之美。张老师紧紧抓住了这一特点,指导学生具体理解了写小站布置的语言和写小站"小"的语言。如写小站的位置:正面——一张红榜,无事故记录,照片;一块小黑板,今晨新闻,首都报纸摘要;一张宣传画《讲卫生》。中间——一个小小的喷水池,经过精心设计;一座小小的假山;一棵尺把高的小树;一座小宝塔,一尘不染。两头——几株杏树引来一群蜜蜂。这些描写归结到一点:小站工作人员处处为旅客着想,语言美和思想美达到统一。经过教师导读,将以上的描写条理化;并且见于板书,又经过学生反复读,达到能背诵。然后又让学生从文章开头读课文,概括出写小站"小"的词句,除了以上提到的还有"只停两三分钟""旅客连站名也记不住""一间红瓦灰墙的小屋""几根木栅栏""三五个人影""两位工作人员"等。通过这些描写,使学生理解作者的点题之笔:小站虽小,"却出现了一个活泼的喷泉,几树灿烂的杏花。这喷泉,这杏花,给旅客们带来了温暖的春意"。从而认识工作人员的精神之美,进而使学生认识作者写小站的语言美,恰恰反映出客观情境的美和人的精神美,使语言训练和思想教育统一于一体。

二、语言训练落在实处

语文教学的基本任务就是要培养学生的听、说、读、写能力。每堂课根据教材提供的语言因素,必须把语言训练落在实处。

张老师的课,对听的能力、读的能力、说的能力、写的能力训练都能落实。

听的能力训练:一般高年级不太注意听的能力训练,可是张老师在引入新课前,让学生听《翠鸟》一课第一段的描写,然后从内容和描写顺序上要求学生复述。教师要求很严格,要求复述准确。这种训练的目的,一是检查学生的记忆,二是训练学生语言表达能力,三是为新课的三、四、五自然段的状物描写进行了引导。

读的能力训练:当讲读完第三、四、五自然段后,教师要求学生当堂背诵,由于在讲读中指引了背诵方法(板书梳理思路、反复读),学生的背诵效果很好,使读落实。

说的能力训练:学生回答问题、复述课文,教师严格要求学生把话说完整、说具体、说清楚、说得有条理。

写的能力训练:这是一篇习作例文,一定要求学生动笔。最后布置作业要求用状物描写方法写一人物,使读写结合。

三、文、理、情深入透彻

学生学完一篇课文,应该对课文的语言理解透,思想内容的道理理解透,作者的情感理解透。张老师的课即达到了这个水平。

文透:引导学生先从文章结构上理解作者的思路,再从语言上进行深入理解。对一些词句抓得很具体,要求学生理解得很准确,如对"显然""点缀"等词做了重点讲解,讲解得很精彩。

理透、情深:教师引导学生从文入情,以文悟理,以理明文,情理交融,使文、理、情透彻、深入。

最后,张老师又在写作方法上对"借物喻人"和"状物写人"的方法进行了区别。要求学生以"状物写人"方法写一篇文章。

张老师驾驭课堂娴熟,启发引导及时得当,语言幽默,板书规范漂亮,这些都说明张老师语文教学的基本功底蕴深厚,是值得大家好好学习的。

(根据录像评析,1997年)

学得主动　读得深入
——于连昶老师《赶集》教学评析

执教教师:于连昶,天津市塘沽区特级教师。

于连昶老师教学的《赶集》一课是一堂成功的课。说它成功主要体现在学生学得主动,读得深入。教学全过程中,师生合作得相当融洽,师生之间、同学之间达到了思想交流,教师启发、引导有方,学生学得生动活泼,真正体现了学生在教学过程中的主体地位。

阅读课要求学生读书,这是大家的共识,但是怎样组织学生去读?读到什么程度?怎样才算读懂、读透?如何教会学生自己读书?这里都大有学问。于连昶老师所教的《赶集》这一课回答了以上问题。教师在启发、引导学生深入读书方面,很有特色。

一、指导学生读出层次

有的课教师指导读,每次读的目的并不十分明确,而于老师的课,每次读的要求都向学生交代得清清楚楚。

《赶集》这一课,教师在指导学生理解了文章的时代背景、难理解的字词之后,就开始通读全文,采用的是分段个别朗读方法。读后要求学生能概括出全文的两个要点:农民愉快、市集繁荣。初步理解课文内容后,分段进行细读和深读。

以第一段来说,是按三个层次去读的:第一层次,全班默读,要求细读,边读、边画、边想,哪些地方表现出农民愉快?为什么愉快?而且要求读后逐句讲出来,达到深入理解课文。第二层次,个别朗读,要求从写作方法上去读、去理解,分析作者的思路,这是深读。第三层次,熟读,这是巩固性阅读。每次读都有明确的要求,层层深入。

二、指导学生读得有深度

读书读得有层次本身就体现出不同的深度。此外,其深度还表现在以下两个方面。

首先,要求学生读、讲结合。这是于老师教学的最突出的特色。他不但要求学生反复读书,而且还要讲清楚字、词、句——用自己融会贯通后的语句讲出来。这对学生是有相当大难度的,要求相当高。学生只有读懂了,才能讲出来;学生必须有一定的口语表达能力,才能讲清楚。从第一段默读后学生的讲述来看,有八名学生做了逐句讲述。学生的语言表达都比较准确、流畅,有的能融会自己的理解。其中,对"衔着"这个词为什么不能用"咬着",以及对作者写了四种人的表现,少写一种人为什么不行的问题,两名学生回答得准确、有条理、有自己的见解,受到老师和同学们的表扬,这说明学生平时是有训练的。这是一种很好的训练语言的方法,也是一种难度较大的语言训练方法。它要求教师巧妙地启发、引导、集中,在这个问题上显示了于老师驾驭课堂教学的艺术。

其次,引导学生理解得深透。于老师做到重点词句讲得深透,对一些重点词语不仅做字面上的理解,而且要使学生在语言环境中体会。如用"摩肩接踵"与升旗时大家站队做了比较;在理解了"松爽"一词语素之后,把它与年轻妇女的脚步做了对比。这些做法不仅使学生理解了词义,而且体会到词的感情色彩以及词语的准确用法。

文章的中心思想讲得深透。通过对人、车、集的理解,进一步理解了农民愉快、市集繁荣;通过最后两句话的分析,使学生进一步理解了中华人民共和国成立后农民的生活富裕起来了。

三、指导学生读书有方法

于老师指导学生读书的方法很多,每次读都提出明确要求;教学生理解字词,善于采用比较方法、揣摩体会方法;重视指导学生自读课文的方法,如第二段,教师提出三个问题,要求学生自读。这就是由扶到放,培养训练学生的自读能力。于老师还很注意写作方法指导,如读第一段后总结出作者采用"总—分—总"的表达顺序,将读书方法、写作方法和思维方法的训练结合起来。每段都是从理解具体语言开始的,然后进行内容要点概括,再到语言表达,体现出阅读教学过程的基本规律。

总之,这一堂课在教师的启发引导下,在愉悦的学习情境中,学生学习得非常投入。这样大面积发动学生读书、议论、讲解,足以说明学生平时是训练有素的。教师的语文修养深厚,才能在课堂上得以创造性地发挥。

（根据录像评析,1993年）

教师演、导结合,提高学生的读写能力
——靳家彦老师《跳水》教学评析

执教教师:靳家彦,天津市南开区南开小学原校长,特级教师。

靳家彦老师将俄国列夫·托尔斯泰的名篇《跳水》一课教成了真正的语文课。它充分地体现了语文学科的性质,全面而又有重点地完成了语文教学的目的任务。教师教得认真,学生学得努力,是一堂成功的课。

一、语文知识和能力扎实

我们可以看到教师驾驭教材的能力很强,对于教材语言因素的挖掘、作者思路的理解、文章主题的概括以及读书方法的提示等,处处体现出扎扎实实的语文基本功。教师不仅是熟读了教材,而且对重点词句的训练、对文章思维逻辑的引导,都是在语言学、逻辑学等知识指导下进行的。

二、教学指导思想和理论明确

从课的全过程中我们清楚地看到,学生学习这篇课文,并不是由教师讲解的,而是在教师有目的、有计划地启发引导下,激起学生的读书兴趣和要求,并采用一系列的有效方法,启发学生去感知语言、理解语言、鉴赏语言、记忆和运用语言;透过语言的理解,使学生从思想上接受文章主题。学生通过自己的读、思、议、练,既读懂了课文,又学到一定的读书方法。这说明教师在教与学的关系上,非常明确地将学生置于教学过程的主体地位,在教学过程上也非常明确学生掌握知识的认知规律,尤其是在指导学生掌握读书方法上,这两点思想体现得更加清楚。以概括段意来讲,第一段段意"人们拿猴子取乐,猴子更加放肆",是采用"抓重点词句"概括段意的方法;第二段段意"猴子逗孩子,孩子逗猴子",是采取"用自己的语言"概括段意的方法。两种不同的概括段意方法,并不是由教师直接把结论、方法讲给学生的,而是在语言实践的基础上逐步归纳出来的,学生的认识经历了由具体到概括

的过程。教师指导学生在理解、概括段意的语言实践中，提炼出概括段意的方法，学生掌握了这个方法，在以后的阅读中就会举一反三。以上都是在教学理论和心理学指导下进行的。

三、演、导结合

在授课时，靳老师既是演员又是导演。作为演员，靳老师的听、说、读、写能力都达到规范化、熟练化的水平，发音标准，语言明确而简练，板书设计思路清晰，书写工整。这都给学生作了很好的示范。作为导演，靳老师的启发、诱导、点拨、提示都恰如其分，学生的思维活跃，学习的主动性高。

这个课给我们的启示是，要提高小学语文教学质量，根本在于提高教师的职业道德、专业知识和文化修养；同时，教师还要不断探索和改革，不断提高和进取。

（根据录像评析，1990年）

依据教材特点进行语言训练
——靳家彦老师《田忌赛马》教学评析

教学既是科学又是艺术。靳家彦老师教学的《田忌赛马》一课，既体现出对课文内容的科学性理解，又反映出教学的审美价值。学生的思想感情、学习欲望和积极性被教师巧妙地激发起来，学生学得主动活泼。学生不仅受到严格的语言训练，而且明白了事理。教师教得很投入，从思想感情到语言训练都有一定的力度。这堂语文课有以下几个特点。

一、依据教材特点确定教学目的及教学过程

《田忌赛马》是一篇历史故事，靳老师抓住这一特点，在语言训练上将分段和概括段意以及对关键词语的理解和训练作为该课的训练重点，这也是四年级语文课的训练重点。在思想教育方面，主要通过故事明白一个道理，即做事失败不能灰心，要认真分析情况，只要抓住有利条件，想出办法，就可转败为胜。

教师先引导学生讲读一、三两段，然后讲读第二段。这样处理，更突出孙膑起的作用；还抓住"赛"字，分析了文章的结构。

二、依据教材特点确定语言训练重点

这篇课文有一些词语不好理解，有些是成语。因此教师在教学生明确作者思路之后，抓住了重点词语的教学，使学生学得扎扎实实。

靳老师对词语教学很重视咬文嚼字。该课词语有三类：1.新字。教师对"忌""赛""膑"的字形、字义都作了必要的指点。2.词语和成语。如"垂头丧气""胸有成竹""目瞪口呆"等，教师启发学生进行理解体会，要求学生对词中的每个字（语素）都要理解得准确。3.熟词。如在句子中起关键作用的"各自""每个"两个词，是通过句式变化训练而使学生掌握这两个词的用法的。

靳家彦老师的课，不仅重视语言训练，同时也很重视学习方法指导，力求教会学生学习。如教解词方法，"垂头丧气"一词的解释用了以字带词法，即先分析后综合。还要求学生用同一方法解释"胸有成竹"和"目瞪口呆"等词。又如，分段教给学生"小节合并法"，画出文章结构示意图。

三、依据教材特点进行朗读指导

该课文是对话体。靳老师要求学生依据人物的动作、心理读出语言特点。如："拍着他的肩膀说""看了他一眼说""疑惑地看着孙膑说""摇摇头说""没信心地说""胸有成竹地说""讥讽地说""轻蔑地说"……根据这些提示语进行朗读指导，再现人物对话时的情境。有的地方不止读一次，读得准确才肯放过。最后分段读，起巩固作用，学生读得很充分。

四、根据教材特点分析理解文章主题思想

这篇文章的主题思想不是写在文字表面的，是含于文章内容之中的。教师指导学生进行了分析概括：1.分析了力量对比。抓住关键词句进行分析，如："大王的马比你的马快不了多少呀。"如果能联系第二小节中的"齐威王每个等级的马都比田忌的强"这一句对照一下更好。说明大王的马虽然强，但强不了多少。2.分析了对方的态度、心理。3.分析了取胜方法——把马调换次序，以智取胜。由此说明：遇到一次失败不能灰心，要想出取胜办法，而孙膑的主意出得正确，完全由于他善于观察和思考。学生很自然地理解了文章的主题思想。

靳老师课教得好，主要由于他对教材钻研得深入。这篇课文主要是三个人的对话。教师抓住对话特点指导朗读，从朴素的语言中挖掘出对学生进行语言训练的因素，语句训练、分段训练正符合四年级学生的训练重点。整个教学过程体现出教师听、说、读、写基本功的扎实熟练，是一堂成功的课。

 认真读书　读中学写

——靳家彦老师《松坊溪的冬天》教学评析

靳家彦老师阅读教学的特点之一，就是对教材钻研体会得透彻，教学过程体现出一定的深度。他所教的《松坊溪的冬天》这篇课文，就体现了这个特点。

《松坊溪的冬天》是一篇绘景文。作者通过对比等写作方法，描绘了松坊溪平时的和冬天下雪后的景物、景色；尤其重点描写了下雪时和雪后如画的世界，体现出作者对大自然的热爱之情。靳老师紧紧抓住文章的写作特点，通过学生的反复诵读，引导学生理解和欣赏松坊溪冬天的美丽景色，体会作者的思想感情，理解作者的表达思路，从而指导学生学习作者的观察方法和写作手段。教师的启发、引导得法，学生读得多，理解得深，练习得当，这是一堂成功的课。以下谈三点具体看法：

一、指导学生认真读书

阅读教学没有什么特殊的教学方法，最根本的就是要求学生认认真真地去读书。尤其对于语言优美的抒情文，更需要反复诵读，才能感受语言之美、景色之美。靳老师很重视指导学生读书，不但要求学生读懂、读会，还要求会读，会理解语言、会欣赏语言、会运用语言。这两节课中，学生读书大约有二十余次，有教师的范读，有学生的朗读、默读、散读、个别读、齐读等。特别值得提出的是，每次读的目的性很明确，有理解性阅读，有欣赏性阅读，有记忆性阅读。特别是理解性阅读，教师善于提出问题，按问题去读，以求达到理解，这是很好的导读方法。如读"下雪了"这一段时，教师提出了三个问题：1.课文中把在空中飞舞的雪比作什么？为什么反复进行比喻？（目的是使学生理解雪下得很大，雪在空中飞舞有许多种姿态，让其感受下雪时的美景。）2.和前文对照，溪石有何不同？3.想象白玉雕出的桥是什么样子的？这样写有什么作用？（目的是使学生理解和想象白雪世界。）这三个问题就把学生的读引向深入，深入地理解和感受到雪下得很大，下雪时空中飞舞着雪花，溪石、石桥变成了白色，世界有多么美。

二、指导学生学习读写方法

教师指导学生读书并未使学生仅仅停留在理解松坊溪的自然美景上，而是进

一步使学生懂得作者为什么写得这么美,运用了哪些语言表达方法,才把松坊溪平时的美景和冬天的美景描绘出来。对六年级学生来说,提出作者的写作方法是很必要的,这样可以达到两个目的:第一,可以深入理解课文。作者不仅把景物写出来,而且把景物写活——有了色彩、声音、形象、活动,死的景物就变为活的景色。尤其是采用对比写法,将平时和下雪后对比。第二,可以学习作文。使学生学习到要把文章写好必须恰当地运用一些写作方法。

三、指导学生认真练习语言

语文课不仅要使学生读懂,还必须让学生练会。家彦老师很重视学生的语言训练。根据这一课的教材特点,教师设计了三项重点训练内容:1.在读课文的第二大部分时教师设计了一段缩写,让学生填空后,与课文相应部分进行比较,看哪一段写得好,既检查了学生读的效果,又使学生学习如何把文章写得具体、生动。2.重点练习了"雪在风中飞舞"一小节。教师写出三句话:

雪像柳絮一般在风中飞舞。

像芦花一般在风中飞舞的雪。

像蒲公英带绒毛的种子一般的雪在风中飞舞。

这三句话都是写雪在风中飞舞,只是"雪"(主语)的位置不同(开头、结尾、中间)。要求学生变动每一句话中"雪"字的位置,说出三句话,将原三句话变为九句话。这种练习的目的是使学生懂得,同一景色(空中飞舞的雪)可以用比喻方法写出不同的句子(比作柳絮、芦花、蒲公英带绒毛的种子等);而每一句话又可以有不同的表达方式。不但使学生学习了多种语言表达方法,而且还认识到祖国语言的丰富多彩。3.读"雪止了"一段时,恰当地运用了课后练习,概括出这一段的段意和其中三小节的要点。学生概括得很准确,训练了学生的概括能力。三项训练目的不同,方法也不同,但都训练了学生的读写能力。

此外,教师很注意学生在教学过程中的思维流程,每读一段、一节,都先读、再概括要点、再分析作者的表达特点,思维由具体(语言)到概括(要点)再到具体(表达)。这样在训练语言的同时,学生的思维也受到训练。学生学得主动、积极,师生合作融洽。最后达到教学目的,使学生理解和欣赏到松坊溪平时和冬天下雪后的景色真是美不胜收,学到语言之美及语言表达方法,受到美的陶冶。

(根据录像评析,1993年)

阅读课要教会学生读书方法
——侯秉琛老师《草船借箭》教学评析

执教教师：侯秉琛，曾任天津市北辰区教研室教研员，特级教师。

《草船借箭》一课是小说体裁，写诸葛亮草船借箭的故事。作者主要以对话形式的语言，突出表现了诸葛亮的神机妙算。

读懂一篇文章，主要是理解文章的字、词、句含义；理解文章内容，能概括文章要点；能理解作者的写作意图。侯秉琛老师非常重视阅读理解，千方百计教学生读懂这一课书，采用了指导学生"初读—细读—深读"的教学方法，并紧紧抓住两点：一是给学生创造读书的机会，使学生真正读书；二是指导学生读书方法。我仅就其指导学生读书方法进行简要评述。

- 解题法

读书先要解题，因为文题和文章内容、主题思想有密切关系。教师指导学生理解文题中的重点词——借箭；让学生思考全文围绕重点词"借箭"写了什么，从而理解作者思路和文章内容。

- 理解思路法

学生依据教师的引导，初步理清了作者的思路"为什么借箭（起因）—借箭的准备（发展）—怎样借箭（高潮）—借箭的结束（结果）"。这样将全文按作者思路分析清楚，在此基础上分段，使学生学会按作者思路分段的方法。

- 概括法

教师曾在几处引导学生进行概括阅读。一种是对段或层的概括。如开头在分段基础上，要求学生概括文章要点；第二段分层找要点；第三段看诸葛亮是怎样借箭的，给每节写出小标题：出发；佯攻；受箭；凯旋。这种训练很重要，读过的书，只有把全文要点或每段、每节的要点掌握住，才能记忆吸收。另一种是把文中的一句或几句话加以概括，从这段对话中揣摩、概括两人的心理活动，形成鲜明的对照。如第一段第二节周瑜和诸葛亮的对话，作者写出了二人的心理活动，如果从字面上理解，是不会看出两人心理活动的底蕴的，只有通过揣摩、归纳，才能揭示出二人的心理过程。

- **对比法**

教师很重视词句比较方法,指导学生从对比中理解。如第三段借箭的过程,通过读课文进行对比:鲁肃(惊)——诸葛亮(笑),说明诸葛亮胸有成竹;诸葛亮(谢箭)——曹操(上当),说明诸葛亮足智多谋。此外还有周瑜和诸葛亮二人心理活动对比,前后文联系对比等,都起到加深理解的作用。

- **前后文联系读法**

这是教师在本课中要教会学生的重点读法之一,第三、四两段教学中都采用此法。

- **理解关键句子的读法**

例如第二段结束,教师提问诸葛亮让鲁肃备什么样的船?要求学生读出、画出有关句子,然后让学生分析诸葛亮提出几项要求,让学生齐读。运用这一方法找出关键句子,为借箭部分作好铺垫。

- **换词理解法**

为了使学生对词句理解得准确,教师常采用换词理解法。如将"赶造"改换为"制造"加以比较,体会"赶"字在这里具有逼迫之意。

以上几项读法指导,教师重点抓了两项:一是通过对话体会人物心理活动,二是注意前后文联系。教师有意将这两项读法加以总结,要求学生真正会用,不断练习。其他几项方法,教师虽未加总结,但由于经常使用,时间长了,学生自然会从教学中学到方法。

此外还有两种方法运用得也很有效果。

- **演示法**

学习第三段借箭部分,共有四小节,每一节都有一句写诸葛亮怎样指挥借箭的关键句子。教师让学生把四句话画出来,读一读。再让学生把这四句指挥借箭的句子与诸葛亮借船的一小节对照读。之后,让学生用铅笔盒当船,把两三个铅笔盒连在一起"一字排开",看一看诸葛亮这样排船有什么妙用。当时学生思维非常活跃,争相回答,先后共总结出十四项妙用。最后教师加以小结:一字排开,两面受箭,受箭面大,横排远看显得多;两边草把迷惑曹兵,松软易受箭,回来顺风顺水……从而使学生进一步认识诸葛亮高超的智慧。教师把读书、演示、谈话几种教学法结合运用,效果很好。

- **师生谈话法**

第三段的教学总结,教师不是简单概括,而是要求学生进行总结,然而教师又不是简单地要学生重复课文,而是设计了一场对话:教师扮鲁肃,学生扮诸葛亮,通过鲁肃向诸葛亮提问,启发学生作答,学生兴趣极浓。通过谈话,总结第三段。

教师在处理课文四大段的教法上,各有侧重。由于教法、学法多样,学生学习兴趣很高,从始至终处于积极读书和思考之中。教法落实在学法上,教师的主导作用落实在学生主动积极的学习上,师生协调地完成了教学过程。

(原载《天津教研》,1990年第4期)

语言训练要层次清晰、方法多样

——侯秉琛老师《猫》教学评析

《猫》这篇课文是老舍先生的一篇散文。侯老师在教学这篇课文时,把学习老舍先生的语言作为重点,在语言训练过程中对学生进行思维训练,并指点给学生学习方法。

一、指导学生学习老舍先生语言的条理性、准确性、生动性

(一)学习老舍先生语言的条理性

课文的第一自然段,老舍先生总写一句"猫的性格实在有些古怪",然后就巧妙地将"老实""贪玩""尽职"这三方面用转折连词"可是"与语气助词"吧"连接起来。层层深入地写出了猫的性格怎样古怪。针对这一语言特点,侯老师先指导学生将这一段概括成下面的层次结构:

```
        可是      可是
    老实——贪玩——尽职
        吧        吧
```

老师让学生把这些词语连起来说一句话:"说它老实吧,可是有时贪玩,说它贪玩吧,可是有时很尽职。"让学生体会老舍先生是怎样条理清晰地写出了猫那令人难以捉摸、不易理解的古怪性格。

(二)学习老舍先生语言的准确性

教学中侯老师抓住了几个用词准确的例子指导学生理解、体会,以达到举一反三的效果。例如下面的一个训练:

满月的小猫更可爱……

满月的小猫很可爱……

老舍先生为什么用"更"而不用"很"呢?"很"的确可以写出小猫可爱,但不如"更"准确。因为"更"不但写出小猫十分可爱,还写出小猫比大猫更可爱,并且将前面写大猫古怪与后面写小猫淘气可爱的内容连成一体了。这些都是"很"不能代替的。

(三)学习老舍先生语言的生动性

《猫》这篇课文,通篇用的是拟人化的写法,读起来十分生动有趣。侯老师就抓住了这些词句让学生体味。如:

说它老实吧,它的确有时候很听话。

说它老实吧,它的确有时候很乖。

让学生在比较中体味"乖"不但有听话的意思,而且让人读起来觉得猫像个活泼、机灵的小孩,表达了老舍先生的爱猫之情。

二、语言训练与思维训练统一

(一)第一层:从具体到概括的训练

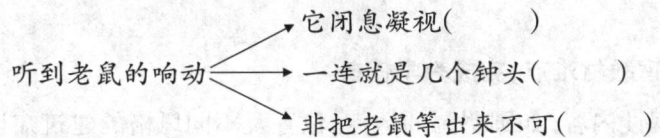

要求学生能概括出"专心""耐心""决心"。这是将学生的思维由具体引向概括的训练。这种概括训练,既可深入理解猫的"尽职",又可训练学生的概括能力和表达能力。

(二)第二层:从概括到具体的训练

为什么要概括成"专心""耐心""决心"呢?这样就又把学生的思维引向了具体内容,从具体到概括,就是训练学生在阅读中抓要点,理解主要内容,提高阅读能力;从概括到具体,是训练学生抓住课文的主要内容去体会作者是怎样表达的,提高学生的理解能力、表达能力。

三、注重指导学习方法

教学《猫》这一课时,侯老师教给学生三条读书方法:抓中心法;分层理解法;

抓重点词句法。这三种方法,在第一自然段教学中由老师进行了详细指导,在学习第二、三自然段时,老师只稍加指导,由学生运用学到的方法自己去读。学习小猫淘气可爱那一段时,老师就完全放手,由学生自读。两大段的教学体现出"教—扶—放"的过程,力图体现出学生是学习的主体,教师的主导作用应放在指导学生的读法上。

总之,在教学《猫》这一课时,教师狠抓了语言训练,努力做到语言训练上有层次、有深度,重点突出,方法多样,使学生受到严格的语言训练,从而提高了阅读能力。

（原载《小学语文》,2015年第9期）

用多种方式比较读,感悟语言、思想、情感
——侯秉琛老师《圆明园的毁灭》教学评析

《圆明园的毁灭》是一篇历史知识性文章,叙述简明,内容丰富。因课文内容的历史年代离学生较远,学生学习有一定难度。侯秉琛老师恰当地处理课文难点,取得很好的教学效果。

一、合理地处理教材难点,完成教学任务

课文中的知识性内容,如圆明园的地点、位置及不同风格的建筑知识和历史知识,都是在第一节课中通过看录像片和讲解解决的。本课主要从语言上进行训练,从思想感情上进行教育。

通过本节课教学,一方面使学生认识到圆明园是一座举世闻名的皇家园林;理解语言表达之美,激起学生对祖国文化的热爱之情。一方面使学生认识到侵略者将这一园林艺术瑰宝、建筑艺术的精华毁于一旦的滔天罪行,理解批判性语言的准确性,让学生认识到圆明园的毁灭是祖国文化史上不可估量的损失。

二、深化语感训练,将语感与语言规律相结合

这篇文章文情并茂,必须突出读的训练。教师要求学生熟读、背诵,这是非常必要的。侯秉琛老师采用了多种方法指导读,如比较读、想象读、边读边指导语言规律等。以下按段来分析。

第一自然段,两个分句与一句话比较读。教师把原文中的两个分句改写成一句话,去掉了一个"不可估量的损失"和"也是",并将感叹号改为句号。

改后:圆明园的毁灭是祖国文化史上和世界文化史上不可估量的损失。

通过反复读,体会原文多一个"不可估量的损失"所传递的强烈感情以及感叹号的作用。由于反复读,学生立即将这一段话背诵下来。

第二自然段,改换词语比较读。这一段主要写圆明园的布局之美。通过把"众星拱月"改为"倒置的品字形"比较读,通过学生的想象比较,使学生从语感上感受到,"众星拱月"这样一个带画面的形容词,要比"倒置的品字形"的内涵更丰富、更形象、更富有美感。

第三自然段,改换关联词比较读。原文:"圆明园中,有金碧辉煌的殿堂,也有玲珑剔透的亭台楼阁;有象征着热闹街市的'买卖街',也有象征着田园风光的山乡村野。"这里教师没有孤立地讲分号的作用,而是指导学生将关联词改换为"有……有……也有……"并去掉了分号。通过反复地对照比较读,使学生体会改后的句子只表达建筑样子多,而原文因有分号,不仅写了建筑,而且写了景点;不仅表达建筑样式,多而且反映出不同层次、不同风格。

第四自然段使用同样方法,改换关联词比较读。

以上各自然段的教学对于指导学生读书有以下优点:

1. 通过比较反复读,可以深入体会原文含义,加深理解和记忆。

2. 使学生认识不同的词语在语言环境中表达的思想、感情不同,训练学生理解和运用语言的准确性。

3. 在语感基础上使学生掌握一定的语言规律,不仅可提高阅读的理解水平,而且可加强语言记忆。

三、由教读到学生自读

这篇课文有一定难度,教师并没有平均使用力量,而是抓住重点反复教读,非重点部分要求学生自读。如第三自然段后半部分,指导学生自读,读后概括要点。通过学生的独立或半独立自读,提高了学生的自读能力,训练了学生的分析概括能力。

总之,这是一节扎扎实实的语言训练课。在语言训练方法上突出了语感和语言规律的训练,对提高学生的理解能力、自读能力都取得了很好的教学效果。

突出教材特点，围绕难点，指导学生读书
——赵树苓老师《穷人》教学评析

执教教师：赵树苓，曾任天津市河西区教学研究室教研员，特级教师。

一、突出教材特点

《穷人》是一篇小说。小说的特点是要反映人物活动及人物的心理。这篇小说主要写了桑娜的心理活动过程。赵老师紧紧抓住这一点，在课堂上再现了桑娜在狂风之夜等待丈夫打鱼归来，以及对收养西蒙的孩子的心理活动过程。

在教法上，赵老师打破了从头到尾一段段平推式的教学方法，而是紧紧围绕桑娜这一人物的心理活动展开理解、欣赏和训练。

当然，小说要写人物，为了突出人物，还要写环境。《穷人》一课开头就写了环境，作为六年级学生，这不是重点，学生自读就可理解。

二、抓住教材难点，明确教学目标

以课文为基础，抓住重点，详略得当。通过通读课文，明确该课一共写了几个人物？重点写了谁？写的什么事？当学生一一回答后，教师提出学习该课的明确目标：1.说明桑娜是一个什么人？2.作者写了桑娜哪些心理活动？3.作者是怎样写心理活动的？教师要求学生围绕这三个问题学习。

三、教学过程层次清楚，逐步深入

第一个过程：理解桑娜的心理活动，理解中要概括要点。教师提问：写桑娜心理活动的地方有几处不同？在教师的指导下，学生边读、边提出以下七处描写桑娜心理活动的地方：

1. 丈夫不顾惜身体，冒着寒冷的风暴出去打鱼……
2. 没有一个人照顾她啊！
3. 寡妇的日子真困难啊！
4. 莫不是出什么事了？
5. 她自己也不知道为什么要这么做，但是她觉得非这样不可。
6. 他会说什么呢？这是闹着玩的吗？自己的五个孩子已经够他受的了……

7. 不,没有人!上帝,我为什么要这么做?……如今叫我怎么对他说呢?……

师生边读这七处描写,边启发学生概括每处各说明什么问题。第一处:桑娜是一位勤劳、善良的人,他很关心体贴丈夫;第二、三、四处:关心邻居西蒙;第五处:善良、关心他人;第六处:体贴丈夫,心里忐忑不安;第七处:担心无法向丈夫开口。这样读,既可使学生理解桑娜的心理活动,又可训练学生的概括能力。

第二个过程:分析总结心理描写方法。一是通过比较方法来分析的。五、六两处在心理描写上有什么相同之处?五、六两处在写法上有何不同?为什么?最后概括出:心理描写要符合情理,有详有略;要多种形式,如独白、旁白;要正确地运用标点符号;等等。二是想象桑娜在丈夫回来以后的心理活动,理解作者不写这部分的意图。先问学生:"丈夫回来后,桑娜有无心理活动?"学生答:"有。""从哪个词看出来?"学生答:"沉默。""为什么沉默?"启发学生想象两次"沉默"和"坐着一动不动"时的心理活动。教师提示学生区分"沉默"和"沉思"两词的不同。"作者为什么不具体写桑娜的心理活动?"启发学生总结出三点:1.给人留下想象的空间;2.避免和前边重复;3.突出紧张气氛。这样引导使学生的理解更深入,同时也学习到详略写法。

第三个过程:要求学生动笔练写。分组写桑娜沉默时的心理活动。

以上过程不仅将读、议、讲、练紧密结合起来,而且也将语言、思想、情感统一起来了。

四、注重教读写方法

教读的方法,如教学开始,让学生读全文前,指导学生用画句子、标序号、想作用的方法去读,并提出要求:要读得准确、迅速。教写的方法,如前边讲的教描写心理活动的方法。

总之,赵老师钻研教材深入,善于启发学生,学生学得生动活泼,这是一堂成功的课。

(1995年3月课堂评析)

扎扎实实地引导学生认真读书
——李卫东老师《柯里亚的木匣》教学评析

执教教师：李卫东，天津市南开区实验小学语文教师，特级教师。

《柯里亚的木匣》是一篇富有一定哲理的故事。课文围绕埋木匣、挖木匣并从中受到启示的过程来叙述。课文的语言表达真实、具体。李卫东老师对这篇课文钻研得很深，抓住重点引导学生认真地读书，领悟课文的哲理。这次课的特点主要是教学目标明确，思路清晰，设计巧妙，主题突出，训练扎实。学生学得主动活泼，教师教得流畅自如，师生合作得很好，是一次成功的课。

一、学生读书的过程层次清晰、方法多样

从教学的效果看，学生已基本读懂了这篇课文，懂得周围一切都在起变化的哲理，练习了分段及概括段意，学习了怎样才能写得具体、真实。这些教学目标的完成，主要是通过教师引导学生认真读书而达到的。这两节课改变了分析课文内容的做法，从始至终不脱离课文，按照作者的思路去引导学生认真地读书。每次读的目的明确，经过了初读、细读、深读、熟读的过程，体现出不同层次的要求。

在理解文题和揭示了这节课的教学目的之后，就进入了初读。初读读了两次：第一次散读全文，教师提出课文围绕木匣讲了一个什么故事，目的是理解课文的主要内容；接着分段朗读，一共请了十三名学生来读，目的是给课文分段。学生很顺利地将课文分为三大段，并且概括出小标题：埋木匣、挖木匣和受到的启示。接着是细读、深读、熟读全文。每一段都是抓住重点的词句来读的。通过读，理解重点词句；通过读，理解怎样写具体、写真实；通过读，来理解课文讲的哲理。同时读的方式很多，有默读，有朗读；朗读有个别读，有齐读，有分角色读，有教师的引读和范读等，要求读得流畅、有感情。经过反复读，学生达到了熟读和背诵的水平。

二、通过读重点段训练分段、概括段意和怎样写具体、写真实

这课的双基目标主要是训练学生分段、概括段意和写具体、写真实，并且掌握"仍然"和"果然"两个重点词的使用。怎样训练学生写具体、写真实呢？老师抓住了每一段的重点词句，引导学生分步读、对比读、反复读，并且启发学生想象，体会作

者怎样写得又具体又真实。比如说第一段,教师巧妙地设计了对比的方法去指导学生读。让学生读妈妈是怎样埋箱子的,柯里亚又是怎样埋木匣的,指出妈妈埋箱子的过程写得很概括,而柯里亚埋木匣的过程写得就特别详细具体。通过引读写柯里亚埋木匣的三句话,让学生体会柯里亚是分三步把木匣埋下的:先是数了十步,然后是挖好坑,最后埋起来。埋的过程写得很具体,也分了三步:先是盖土,再用脚踩,再撒沙子。经过这样具体的分步读,使学生体会如何写得既具体又真实。教师还试着让学生背诵,在充分读的基础上指导学生概括段意。概括段意也有方法的指导,先是通过妈妈埋木箱的过程概括出是从家门口开始走了三十步把箱子埋下的,通过"走"字和"埋"字概括了许多步骤。然后引导学生思考柯里亚是怎样埋木匣的——他是从家门口起走了十步把木匣埋下的。这样通过对比来概括段意,对三年级的学生来说是非常必要的。学生从具体到概括,基本理解和掌握了这段的内容和语言表达的特点,学习了如何写具体、写真实,学会了如何概括段意。

三、通过读明白哲理

指导读最后一段时,教师提问:柯里亚有几点收获?学生回答有两点收获:第一点就是找到木匣,第二点就是懂得了哲理。在哲理这个问题上,教师指导了学生理解最后的一句话:"周围的一切不是都在起变化吗?"为了理解这句话,教师采用了从个别到一般、再从一般到个别的指导方法。先让学生理解时间一天天过去,人一天天长大,步子也在一天天变大这样一个具体的事实。通过具体的事实来理解周围的一切都在起变化。为了把这句话理解得更加深入,教师又引导学生适当地联系了周围发生的变化来加深理解,这样,学生基本上懂得了这句话的含义。教师最后指出,柯里亚之所以有这么大的收获,主要是因为他有一个特别好的品质,就是善于动脑筋、勤于思考。

四、突出了基本训练

教师很重视字、词、句、段的训练。比如在解题的时候,提醒学生注意,柯里亚的"柯"字和"亚"字的读音,以及对"匣"字的笔顺的指点。练习中还要求学生用"仍然""果然"造句。另外,还安排了让学生说段意的练习,这些在课堂上的练习是非常必要的,一方面检查教学效果,一方面加强巩固和运用。

总之,通过以上几点来看,这是一次成功的课,是引导学生扎扎实实认真读书的阅读课。

(原载《小学语文感悟式教学》,天津教育出版社2002年版)

作　序

说老实话,我不敢给别人的著作写序,但是对于小学语文教师们的著作,我是比较熟悉的。小学语文老师能有自己的著作很不容易。这些著作大都是他们长期、甚至是一生教学经验的积累,也是他们不断学习教学理论的成果。我是以学习的态度来写以下几本著作的序言的。希望通过我写的介绍,让大家读到他们的原著,那才能真正受益,也是我写序言的本意。

《李吉林情境教学详案精选》序

李吉林老师是"情境教学"的开创者。她已著有《训练语言与发展智力》《情境教学实验与研究》两部专著,近又推出《李吉林情境教学详案精选》一书(下面简称《详案》)。这本书更有利于具体理解情境教学。

我对李吉林老师的小学语文情境教学的认识是从《李吉林教案选》开始的。1983年秋,我到河北大学教育系讲授"小学语文教学论"。为了联系小学语文教学实际,我查阅教学实例的材料。当我拿到《李吉林教案选》(内部出版)即(《李吉林情境教学详案精选》的初稿)后,我完全被这本独具风格的语文情境教学案例所吸引,越读越感兴趣,真使我爱不释手,一口气做了几十张教学实例卡片。记得当时我正在讲授低年级语文教学的一个基本观点:低年级语文教学,既要以识字教学为重点,又要把识字、阅读和发展儿童的语言紧密结合起来。而李老师的低年级语文教学课堂实录和教案,恰好反映了我的观点,可以说我们不谋而合,而我缺少的是教学实践。我借花献佛,以李老师教学的《初冬》等课为例,说明低年级发展儿童语言的意义、原则、方法。当我的学生听到李老师和孩子们一段段生动的对话时,无不被那一个个精心设计的情境和一组组生活化、条理化的语言训练所折服。课后,学生们都争相借阅这本书。李老师对儿童的语言训练,不是局限于课堂内的,而是把孩子们带到大自然中去,带到生活中去;在观察、玩赏中,就生活中提供的景、物、人创造若干情境,自然地、有序地训练儿童的语言。这样就把生活、观察、思维、想象、语言都融合于一个整体之中,达到了综合训练的目的。从而也印证了歌德的一句名言:"理论是灰色的,生活之树长青。"李吉林老师善于把孩子们带到生活中去学习语言,依据语言规律,让儿童调动其在课本上、生活中已掌握的词句表达所见所闻,提高语言表达能力。生活之树使情境教学长青,也使语文教学由课堂封闭型走向生活开放型。这里还要指出的是,作为语文教师,李老师热爱生活之情是深切的,否则她是不会发现生活之美的,是不会带领孩子们走进生活去拥抱大自然和社会的,也绝不会激发孩子们去描绘叙述生活之美。李老师的情境教学在审美意义上之所以更胜一筹,其根源也基于此。情境教学缺少了情,境就会变成死板的、形式的,只有情深,才能境活。可以说,从读这本《详案》开始,我便产生了直接听李老师讲课的迫切愿望。

  1987年春天,我久久渴望的时刻终于到来。李吉林来天津讲学、上课。我高兴地听到了她教学《月光曲》和关于情境教学的报告。如果说过去对于情境教学的认识还停留在理论上,而这一次则是切身感受到了。听课后我总的感受是:听了一堂既有传统又有创新,更具有现代教学思想的独具风格的语文课。我曾概括出如下几点看法:重指导学生读书,读书与情境结合;重说话训练,用词、造句与情境结合;重思维训练,在情境中启发学生思维;重美感陶冶,运用音乐、板画及教师生动的语言描绘等直观手段再现情境。总之,其教学过程自始至终贯彻语言学习与情境相结合,语言学习与情、思相结合,语言学习与美感的渗透;教学过程不仅体现出了学生的全认知过程,而且将语言与知、理、思、情统一于一个过程之中,目的在于提高学生的语言、思维、想象力和认识水平,丰富和陶冶学生的情感,也可以说是对学生的语言、知识、思维、意志、情感等人格的全面激发,使我看到一位语文教师如何塑造孩子们的心灵,语文教学真正是在培育一代新人。这一堂课,她并未动用什么现代化教具,全凭她的语言、歌声、绘画创造了一个充满情感的语言环境。在这个充满欢快情绪的学习环境中,孩子们的学习情趣并不低于观看电视、电影。从而也体现出李老师语文功底的深厚,她语言清晰,能歌善画,才能全面,教学艺术高超。

  李吉林老师是当代具有才华的一位小学语文教师。她既有丰富的语文教学经验,又具有系统的语文教育理论水平。在课堂上,她是一位深受学生喜爱的好老师;在语文教学研究的百花园中,她又是一位能著书立说的语文教育科学理论研究者。

《详案》一书是李老师的教学记录,集中了李老师教学的精华,包括通用教材和自编教材的教案、阅读教学教案、作文教学案例,涵盖低、中、高各年级语文教学教案精选,内容极其丰富。

《详案》和她的另两本书构成情境教学法系列丛书。《详案》作为情境教学实验的生动记录,它的出版会受到广大小学语文教师和语文教学研究者的欢迎。即使没有听过李吉林上课的老师,读到这本书也会被她那生动、实在、感人的教学设计所吸引。它会告诉你怎样备课、上课;如何去启迪孩子们的思维、怎样在孩子们观察事物、景物、人物和思考问题过程中,有系统地按照语法要求训练孩子们的语言。更重要的是,在教学的每个环节上应如何创设情境,利用情境训练学生的语言、思维、情感、意志。不过教案只是提供参考的,每位教师教学风格各异,要在参考中吸取精华,在借鉴中创新。我想这也是作者所希望的。

(《李吉林情境教学详案精选》,福建教育出版社1990年版)

 ## 《语文教学研究文集》序

李卫民老师是一位精明能干、刻苦钻研、热爱教育事业的优秀教师。他在小学语文教学这块园地里进行研究、探索近四十年,积累了丰富的经验。我非常喜欢读他的作品,每当我在刊物上见到他写的文章时,总是先睹为快。因为他的文章很吸引人,他经常发表有关小学语文教学的新观点、新思维、新方法。文如其人,思路清晰,实实在在,每篇文章都会给人以启发、引导。

李卫民所著《语文教学研究文集》一书是他多年从事小学语文教学研究工作的结晶。该书论题内容广泛,既有对小学语文教学发展史的论述,又有在辩证唯物主义理论指导下的实验研究;既有识字教学的种种论述,又有阅读教学、作文教学的系统理论和操作方法。我读之后,颇受教益。

该书贯彻了继承和发展的观点。卫民同志对我国传统的小学语文教学颇有研究。他站在今天中国小学语文教学的立场上,以辩证唯物主义的基本观点,审视过去的小学语文教学,批判地吸取我国传统语文教学的成功经验:如低年级以识字教学为重点,识字是阅读和作文的基础;汉语教学的三大阶段论:低年级以识字训练为主,中年级以阅读训练为主,高年级以作文训练为主,各年级都贯彻读写结合的理论;根据汉字、汉语特点进行识字、阅读、作文教学的理论……这些都继承了传统语文教学的合理因素。同时,他并未停留在传统语文教学理论上,而是以辩证唯物主义为指导,大量吸取了现代教学理论运用于语文教学之中。

该书体现了理论与实践相结合的思想。卫民同志的文章从不空泛议论,大都有他的教改实验做基础。对于识字、阅读、作文教学,他都曾进行过各种不同的实验研究,文集中的多数文章都是他进行实验研究的成果。如《通过联想,进行语文"三快"教学的实验研究》《一项从汉字特点出发改革小学语文教学的实验》《两种识字方法对比实验报告》《提高语文阅读效率的实验和研究》等等。尤其值得提出的是《小学语文教学新体系的构建研究》一文,这项实验研究取得了突出的成果。它是针对当前小学语文教学效率低的问题,运用辩证唯物主义观点、耗散结构的理论和汉语文特点对小学语文教学新体系的构建进行了比较深入的探索。例如根据量变到质变和矛盾观点,分析了小学生语文能力的形成过程,也是从量变开始,再到质变,又从质变到新的量变过程的。提出了小学生语文能力形成过程有两次明显的从量变到质变的过程,即:识字量达到一定程度,突破界限向阅读转化;阅读量达到一定程度,突破界限向作文转化。同时,还提出了对于刚入学的儿童,识字是学习语文的主要矛盾;当学生掌握了一定数量的汉字之后,阅读就成了学习语文的主要矛盾;当阅读量达到一定数量后,作文就成了学习语文的主要矛盾。因此,小学语文教学可分为三大阶段:低年级以识字为重点,中年级以阅读为重点,高年级以作文为重点,不同阶段都要抓住学生学习语文的主要矛盾。所谓重点,并不是唯一,在各阶段都要贯彻读写结合。这一理论分析和确立的观点,就为传统语文教学的识字、阅读、作文三大阶段论奠定了科学的理论基础,进一步发展了传统的语文教学理论。又如,运用联系的观点,提出小学语文学科和各科教学的联系,创造性地设置了数学语文课、图画语文课、音乐语文课,以提高学生对文学艺术的欣赏能力,扩大语文的应用范围,并强调了课外阅读的重要性。这些措施对当前小学教育存在的重主科、轻副科的问题会起到改进作用。小学语文教学新体系的建立,不仅理论指导明确,而且提出了操作目标和方法。如对识字量、阅读量、作文量,听记速度、朗读速度、默读速度、作文速度等都作了明确规定,这些正是当前语文教学所忽视之处。对于量的规定也比较科学:一是根据汉字、汉语特点;二是根据儿童生理、心理发展的需求;三是根据过去的经验,特别是根据自身多年实验的结果。正由于语文教学新体系理论指导思想明确,操作有方,才会促进小学语文教学的科学化。

卫民同志的研究很突出的特点,是追求小学语文教学的科学化。我国传统的语文教学经验,主要是多读、多写、多练,这在突出语言文字教学的年代是可行的,因学生的学习时间主要用于识字、写字、读书、作文练习。但总结历史经验:第一,过去的多读、多写是缺乏科学方法指导的。第二,今日之学校和过去不同,学生所学课程门类增多。在此情况下,如果仍停留在多读、多写、多练的教学中,显然已不适应时代要求。卫民同志力图从传统的语文教学的观念中走出来,追求小学语文教学的科学化研究。如前所谈《小学语文教学新体系的构建研究》,就是对小学语文教学科学化的探索。此外,如《"三论"和小学语文教学整体改革》《"掌握学习"和目标教学》《浅谈阅读训练的序》《提高语文阅读效率的实验研究》《作文教学科学化初探》等论文,都集中研究了小学语文教学的科学化问题,取得了显著的成效。

卫民同志的小学语文教学的研究成果,取决于他对教育事业的献身精神,以及他对事业的责任感和使命感。虽然他一直肩负着教师进修学校繁重的领导职务,但他始终不放松一位小学语文教学研究者的执着追求。今日其研究成果问世,我表示诚心的祝贺!

(《语文教学研究文集》,文心出版社1999年版)

《我教名家名篇》序

从1960年建校之日起,北京景山学校就主张小学语文教学必须以阅读名家名篇为主。开始他们选编了《儿童学现代文》《儿童学诗》《儿童学文言文》进行试教。在此基础上,五十年来,景山学校的小学语文课本已修改了五次,尤其是《九年义务教育课程小学实验教科书·语文》(经全国中小学教材审定委员会2005年审查通过),在坚持传统的基础上,更展现了新思维、新方法、新发展。

现在大多数的小学语文课本都选用了不少名家名篇，可是在20世纪60年代，景山学校刚刚提出让小学生阅读名家名篇时，可不是得到一致的赞许的，而是受到一些好心人的质疑，有人质问他们：你们想干什么？想培养作家吗？学生能读懂吗？这岂不是乱弹琴！那时他们是"开顶风船的人"，是顶着风浪前进的。今日大家对小学生学习名家名篇不仅赞同，还在各种小学语文课本中选用名家名篇，这也是小学语文教材的一大进步。

小学生能够读懂名家名篇吗？这种担心可以理解。景山学校从最初就提出阅读名家名篇必须改进阅读教学方法。经过五十年的探索，景山学校的语文教学在教学生阅读名家名篇方面积累了丰富的经验，培养出一大批语文教学优秀教师。我最近读到刘长明老师的《我教名家名篇——景山教材阅读教学的实践与研究》，这就是他二十年来教学名家名篇的系统总结。

刘长明老师是一位优秀的语文教师，他备课认真，亲近学生，善于探索，勇于改进，重视理论学习。这本书是他多年来教学、学习、研究的结晶。该书回答了：小学生为什么要读名家名篇？名家名篇具有哪些特点？景山学校所选的名家名篇具有哪些特点？怎样指导学生阅读名家名篇？特别是怎样教学名家名篇，对于教学名家名篇的原则、策略、方法等，都进行了全面、具体的论述。我读后很受启发，今谈谈学习的心得。

亮点之一：善于倾听学生的心声。我最欣赏他教学中首先去倾听孩子们对学习名家名篇的认识和要求。作为教师，他先和学生进行沟通，以此作为教学基础。每教一个班，他都向学生做一次问卷调查，了解学生对于阅读名家名篇的要求与希望。你们爱读名家名篇吗？你们对名家名篇有怎样的认识？你们希望老师怎样教名家名篇呢？关于名家名篇的阅读学习，你有哪些想法或建议？学生对这些问题大都吐露了心声，96%以上的学生回答的都是"喜欢"，理由如下：

> 这些文章语言优美，可以让我积累词语，运用了许多修辞手法，如比喻、拟人、排比等，对我的写作很有帮助。

> 这些作品叙事生动，很吸引我，让我感觉如同亲身经历一般，读起来令我爱不释手。

> 名家名篇语句通顺，词语运用恰当，我可以模仿这些作品，借用文中的词语、句子，让我的作文水平进步更快。

> 名家名篇总是含有一些深刻的道理，让我们去思考、去体

会、去品味自己的生活,激励我成长。

阅读这些作品时,我仿佛也沉浸在作品里,心灵仿佛受到一次次洗礼,我会一次次感动。

阅读名家名篇让我开阔了眼界,了解到著名作家在面对某事时内心的感受。有时我在想,我会不会和他一样呢?

我喜欢读名家名篇,内容很真实。作家把内心深处的感情淋漓尽致地表达出来,读后令我感动。能够领略名家风采,真好!

……

学生还提出很多教学建议。正如刘老师说的:"他们提出的建议超出了我的想象,有些想法就是当今语文教学改革中我们语文教育工作者十分关注的热点话题。从这个意义上讲,孩子们就是我的老师!他们的问题与建议让我去思考、去实践怎样教名家名篇才能让孩子们获益无穷。同时我也倍感欣慰,孩子们是真心喜欢阅读名家名篇,真心愿意读好这些作品。有了兴趣,有了愿望,还愁读不好吗?"

由于教师倾听了学生的心声,使名家名篇的教学有了更为清晰的路径。在教学中,凡设计、实施、评价一堂课,刘老师都以学生的发展为依据,即"以学定教""以学施教""以学论教",课堂教学真正实现了以学生为主体、以教师为主导。同时,学生们从阅读名家名篇中既学会了读书和作文,又学会了如何做人。

亮点之二:强调精读与博览相结合。刘老师非常重视研究景山阅读教材的特点,在立足教材的基础上,进行阅读教学的创新。语文学习只靠课内读几篇课文是远远不够的,必须要有课外阅读的配合。依据景山学校阅读文本"精读与博览相结合"的特点,刘老师将其概括成在阅读选文上设计了"三个阅读圈":第一个阅读圈就是每册教材精读的24篇课文;第二个阅读圈是,有的精读课文后附有相关阅读作品,有的是所节选课文的原文;第三个阅读圈就是与教材同步配套的《阅读》,从三年级到五年级,每个学期一本。

在教学实践中,刘老师将"三个阅读圈"紧密结合,引导学生将精读与博览很自然地结合起来。学生养成了读书的习惯,能够从读书中获得快乐,得到精神上的享受,于是又主动通过多种方式大量阅读课外书籍,这实际上形成了每个学生自己的第四个阅读圈。大量阅读对学生有三大益处:培养学生阅读兴趣,养成爱读书的好习惯;扩大眼界,丰富知识,激发学生求知欲,提高学生人文素养;复习巩固所学汉字,增加新词语,促进读写能力的发展,提高语文素养。这些都充分体现出精读与博览相结合的教学效果。

亮点之三:突出读写结合。刘老师提出"以名家名篇引路,读写结合,促进学生写作能力的提高"。这在刘老师的教学中充分体现出来。学生阅读了大量的名家名篇,开阔了眼界,陶冶了情操,在思想品质、审美情趣上受到潜移默化的影响,同时也为学生展示了优秀文章的范本,使其从中汲取丰富的语言营养,提高语言的表达能力。刘老师善于给学生创造练笔的机会,除了认真落实文本中设计的"积累""阅读""习作""活动"等训练栏目,还认真引导学生总结归纳本单元所读名家名篇在文章内容、谋篇布局、思想感情等方面突出值得学习的方法,鼓励学生联系自己的生活实际,有感而发,有感而写,完成一次习作。此外,还经常依据文本特点进行课内外练笔。课内练笔,把练笔辐射到阅读课上。在课文后面安排"练笔"栏目,引导学生经常写写感受、启示,仿写句段篇、续写、补写、展开想象等,形式多样,而且不做过多的写作要求,给学生充分的自由度,激发其练笔习作的积极性。这样的编排自然而然地体现了从读学写,读写结合。在教学方法上,刘老师注意将读写与儿童生活相结合,提倡写"放胆文",引导学生观察生活,认识生活,认识自我。在认识生活,反映生活中,在学习、运用语言文字表情达意的过程中,激活儿童的潜在智力,培养学生的创新精神和实践能力。由于刘老师认真落实读写结合,他教的学生作文水平都比较高。

亮点之四:创造了多种教学方法,有比较教学法,"同题课对比"教学,不同文体、题材教法,读书笔记法,长文短教法,品味语言法等,这些都是他教学经验的结晶,非常宝贵。

亮点之五:认真研读教材,熟悉教材特点,吃透文本。无论教学什么文本,第一要熟悉学生;第二要吃透文本。刘老师这两点都做得很好。景山学校的课本以名家名篇为主,这就更要研究名家名篇文本的特点。关于这一点,刘老师在该书中做了比较详细的论述,并以具体的课文举例说明名家名篇的特点和学习的意义。

如何让学生学好文本?有的教师就课文宣讲课文,这是一种很浮浅的教学,而刘老师提出要读懂作者,感悟写作背景,创造性地使用文本。我认为,这才是教师教学的基础,也是刘老师教学的智慧之光。

最后,却是最大的亮点是:对从实践到理论再到实践的"教学、学习、探索、研究紧密结合"的教学研究之路的探索。刘老师教学名家名篇的研究成果,取决于他对教育事业的热爱以及他对教育事业的责任感和使命感,还取决于他说的一句话:"一个真正优秀的小学语文教师,应该是一个文学研究者。"他是这样说的,也是这样做的。我认为,作为一线教师写书,最宝贵的是反映自己教学的真实情境、真实反思与心得、真实的经验教训。刘老师在此书中所写,完全是自己平时教学实践点点滴滴的做法、心得和体会;但他又没有停留在琐碎的经验上,他始终不忘学习、探索、研究,对教学实践进行了一定的理论概括;又在一定的理论指导下,进行教学实践;实践与理论不断地反复,逐步提升、积累。从教学名家名篇中探索语文教学规律,才有了这本著作。我认为这是教师进行教育教学研究的最佳途径。

今日长明老师的教学研究成果《我教名家名篇》问世,仅以以上学习心得表示热诚祝贺!

(《我教名家名篇》,光明日报出版社2010年版)

《和小学生谈语文学法》序

我经常看到有的小朋友除了把课本上的文章读熟之外,还在课外读不少书。这样,不仅知识会比较丰富,思维也会更加活跃和敏捷;同时,语言表达能力也相应地提高了,说话、作文内容充实,词句流畅,说明读书使他受益。但也有不少小朋友,课外书也读得不少,就是理解、消化、吸收得较差。书拿到手,囫囵吞枣,过目即逝,头脑中获益不多,对说话、作文无补,读书收益不大。前者受益于读书方法;后者受损于读书不得法。我还看到过,同一篇文章,有的小朋友读上两三遍就能概括出文章结构,提出重点部分运用了哪些精美的词句及表达方法,能按文章要点叙述得清清楚楚。然而也有的小朋友却做不到这一点,他们往往概括不出文章要点和中心思想,更谈不到评价哪些段落、词句在表达上有什么特点了。这两种不同结果,原因仍归于方法:前者掌握了一定的读书方法,对一篇文章知道从哪些方面去分析、理解、评价,可以举一反三;后者一般只能死记硬背文章的中心思想、词语解释之类,遇到未读过的文章就束手无策了。这就是说,未掌握"一"——方法,当然不会反"三"。

以上事实告诉我们:不论读书还是作文,学点方法还是非常必要的。王子来老师写的《和小学生谈语文学法》正好为小朋友们提供了学习语文的种种方法,这些读法和写法会帮助小朋友们学好语文,提高读写能力。同时,这些学法,也为教师如何指导学生读书、作文提供了许多可供借鉴的宝贵经验。人民教育家陶行知先生早就明确指出:"先生的责任不在教,而在教学,在教学生学。"教师要教会学生学习,学生会学习,才能学得主动、学得积极,才能提高学习的自信心和学习兴趣。王子来老师在指导学生如何学好语文上,做了多年的扎扎实实的有益探索。

如何指导小学生学好语文?对于这一课题,我曾和不少小学语文教师交换过意见。我的简单答案就是把教师自己备课、钻研教材、分析教材的方法教给学生:你怎么教,就要求学生怎么学。当然,关键在于怎么教。王子来老师就是这么做的。他把多年来对小学语文教材的分析、理解、体会的结果,通过课堂教学实践,指导学生学习语文,最后概括成语文学法。每一种方法都有极为贴切、生动的实例说明,而实例又选自教材,学生读后,既可学课文,又学到方法,实用性很强。

该书所提出的语文学法是比较全面和系统的。虽然分读法和写法两部分,但每一部分又体现了读写结合;从作者的写法学读法,从课文中理解作者的立意、思路和语言表达,将读写方法的训练和思维方法训练紧密结合起来。如果学生把书中的学法基本掌握了,其读写能力就会有所提高。

对小朋友们来讲,读这本书要注意掌握每种方法,对方法的掌握既要死又要灵活。所谓掌握得死,就是要把每种方法理解清楚,然后运用所学方法独立读书、作文,经过不断地运用练习熟练掌握、巩固。读书、作文,既有法又无定法。因为读书、作文的内容是千变万化的,内容不同,方法也应有别,所以对方法还要灵活掌握。不过学会一些读写的基本方法之后,容易举一反三。还要注意,学法不是万能的,它只能帮你会学,要下苦功夫学习,才能提高读写能力。

该书虽然是和小学生谈学法,实际上也体现出教师的教法。对教师来讲,有的方法是比较熟悉的,可能是在自己的教学中是经常运用的,但不一定这么系统化。我认为子来老师认真钻研教材的态度和方法,是值得学习的。作为教师,认真钻研教材应该是最起码的要求,但近几年来缺乏大力提倡。最近听了几十节小学语文课,比较起来,教得好与教得差的原因很多,但有一条是共同的,就是对教材的钻研、理解和掌握的熟练程度不同,所以吃透教材并不容易。子来老师就是在钻研教材上面下了苦功夫,所以他才能走向成功。

(《和小学生谈语文学法》,兵器工业出版社1993年版)

《自能阅读,自能习作,学会做人》序

叶圣陶先生对于语文教学的理论、原则、方法已有极其丰富的论述,但是回顾这几十年来,我们从理论到实践,落实得并不理想。天津市河东区实验小学从2001年开始,以"自能阅读,自能习作,学会做人"为语文课题研究项目,旨在认认真真落实叶老的语文教育思想。

叶老曾明确谈到:"学生须能读书,须能作文,故特设语文课以训练之。最终目的为:自能读书,不待老师讲;自能作文,不待老师改。老师之训练必做到此两点,乃为教学之成功。"如此简要、明确,阐述了语文教学的最终目的,就是要培养学生自能读书、自能作文。当然,在读书的过程中必然会受到作者情感的感染和熏陶;在作文的过程中也要表达自己的思想、情感。所以语文也是教学生做人的学科。叶老提示过:"训练思想,就学校课程方面说,是各科共同的任务;可是把思想、语言、文字三项一贯训练,却是国文的专责。"说明语文教学中的思想教育是语文课的个性任务。从这方面理解,语文课题提出"自能阅读,自能习作,学会做人"是非常完善的。

这本《自能阅读,自能习作,学会做人》研究成果专集,既是该项研究的成果,又反映了该项研究的操作过程。篇篇论文都反映了教师们辛勤耕耘所取得的累累硕果,也说明教师们的教学、科学研究水平的提高,这是非常可喜的。

语文教学科研是提高语文教师教学水平和文化素养的一条捷径。为了不断地提高语文教学质量,希望这项科学研究能继续下去。在今后的研究中,要更多地反映教学操作过程中的细节,要看到学生的读写能力是怎样一步一步提高的。我相信此后的论文集,一定会达到更高的水平。

 ## 《美文诵读80篇》序

近几年来,小学生的读书风气逐渐兴起,很使人高兴! 不过有的小朋友读书,

多为考试而读、为作文获奖而读,还缺少一种对读书的正确思想。要培养喜爱读书的情感,就要有适合你们阅读的、能够培养阅读情感的好书。现在我就介绍给你们《美文诵读80篇》这本小书。

《美文诵读80篇》是侯秉琛老师专为小朋友们编写的,顾名思义,所选文章都很美。首先是内容反映的思想情感美。如《卢沟桥的狮子》《废墟的召唤》《人民英雄纪念碑》等,读后会使你们被中华儿女的民族精神和爱国主义精神所感动。特别是《知耻》一篇,正如作者亲身经历一场生死故事后所感悟的:"人,知炎凉,知利害,易;知耻,却难;知耻而后洁身至死,更难。"有的篇目写了感人的母子情、父子情、师生情,如《金色花》《白水豆腐》《我的老师》《春雨点点》等;有的篇目反映了童心童趣,如《玩鳖》《我家的大花园》《打橘子》等;还有的写了乡土情结,如《精卫的震撼》《天津包子》等,这些充分反映了人文精神之美。写大自然景观之美的篇目就更多了,有写春、夏、秋、冬四季美景的,有写大海、河流、湖泊的,写各种花卉的……读后你会感受大自然之美、祖国山河之壮丽。

诵读美文,除了享受内容、思想之美外,更主要的是对语言之美的学习。当然,语言和思想是分不开的,只有充分理解了语言之美,才能深入感悟思想之美。美文必须诵读,通过反复诵读,才能体味文中的音韵之美、情感之美;更因为诵读是有声的,能使你快速记忆,积累精美的语言。

《美文诵读80篇》还有一个特点,就是以点带面,以段带篇。书中共选择了68位知名作家的作品,编者对每位作家都做了简单介绍,包括介绍了该作家的其他作品名称。当你读了某选段后,感到还想读全文,你就可以去找全文来读;你读了某位作家的一篇文章后,很喜爱这位作家的作品,你还可以去选这位作家的其他作品来读。这样你的独立阅读能力会提高得更快。

总之,《美文诵读80篇》能为你们的人生奠定思想的根基;能丰富你们的文化知识;能开启你们的聪明智慧。希望小朋友们能从诵读美文中学习写作,学习做人。

(《美文诵读80篇》,新蕾出版社2004年版)

后 记

我的一生，是和小学语文老师们共同走过的。我学习他们的教学经验，研究他们的教学成果，在学习与研究的过程中，我成为一名小学语文教学研究者。在这个过程中，我结识了大量的小学语文教师朋友。在我向老师们学习的过程中，我做了一些记录，主要是对我后半生工作的记录。我想将我和小学语文老师们交往的记录——也是我向全国优秀小学语文老师们学习的记录整理出来，以此作为我向小学语文老师们的一项学习汇报。

我非常钦佩这些小学语文教师们对于语文教学精益求精的治教态度、独立思考和创新精神，我认真学习这些老师们教育、教学的精华。从这些丰富的语文教学经验和理论中，我更加明确地认识到：语文教学理论是从这些语文教师们的教学实践经验中产生的。他们依靠对教育事业、对儿童的一颗爱心，依靠深厚扎实的语文素养，依靠长期教学经验的积累；一切为了学生，一切从实际出发，扎扎实实，一丝不苟，亲身耕耘，在丰富的经验基础上，提炼、概括出可行的小学语文教学理论。这些经验和理论，需要我们珍惜，需要我们认真学习、研究和总结。

从这些语文教学经验的论述中，我还看到一些青年教师对语文教学认真钻研的态度、对学生的热爱；看到他们在教学中的创新精神。这使我看到了未来的希望，小学语文教学在青年语文教师的不断创新中，道路会越走越宽广。

在我和这些老师们同行的过程中，是他们给了我学习的机会，给了我智慧。他们对于母语教育精益求精的治学态度、对儿童教育的热爱，深深地感动了我，给了我信心和力量，我深深地感谢这些小学语文老师们！遗憾的是我的教育理论水平不高，语文专业知识不够深厚，又"文笔低能"，因此对老师们业绩精华的发现只是点滴，而概括、提升的水平又不高，遗漏之处，尚请谅解。

最后，我还要感谢天津教育出版社的袁颖女士。我和她还真有些缘分，她是当初我们实验班的一名优秀的小学生，三十多年过去了，今日竟成为一名优秀的编辑，是她积极促成我这本书的出版。

田本娜

2015年12月30日